XINGZHENG YU XINGSHI FALÜ
GUANLIAN WENTI YANJIU

行政与刑事法律
关联问题研究

李　楠◎著

人民出版社

目　录

绪　论

一、研究缘起

行政法与刑法作为两大部门法，在众多领域存在关联，二者之间的关系也始终是法学界重点关注的焦点之一，尤其有关二者界限问题，是困扰法学界已久仍未能解决的难题。1845 年，德国学者克斯特林曾感叹："这是一个令法学者陷入绝望的问题。"①

（一）理论缘起

部门法的分类对促进各个学科精细化的研究起到了非常重要的作用，但是与此同时也造成了各部门法独自发展，画地为牢，造成各学科相互矛盾甚至冲突的流弊。

从历史发展来看，目前我国部门法学科发展中存在一些问题。比如固守法律部门划分的标准，部门法的本位主义倾向比较明显，不适当地夸大了某个法律部门的作用及其地位而轻视其他法律部门。又如过分注

---

① ［日］佐伯千仞：《犯罪与刑罚》（上），东京有斐阁 1968 年版，第 169 页。

重法律部门的划分，忽视了法律部门之间的互动关系，忽略法律部门已经出现和可能出现的交叉与融合。① 于是日益强化的学科界限和分割的学科结构，造成各部门法学科独自发展、相互分离，学科之间的对话和交流甚至演化为相互对立，产生一定程度的矛盾和冲突。这样的境况引人深思，在各学科研究本领域内容的同时，是否需要了解一些其他学科的知识，打破学科之间的壁垒和藩篱。

从部门法的关系出发，各部门法之间相互借鉴和相互吸收营养是未来发展的必然趋势。正如美国学者波斯纳（Posner）所言：“法律是一个独立的学科，但是却不是一个自给自足的学科；为了满足社会发展的需要，它必须不断地从其他学科中汲取知识来充实法律学科的发展。”② 我国刑法学者曾经倡导：“刑法学作为一门科学，并不是自足的，刑法学的生命力应当在于研究其开放性，要使刑法学这门古老的学科焕发年轻的活力，就应当提倡刑法学研究的开放性思维，这种开放性思维主要体现在研究领域的广泛性、研究方法的多样性和研究视野的开阔性三个方面。”③ 因此，研究行政与刑事法律关联问题，也应当运用相关体系性的思考和交互式的研究。

行政法是实现依法治国的重要部门法之一，它可以规范和控制行政权，防止行政权被滥用，防止违法行使行政权对行政相对人造成侵害，

---

① 参见张冬霞、马民鹏：《加强行法与刑法交叉领域研究的必要性》，《行政法学研究》2008 年第 2 期。

② 参见 [美] 理查德·A. 波斯纳：《法理学问题》，苏力译，中国政法大学出版社 1994 年版，第 532—544 页。

③ 苏彩霞：《提倡刑法学研究的“开放性思维”》，《法学杂志》2003 年第 4 期。

从而有效保障公民的合法权益不受侵犯，而刑法作为另一门部门法，是惩罚违法行为的最后一道防线，它具有区别于其他部门法的特有属性。例如，规制内容的特定性、制裁手段的严厉性、法益保护的广泛性、部门法的补充性以及对其他法律的保障性。对其他法律的保障性主要是指其他法律在不能充分保护法益时需要刑法进行保护，因为刑法的制裁方法最为严厉。这就使得刑法实际上成为其他法律的保障，而其他法律调整的社会关系和保护的法益也都借助于刑法的保护。因而，从维护整体法律秩序的角度出发，以行政法与刑法的关系作为研究主题，探究行政法与刑法之间的协调和衔接显得尤为必要。

（二）实践缘起

司法实践中，一些疑难复杂案件多数集中在交叉领域，其中行政法与刑法交叉的案件是疑难复杂案件的主要案源之一。这些案件普遍存在的问题在于如何判断一个行为受行政法规制还是刑法规制、刑事责任和行政责任的竞合处理以及行政诉讼与刑事诉讼交叉问题的解决等。这些实践中遇到的困惑和难题不仅涉及实体问题，而且涉及程序问题。

由于诸多主客观原因，我国的刑罚权与行政权在调整范围上存在重叠和交叉的现象。在刑罚权和行政权的行使中，容易出现冲突，而学界未能清楚界定行政违法与刑事犯罪，进而导致了在司法实践中行政处罚与刑罚的执行界限模糊，以行政处罚代替刑罚的事情屡见不鲜，甚至成为行业的惯例。实践中经常出现将行政治安纠纷作为刑事犯罪处理或者将刑事犯罪仅作为行政违法案件处理的情况，甚至在明知的情况下故意"以罚代刑"。例如，经审查某海关三年的行政处罚决定书，其中就有五宗已经涉嫌构成犯罪而只作出行政处罚的决定。还有比较典型的案例，如某粮油进出口公司走私橡胶 4841 吨，涉及关税及增值税 1300 万元人民币的特大走私案件。海关查处此案后仅作出行政处罚，而没有追究责任人的任何刑事责任。而根据《中华人民共和国刑法》（以下简称《刑法》）第 153 条规定，走私普通货物、物品罪应缴税额在 5 万元以上的就构成犯罪，应当追究刑事责任。类似的情况在税务部门、工商管理部门以及公安部门等都不同程度地存在。① 同时"以刑代罚"情况也时有发生，对于本应处以行政处罚的行为，由于行政机关的不当处理，最后由一律处以刑罚。

在行政诉讼与刑事诉讼案件交叉的案件中，由于二者属于不同的审判组织管辖范围，对于同一案件中的涉及行政诉讼和刑事诉讼的处理可能产生相反的两种结果。行政诉讼的审判结果也有可能成为刑事诉讼案件的审判前提。因而由于案件的复杂性、法律规定的抽象性、审判组织职权的差异性等原因，造成行政诉讼与刑事诉讼存在交织，实践中难以简单处理。

二、研究现状

由于法律体系和国家制度的不同，各个国家对于行政法和刑法关系问题的处理方式也存在差异。尤其是以德国为代表的一些大陆法系国家

---

① 参见李楠、李耀清：《以罚代刑的解决机制研究——由最高人民检察院指导性案例第 7 号引出》，《黑龙江省政法管理干部学院学报》2016 年第 1 期。

发展的行政刑法理论更具代表性。

（一）国外研究现状

在国外，20 世纪以前对于行政法与刑法关系的研究较少，更多地倾注于刑法或者行政法的单一领域，多数学者并未将研究重点放在二者关系的问题上。但是自 20 世纪 40 年代末起兴起了对行政刑法的研究，将行政法与刑法的关系作为一门独立的学科来研究。

德国是行政刑法理论较发达的国家之一。1871 年的《德国刑法》将犯罪划分为重罪、轻罪和"违警罪"（违章行为），并作出了具体的规定。1902 年，"行政刑法之父"郭特希密特（James Goldschmidt）教授认为未达到行政目的而采取的强制手段是行政刑法，并提出了在传统刑事刑法之外应当另行制定行政刑法用以规范违警罪的观点。虽然提出之初屡遭非议，但行政刑法理论经过不断发展和完善，为区别行政犯与刑事犯提供了理论依据。他的观点终于在 1949 年颁布的《经济刑法》和 1951 年颁布的《违反秩序法》中被采用，德国于 1954 年成立刑法修改委员会，讨论将争论近百年的"违警罪"从传统刑法中分离出去。到了 1974 年，删除旧刑法中关于"违警罪"的规定，把一些较为常见的违警行为，如伪报姓名身份等行为规定在《违反秩序法》之中。[①] 事实上，德国刑法中的"违警罪"就是现在所称的行政违法行为，即秩序违反行为。随后，捷克斯洛伐克 1950 年制订的《行政刑法典》与《行政处罚程序法》、匈牙利 1955 年制订的《行政刑法典》都相继效仿了德

---

① 参见林山田：《论刑事不法与行政不法》，载林山田：《刑事法论丛（二）》，台大法律系 1997 年 3 月初版，第 61—62 页。

国的做法。而后，波兰于 1971 年、葡萄牙于 1979 年、苏联于 1980 年、意大利于 1981 年都制定了规范行政刑法运作的框架法。①

在日本，虽然也吸收了德国刑法学的研究成果，但与德国刑法学界的研究方向不同，日本学界并未将研究重点放在如何区分行政违法与刑事犯罪，而是更加强调实践中在立法和司法方面区分行政法与刑法的必要性，并提出了从立法、社会对犯罪的心理等方面区分二者的创新观点。② 但是关于行政刑法，日本第二次世界大战后受美国法律影响，奉行司法权与行政权相互制约的观念，限制行政权的扩张，将原有的《违警罪即决条例》和《警察犯处罚条例》视为违宪，认定行政刑法属刑事法性质，因而行政犯罪属于刑事犯罪范围。

1989 年举办的国际刑法学协会第十四届代表大会提出要根据行为所侵害之社会利益的重要性、对该社会利益威胁或者损害的严重性以及犯罪人罪过的种类与程度来规定哪些行为由刑法予以制裁，哪些行为由行政刑法予以制裁。由此，国际上在将行政违法行为以及涉及秩序违反行为，从刑法中分离出来，单独成立行政刑法体系，专门用来规定尚不构成刑罚的行为。这是因为刑法与行政刑法之间在制裁的种类和严厉程度以及在诉讼过程中所允许的对个人权利的限制等方面存在差异。③

行政刑法理论对如何明确界定行政违法与刑事犯罪行为具有一定的

---

① 参见李晓明：《行政刑法学》，群众出版社 2005 年版，第 27 页。
② 参见熊永明：《犯罪圈的界定及其关系处理》，《河南省政法管理干部学院学报》2007 年第 5 期。
③ 许玉秀：《第十四届国际刑事法学大会纪要——行政刑法与刑法在法学上及实务上之区别讨论会评述》，《刑事法杂志》1990 年第 2 期。

借鉴意义，但由于欧洲国家普遍通过独立的立法模式在法典中明确列举法律责任及惩罚的具体情形，因此对于行政责任与刑事责任问题、惩罚手段问题已经没有再争论的必要。换言之，行政法与刑法关系问题主要通过以行政刑法理论为基础的立法形式来解决，很多国家已经制定行政刑法典，明确规定了行政与刑事关联的各种法律责任及惩罚的具体规则。欧洲很多国家都采用这种独立的立法模式。

（二）国内研究现状

受 1989 年国际刑法学大会的思想影响，我国很多学者投身于行政刑法的研究，其中以刑法学者为主，行政法学者为辅，共同致力于行政刑法、行政犯罪、行政犯的研究。比较有代表性的学者有张明楷、李晓明、刘艳红、黄明儒、田宏杰、黄河、周佑勇、张冬霞、黄学贤、黄洪波等。纵观我国学者关于行政法与刑法关系问题的研究情况，具有以下三个方面的特征：

1. 我国学者深受国外研究行政刑法的影响，将行政法与刑法关联问题的研究重点放在行政刑法理论上。如张明楷教授在 1995 年第 3 期《中国社会科学》上发表《行政刑法辨析》一文，开启了我国对于行政刑法研究的热潮。但该阶段研究大多数只停留在对行政犯罪的构成和定性问题的论证。[①] 虽然行政犯罪是近年来刑法学界研究的热门话题，但关于行政犯罪的研究，主要集中在行政犯罪的概念界定和学科属性等问题，

[①]　目前国内学者研究行政刑法的主要成果有：李晓明：《行政刑法属性的论争及其定位》，《北方法学》2008 年第 4 期；苏海健：《论我国行政刑法的性质》，《法学杂志》2007 年第 6 期；黄洪波：《论行政刑法双重属性之否定》，《法学杂志》2004 年第 5 期；周佑勇、刘艳红：《行政刑法性质的科学定位（上）（下）——从行政法与刑法的双重视野考察》，《法学评论》2002 年第 2 期、第 4 期。

有学者提出行政犯罪是指"违反行政法规，危害正常的行政管理秩序，依照行政刑法应当承担刑事责任的行为"[1]；或者指"违反行政法规，严重危害基于行政法规而形成的但与社会一般伦理道德关系不密切的派生生活秩序，并应当科处刑罚制裁的行为"[2]；或者指"侵犯国家秩序行为，具有严重的法益侵害性和人身危险性，并应规定承担行政刑法责任的行为"[3]等观点。这些观点在界定行政犯罪内涵和外延上都承认了行政犯罪既违反行政法又违反刑法的双重违法性，但是对于行政犯罪的法律后果，在只承担刑事责任还是刑事责任与行政责任一并承担的问题上存在分歧。总体而言，这一阶段行政犯罪理论研究存在以下问题：一方面，既然各学者已经承认行政犯罪具有双重违法性，就应当进行行政法和刑法上的双重评价；另一方面，行政法与刑法是具有不同内涵和功能的部门法，二者的调整范围和目的不同，因而行政责任与刑事责任不能相互代替。如果仅承担刑事责任，那么其双重违法性的意义就无法体现出来。

2. 鉴于行政刑法理论不适应我国国情，尚不能建立一门独立的行政刑法学科，学者们开始关注对行政法与刑法关联问题的研究，具体体现在行政违法与刑事犯罪的法律界限、行政执法与刑事司法的界限与衔接

---

[1] 黄河：《行政刑法比较研究》，中国方正出版社 2001 年版，第 92 页；类似的观点参见傅延威：《行政犯罪的定罪与处罚》，《中国刑事法杂志》2000 年第 2 期；周佑勇、刘艳红：《行政刑法性质的科学定位（上）（下）——从行政法与刑法的双重视野考察》，《法学评论》2002 年第 2 期、第 4 期。

[2] 黄明儒：《行政犯比较研究——以行政犯的立法与性质为视点》，法律出版社 2004 年版，第 121 页。

[3] 参见李晓明：《行政刑法学导论》，法律出版社 2003 年版，第 290—292 页。

以及行政诉讼与刑事诉讼关系等问题。具体而言：

（1）学界关于行政法与刑法的法律界限研究来看，具有两个方面的特征：一是从行为的性质上试图明确行政违法行为与刑事违法行为的界限，试图借鉴在国外盛行的"质的区别说""量的区别说"和"质量的区别说"等标准，区分两种违法行为，但存在分歧。① 二是从行政处罚和刑罚上界定二者的界限，但对二者的衔接适用，也存在争议。② 有关行政法与刑法的相互影响而言，我国目前尚没有学者正面研讨此问题，或者更准确地说尚没有对此问题进行系统而全面的研究。例如，张明楷教授在《中国法学》（2007 年第 6 期）上发表的《行政违反加重犯》一文中认为，有些行为在造成严重后果或者具有严重情节等的加重要素时可以构成犯罪，将其称为"行政违反加重犯"，从侧面进行了行政违反

---

① 因此有的学者提出了"情节""后果"以及"主客观"等区分标准。例如，王文华：《浅析行政犯罪的几个问题》，《南都学坛》2008 年第 5 期。2008 年中国人民大学刑事法律科学研究中心举行"犯罪与行政违法的界限与惩罚机制的协调"研讨会，集结论文出版，论文集中许多学者就犯罪与行政违法的界限问题发表观点，具体可见戴玉忠、刘明祥主编：《犯罪与行政违法行为的界限及惩罚机制的协调》，北京大学出版社 2008 年版。

② 例如，"代替主义说"，该观点以二者都是属于公法领域，有互为代替的基础；按照行为与责任相适应的原则，一个行为同时触犯了行政法和刑法时，只能从两种责任中选择一种，否则不符合刑罚的经济原则，也可能导致不适当地牺牲个人权利，有悖于法的相应性和争议性等理由，主张同一违法行为，只能适用行政处罚或者刑罚，不能同时并用。而"双重适用原则说"以行为的双重违法性决定责任和处罚的双重性；两种处罚在性质和功能上的差异性决定二者合并适用可以弥补各自的不足，以消除犯罪的全部危害结果等理由，主张应当将行政处罚与刑罚合并适用。关于前者，参见陶绪峰：《行政处罚与刑罚的竞合》，《江苏公安专科学校学报》1997 年第 2 期；关于后者，参见周佑勇、刘艳红：《论行政处罚与刑罚处罚的适用衔接》，《法律科学》1997 年第 2 期等。

行为对犯罪构成产生影响的研究。车浩博士在《人民检察》（2008 年第 15 期）上发表的《论行政许可的出罪功能》一文中，系统论述了行政许可在影响犯罪构成、阻却犯罪构成方面的作用，以及有瑕疵的行政许可对刑法个罪的犯罪构成所产生的影响。该文具有一定借鉴意义，但遗憾的是只将行政许可作为研究重点，并未涉猎其他行政行为。

　2010 年以后，有学者受到启发，关于行政法与刑法互动关系论题涌现出一批新成果，推动形成行政法与刑法关联法律问题的第二个研究高潮。这一时期的研究特点表现在学者从刑法典中具体的条文出发，分析刑法条文中的行政法规范要素，实践性较强。[①] 以练育强、田宏杰等新生力量为代表，主要系统了论述行政执法与刑事司法的关系理论。[②]

---

① 如杨明：《程序法"出罪"功能研究》，《中国刑事法杂志》2010 年第 1 期；陈超然、樊彦敏：《行政法规在刑事司法中的适用》，《华东政法大学学报》2013 年第 3 期；施锐利：《刑法规范中的行政处罚》，《四川大学学报》（哲学社会科学版）2015 年第 1 期；赖早兴：《"受过行政处罚"在刑法中作用的体现、考量与限制》，《湘潭大学学报》（哲学社会科学版）2016 年第 2 期；高永明：《刑法中的行政规范：表达、功能及规制》，《行政法学研究》2017 年第 4 期；李翔：《刑法中"行政处罚"入罪要素的立法运用和限缩解释》，《上海大学学报》（社会科学版）2018 年第 1 期；孙本雄：《多次犯立法中行政法与刑法交叉问题研究》，《江西社会科学》2019 年第 2 期等。

② 练育强：《行政处罚与刑事制裁衔接研究之检视》，《政治与法律》2013 年第 12 期；练育强：《"两法"衔接视野下检察权性质的定位》，《探索与争鸣》2014 年第 2 期；练育强：《人民检察院在"两法"衔接中职责之反思》，《政法论坛》2014 年第 6 期；练育强：《行政执法与刑事司法衔接困境与出路》，《政治与法律》2015 年第 11 期；练育强：《"两法"衔接视野下的刑事优先原则反思》，《探索与争鸣》2015 年第 11 期；练育强：《行政执法与刑事司法衔接制度重构之理论基础》，《学术月刊》2015 年第 11 期；练育强：《行刑衔接中的行政执法边界研究》，《中国法学》2016 年第 2 期；练育强：《行刑衔接视野下的一事不再罚原则反思》，《政治与法律》2017 年第 3 期；练育强：《行政执法与刑事司法衔接中证据转化研究》，《探索与争鸣》2017 年第 4 期；练育强：《行

同时学者李晓明、周佑勇、刘艳红在原有研究的基础上，又深耕细作，再版专著，提出与时俱进的新观点。①

（2）就行政诉讼与刑事诉讼的关系的研究而言，该研究尚处于初级阶段。2012 年之前，鲜有学者研究行政诉讼与刑事诉讼的关系问题，根据笔者收集的文献资料，共有 7 部著作中提及行政诉讼与刑事诉讼交叉关系及处理问题②，另有论文若干篇③。虽然这些研究从不同角度分析

政执法与刑事司法衔接制度沿革分析》，《政法论坛》2017 年第 5 期；田宏杰：《立法演进与污染环境罪的罪过——以行政犯本质为核心》，《法学家》2020 年第 1 期；田宏杰：《行政犯的法律属性及其责任——兼及定罪机制的重构》，《法学家》2013 年第 3 期；田宏杰：《行政犯罪的归责程序及其证据转化——兼及行刑衔接的程序设计》，《北京大学学报》（哲学社会科学版）2014 年第 2 期；田宏杰：《知识转型与教义坚守：行政刑法几个基本问题研究》，《政法论坛》2018 年第 6 期；田宏杰：《行政优于刑事：行刑衔接的机制构建》，《人民司法》2010 年第 1 期；田宏杰：《行刑诉讼交叉案件的裁处机制——以行政权与刑罚权的双重法律关系为视角》，《法学评论》2020 年第 1 期等。

① 具体可见李晓明：《行政刑法新论》（第二版），法律出版社 2019 年版；周佑勇、刘艳红：《行政刑法的一般理论》（第二版），北京大学出版社 2020 年版。李晓明：《"行政拘留"的扩张与行政刑法的转向》，《法学评论》2017 年第 3 期；李晓明：《论刑法与行政刑法的并立》，《法学杂志》2017 年第 2 期；刘艳红：《"法益性的欠缺"与法定犯的出罪——以行政要素的双重限缩解释为路径》，《比较法研究》2019 年第 1 期等。

② 具体可参见胡建淼主编：《行政诉讼法学》，高等教育出版社 2003 年版；胡建淼主编：《行政诉讼法学》，法律出版社 2004 年版；王振清主编：《行政诉讼法前沿问题——研究·问题·思考·探索》，中国方正出版社 2004 年版；杨海坤、章志远主编：《行政诉讼法专题研究》，中国法制出版社 2006 年版；黄学贤、陈仪：《行政诉讼若干问题研究》，厦门大学出版社 2008 年版；杨海坤、黄学贤主编：《行政诉讼：基本原理与制度完善》（修订版），中国人事出版社 2008 年版；章剑生主编：《行政诉讼法学》，高等教育出版社 2006 年版；等。

③ 以行政诉讼和刑事诉讼作为关键词，在中国知网中进行搜索，筛选 2010 年之前文献共出现 16 条搜索结果，其中包括 1 篇年鉴文章、2 篇报纸文章、1 篇硕士论文、12 篇期刊文章。有一部分学者研究的重点在于行政诉讼与刑事

了行政诉讼与刑事诉讼存在交织和冲突的各种情形，并提出了不同的解决方式，但仍然未达成共识。例如，黄学贤教授认为应以"谁为前提谁优先"的原则来处理，而方世荣教授认为，在行政诉讼与公诉的刑事诉讼交叉时适用"刑事诉讼优先"、行政诉讼与自诉的刑事诉讼交叉与冲突时，适用"当事人选择"原则来解决冲突。

2018 年《中华人民共和国刑事诉讼法》（以下简称为《刑事诉讼法》）进行修订，其中第 54[①] 条第 2 款规定："行政机关在行政执法和查办案件过程中收集的物证、书证、视听资料、电子数据等证据材料，在刑事诉讼中可以作为证据使用。"该条文规定了行政执法中获取的证据在刑事诉讼中的法律地位，引起刑事诉讼法学者的研究兴趣。[②] 这一时

诉讼的区别和比较，另有一部分研究重点在于二者的冲突和解决。代表性文章为方世荣：《行政诉讼与刑事诉讼的冲突及处理》，《法学研究》1994 年第 5 期；高家伟：《论行政诉讼与刑事诉讼的冲突》，《政治与法律》1997 年第 6 期黄学贤：《行政诉讼与刑事诉讼之间的关系及其处理》，《苏州大学学报》（哲学社会科学版）2005 年第 4 期等。

① 2012 年修订的《中华人民共和国刑事诉讼法》中为第 52 条，2018 年修订改为第 54 条。由于行文需要，条数成果为 2012 年修订时发表，因为下文中提及成果中的第 52 条实为 2018 年《刑事诉讼法》的第 54 条。

② 具体可见孙康：《行政证据与刑事证据的衔接与转化》，《学习论坛》2012 年第 3 期；黄世斌：《行政执法与刑事司法衔接中的证据转化问题初探——基于修正后的〈刑事诉讼法〉第 52 条第 2 款的思考》，《中国刑事法杂志》2012 年第 5 期；郭泰和：《行政证据与刑事证据的程序衔接问题研究——〈刑事诉讼法〉（2012 年）第 52 条第 2 款的思考》，《证据科学》2012 年第 6 期；杜磊：《行政证据与刑事证据衔接规范研究——基于刑事诉讼法第 52 条第 2 款的分析》，《证据科学》2012 年第 6 期；董坤：《行、刑衔接中的证据问题研究——以〈刑事诉讼法〉第 52 条第 2 款为分析文本》，《北方法学》2013 年第 4 期；高通：《行政执法与刑事司法衔接中的证据转化——对〈刑事诉讼法〉（2012 年）第 52 条第 2 款的分析》，《证据科学》2012 年第 6 期；郝爱军、殷宪龙：《行政机关收集证据在刑事诉讼中运用的疑难问题解析》，《中国刑事法杂志》2013 年第

期的研究特点表现在多从诉讼法的角度对行政证据与刑事证据的衔接问题作出深入分析，从采集证据主体、证据标准、证据证明力以及是否可以直接转化为刑事证据等方面有较多学术成果，而且研究重点比较突出集中，均以《刑事诉讼法》第 54 条第 2 款为研究中心。行政法学者在此领域研究较少。

3. 在实践领域，有关行政法与刑法的关联问题主要体现在行政执法与刑事司法的衔接。2001 年 7 月国务院出台《行政执法机关移送涉嫌犯罪案件的规定》以及 2003 年 4 月国务院召开的全国整顿和规范市场经济秩序工作会议中提出"进一步解决行政执法与刑事执法的衔接问题，加强案件移送和监督检查，不得以罚代刑"。这一阶段尚未使用行政执法与刑事司法的称谓，一般称为行政执法与刑事执法。[①]2012 年国务院法制办、中央纪委、最高人民法院、最高人民检察院、公安部、国家安全部、司法部、人力资源和社会保障部发布《关于加强行政执法与刑事司法衔接工作的意见》，2013 年 11 月 12 日党的十八届三中全会

---

9 期；冯俊伟：《行政执法证据进入刑事诉讼的类型分析——基于比较法的视角》，《比较法研究》2014 年第 2 期；宋维彬：《行政证据与刑事证据衔接机制研究——以新〈刑事诉讼法〉第 52 条第 2 款为分析重点》，《时代法学》2014 年第 3 期；张晗：《行政执法与刑事司法衔接之证据转化制度研究——以〈刑事诉讼法〉第 52 条第 2 款为切入点》，《法学杂志》2015 年第 4 期；吴彬彬：《行刑衔接程序中证据转移问题研究——以刑事侦查为中心的分析》，《湖南师范大学社会科学学报》2017 年第 1 期；宋维彬：《行政证据与刑事证据衔接机制研究——以新〈刑事诉讼法〉第 52 条第 2 款为分析重点》，《法律适用》2014 年第 9 期；张泽涛：《论刑事诉讼非法证据排除规则的虚置——行政证据与刑事证据衔接的程序风险透视》，《政法论坛》2019 年第 5 期等。

① 例如时任最高人民检察院副检察长孙谦 2003 年 9 月 26 日发表的《在建立行政执法与刑事执法相衔接工作机制座谈会上的讲话》。

通过《中共中央关于全面深化改革若干重大问题的决定》，2014 年 10 月 23 日党的十八届四中全会通过《中共中央关于全面推进依法治国若干重大问题的决定》中就"健全行政执法和刑事司法衔接机制"（以下简称"两法衔接"[①]）提出明确具体的要求。在实践领域为解决"有案不移、有案难移、以罚代刑"的问题，重视行政执法与刑事司法的衔接工作。掀起实践领域对于"两法衔接"的研究热潮，这一时期的研究特点体现在实践领域的专家学者加入其中，研究的重点并非仅仅是行政执法与刑事司法的界分问题，而且还涉及如何实现行政执法与刑事司法的良好衔接，构建"两法衔接"的解决机制和制度。[②] 同时行政执法机关执法人员结合不同的执法领域，如食品安全、环境保护、税收等提出有针对性的衔接机制。原有一些研究行政违法与刑事犯罪的学者也将研究领域扩展到"两法衔接"。[③] 2020 年 8 月 14 日，国务院出台《国务院关于

---

① 从此将行政执法与刑事司法衔接简称为"两法衔接"，并在实践和理论研究中公开使用，同时也将行政执法与刑事司法的用语固定下来，代替行政执法与刑事执法等其他用法。

② 具体可见元明：《行政执法与刑事司法相衔接的理论与实践》，《人民检察》2011 年第 12 期；刘福谦：《行政执法与刑事司法衔接工作的几个问题》，《国家检察官学院学报》2012 年第 1 期；元明、张建忠：《注重机制建设 推动"两法衔接"规范开展——基于对上海、福建两地实践调查研究的思考》，《人民检察》2013 年第 23 期；李江发：《"两法衔接"中法律监督权运行的应然分析》，《人民检察》2015 年第 24 期等。

③ 具体可见戴浩飞：《行政执法与刑事司法衔接的理性审视》，《北方法学》2015 年第 5 期；练育强：《行政执法与刑事司法衔接制度重构之理论基础》，《学术月刊》2015 年第 11 期；李晓明：《"两法衔接"与我国行政刑法的新建构》，《现代法治研究》2016 年第 1 期；李晓明：《"两法衔接"与我国行政刑法的新建构》，《现代法治研究》2016 年第 1 期；练育强：《行政执法与刑事司法衔接制度沿革分析》，《政法论坛》2017 年第 5 期等。

修改〈行政执法机关涉嫌移送犯罪案件的规定〉的决定》，加强知识产权领域行政执法与刑事司法衔接，同时明确可以向检察机关移送公职人员违法案件的情形和程序。

三、研究范围及内容

（一）研究范围

本书的研究主题是"行政与刑事法律关联问题研究"，它既涉及行政法和刑法的实体性关联又涉及行政诉讼法和刑事诉讼法等程序性关联领域，是一项综合性研究①。就行政法与刑法的调整对象来看，包括国家安全、人身安全、食品安全、税收、海关、交通、医疗、教育等社会运行的各个领域。就其关联关系来看，二者的关联不仅包括相互影响、联系，还包括二者的连接、冲突、融合、交叉等问题。就其法律问题来看，既包括法的文化、法的制定，又包括法的实施、监督等一系列的问题。

基于上述情况，经考虑和论证，笔者将研究范围限定如下：

第一，鉴于行政法和刑法在行为、立法、执法等多个方面都存在一定的联系。从立法角度出发，主要探讨行政法与刑法在立法方面存在的

---

① 一般来讲，从刑法角度来看，我国学者严格区别刑法学与刑事诉讼法学，二者属于不同的研究领域。但从行政法角度来看，普遍将行政法与行政诉讼法作为共同的研究对象（例如，姜明安主编的全国高等学校法学专业核心课程教材《行政法与行政诉讼法》）。同时与刑法相比，行政法实体与程序问题的关联更加密切。因此，本书将刑法与刑事诉讼法统称为广义的刑法，使之与行政法相对应，将实体法和程序法一并作为研究对象。

关联问题。虽有涉及执法与司法方面的内容，但都是为立法方面服务，证成行政法与刑法在立法方面的关联。在界定二者关系的基础上，论述行政法与刑法在实体和程序方面的关联问题。

第二，虽然行政法与刑法在多个方面存在关联，但是鉴于本书的研究主线和研究主题，本书研究仅限定于行政法与刑法之间的界限、影响和交叉问题。界限主要在于划清行政违法与刑事犯罪的边界，影响主要体现在行政法对刑事立法会产生一定的作用。交叉主要体现在行政法与刑法的调整对象有交叉，因而在行政诉讼与刑事诉讼的过程中存在管辖与审判的交织，可能产生冲突和不冲突两种后果。

第三，本书所指的法律关联问题，虽然既包括实体问题又包括程序问题，但是主线是从实体问题出发，主要以抽象行政行为和具体行政行为作为研究切入点，探究其对刑法立法的影响。因为二者在实体上存在法律关联，那么由此而产生的程序上的关联就不可回避，因而有必要一并探究。在程序问题中，以行政诉讼与刑事诉讼的交织作为研究重点，从交叉和冲突两方面进行论证。

（二）研究内容

第一章探讨行政与刑事法律关联问题的基础理论。首先明确行政与刑事法律关联问题的含义及特征，分析行政与刑事法律关联问题产生的原因，列举出行政与刑事法律关联问题的种类。另外，初步探讨行政法与刑法的互动关系，如行政法对刑法的影响以及刑法对行政法的保障作用。

第二章论述行政违法与刑事犯罪的界限。首先分析行政违法与刑事犯罪在立法中的分野，明确"违法"与"不法"的区别，在廓清西方语境下"行政不法"与"刑事不法"的概念基础上，界定我国语境下行政违法与刑事犯罪的概念；其次剖析行政违法与刑事犯罪的界限与区别；最后分析行政责任与刑事责任的界限及衔接。

第三章以抽象行政行为为中心，探讨其对犯罪构成的规范效应。首先厘清抽象行政行为的内涵和外延，以及抽象行政行为与效力等级的关系。然后从行政立法和行政解释两个角度分别论述其对刑法犯罪构成的规范效应及理论依据。然后总结出抽象行政行为对犯罪构成影响中存在立法规定模糊造成援引障碍、法的位阶混同造成援引脱节、过度援引造成降低入罪门槛、援引结果不同有损法制统一等问题，最后提出一系列建议和对策。

第四章以具体行政行为为中心，探讨其对犯罪构成的规范效应。从具体行政行为影响犯罪构成和阻却犯罪成立两方面论证具体行政行为对犯罪构成的影响及理论依据。以几种典型的具体行政行为作为研究切入口，如行政处罚、行政命令、行政许可、行政确认、行政处理等对犯罪构成影响中存在的不足提出完善建议。

第五章研究行政诉讼与刑事诉讼的关系。列举出行政诉讼与刑事诉讼交叉的类型，分析产生交叉的原因：即行为本身的复杂性、法律规定的抽象性、审判组织职权的差异性、公安机关身份的双重性等。然后分析我国行政诉讼与刑事诉讼交叉的处理现状及存在的不足，借鉴国外处理方式，在剖析我国相关学说的基础上，提出与通说不同的解决原则。

四、研究意义

行政与刑事法律关联所引起的难题和纠纷多存在于司法实践，给理论界和实务界提出新的挑战，如何应对这种挑战，对于完善司法体系建设和推进国家法治进程具有重要作用。研究行政与刑事法律关联问题具有深远的意义：

（一）理论意义

目前国内对于行政与刑事法律关联问题研究尚处于起步阶段。关于行政与刑事法律的关系研究国内学者关注不多。虽然有学者提出以行政刑法学作为新的研究领域以探讨行政与刑事法律的关系问题，但是这种研究也一般停留在行政刑法学的独立性、行政刑法学的学科属性、行政犯罪的定性等方面，缺乏对行政与刑事法律关联问题的系统研究。本书旨在明确界分行政权与刑罚权作用范围的基础上，实现两个领域在实体和程序方面必要的、良性的衔接，进而促进公权力的整体运行趋于平稳。本书研究的理论意义主要有以下几个方面：

第一，本书对系统建立行政与刑事法律关联问题的理论体系，丰富行政法对刑法规范的效应具有一定的理论意义。当然从理论上讲，可以将行政法与刑法的交叉领域作为"行政刑法"的研究对象进行研究。但目前在我国对"行政刑法"的概念界定和性质等问题尚存在较大争议，欲将"行政刑法"作为一门独立学科仍需要漫长的发展历程。

第二，本书对判断行政违法与刑事犯罪的界限以及行政诉讼与刑事诉讼交叉、冲突的解决路径研究，有助于完善和发展审判权界限理论。本书的研究为行政法与刑法两个领域的法律制度完善提供理论支撑，为明确行政权与司法权范围提供有益助力。

第三，自 1997 年《刑法》颁布至今，共发布 11 部修正案，其中涉及自然犯罪的较少，多数都是随着国家政策变化和社会发展而产生的与行政法规范相关的行政犯方面的内容。因而对行政犯的研究，对于丰富行政法与刑法关联问题的理论研究具有促进作用。

（二）实践意义

首先，有利于明确罪与非罪的界限，明确刑罚内容。刑罚的严厉性决定刑法的适用只能针对具有严重危害社会性的行为。在现代人权保障的观念下，应当明确罪与非罪的界限，使公民权利不受非正当性干预。某些不具有社会危害性的轻微违法行为或者仅受道德调整的不良行为都不应由刑法调整。只有在明确行政法和刑法界限的基础上，才能划清罪与非罪的界限，明确刑罚的适用范围，避免重刑主义。

其次，有利于实现宽严相济的刑事政策。我国在刑法条文中规定前置性行政法律规范作为犯罪构成要件的要素，或者对于一些已经达到刑法入罪条件的行为，通过行政许可等方式将其划为合法行为或违规行为，或者通过行政处理使其达不到刑罚的起刑点，对于已经接受过行政处罚的行为不予以重复评价，这种做法有利于实现宽严相济的刑事政策，更有利于通过刑法的教育功能使行为人改过自新。正确处理行政法与刑法、行政处罚与刑罚的关系，正是实现宽严相济刑事政策的必然要求。

再次，有利于处理行政权与司法权在国家权力结构中的关系。一个合理的、符合本国实际的行政权与司法权的布局是一国繁荣昌盛的关键因素之一，而各权力主体各自尽心尽责和相互间适当的制约与配合则构成权力机制正常运转的基石。任何形式的权力主体角色错位，对于国家和人民都是灾难，因而准确地划分行政法与刑法的适用范围，真正做到"罚当其罪"具有重要意义。如果对犯罪行为予以行政处罚，既放纵犯罪，侵犯了公共利益，也有按非司法程序处罚犯罪之嫌。而以刑罚追究行政责任，就会扩大打击面，侵犯公民个人的权益。

复次，有利于避免"以罚代刑"。造成"以罚代刑"的原因是多方面的，但是在理论和法制建设的实践中，行政责任和刑事责任定位错位，二者适用的范围不清楚，衔接无明确法律依据等也是造成"以罚代刑"重要原因之一。实践中常有人疑惑行政责任和刑事责任能否合并适用，如果不可以合并适用，那么针对刑罚处罚后仍然无法解决行政相对人的行政责任问题如何解决（如非法买卖烟草的行为被判处刑罚后，其售卖烟草的行政许可如何处理）；如何可以合并适用，合并适用的原则如何统一……诸如此类的问题，都涉及行政责任与刑事责任的关系问题。

最后，有利于节约刑法资源。刑法资源是有限的，如同其他社会资源一样，并非取之不尽用之不竭。在社会财富有限的前提下，能够分配用于司法活动的份额是有一定限度的。动用刑法的后果必将是占用侦查、起诉、审判等刑法资源，其成本必然大于行政手段。因而，只要动用行政法可以达到目的行为，就不需动用刑法。况且行政法的教育功能和感化功能某种程度上效果明显优于刑法。因而有效地实现行政法和刑法的顺利衔接，可以节约资源、降低司法成本。

第一章 行政与刑事法律关联问题基础理论

现今的行政法如同我们呼吸的空气，弥漫在日常生活中的每一个角落，行政权成为最活跃、最富有渗透性的权力，对社会活动和人们日常生活的影响几乎无处不在。[①] 在美国甚至出现了被学者称为法院向行政部门转移责任与权力的现象。[②] 足以见得行政法调整范围的广泛性。刑法同其他部门法一样，都是宪法之下的子法，但是刑法作为具有最严厉制裁性质的部门法，能够保障其他部门法的实施。从这个意义上可以说，刑法在整个法律体系中处于保障法的地位。[③] 凡是可能触及犯罪的行为都有可能受到刑法的规制。一般情况下，某一行为首先应当受到行政法律规范的规制，当行为的危害性程度超越行政法调整范围时，才会

---

① 高秦伟：《行政法规范解释论》，中国人民大学出版社 2008 年版，第 63 页。

② See Cynthia R.Farina，"Statutory Interpretation and the Balance of Power in the Administrative State"，*Columbia Law Review*,1989， p.452.

③ 参见张明楷：《刑法在法律体系中的地位——兼论刑法的补充性与法律体系的概念》，《法学研究》1994 年第 6 期。

适用刑法规范追究刑事责任。如果刑法过分强调强制性或者过多干涉行政法的调整范围，将会造成重刑主义和犯罪的扩大化。因此，正确理解行政法与刑法的关系是研究行政法与刑法关联问题的出发点。

本章意在明确界定行政与刑事法律关联问题的概念，分析二者关联产生的原因以及关联的种类，探讨行政法与刑法的互动关系，为进一步论述行政行为对刑法的规范效应等实体关联问题以及行政诉讼与刑事诉讼交叉与冲突问题的解决等程序关联问题提供基础性的研究。

第一节　行政与刑事法律关联问题的内涵

一、行政与刑事法律关联问题的含义

在《现代汉语词典》中，关联是指"事物相互之间发生牵连和影响"；而牵连是指"联系在一起"；影响是指"对人或事物所起的作用"。[1] 由此可见，关联一词一般可以理解为事物之间发生的联系、作用等。法律是国家制定或认可的，以规定公民、法人和其他组织权利和义务为内容的具有普遍约束力的规范。法律有狭义和广义两种理解，从狭义角度，法律仅指全国人民代表大会及其常委会制定的规范；从广义角度，法律泛指一切规范性法律文件，包括狭义的法律和行政法规、规章等。本书所指的法律一般是广义的法律。

行政与刑事法律关联问题，是指行政法规范与刑法规范在实体以及

---

[1]　中国社会科学院语言研究所词典编辑室编：《现代汉语词典》，商务印书馆2004年版，第462、1512、1008页。

程序处理方面存在的分界、交叉、冲突和衔接等关系的总称。分界是指区分行政法与刑法在调整范围、法律责任、行为、惩罚方式等方面的界限；交叉意味着两种不同的事物存在着共性，既非完全重合一致也不是绝对排斥分离。行政法与刑法的交叉就是行政法与刑法之间管辖领域的交集以及行政诉讼与刑事诉讼案件程序上产生的交织；冲突是行政法与刑法以及行政诉讼案件与刑事诉讼案件在处理程序上的互相矛盾和互相排斥的状态；衔接是行政诉讼程序与刑事诉讼程序中出现冲突问题时，如何实现两个程序合理的转换并达到二者的有机结合。分界、交叉、冲突和衔接可能单独存在，也可能会同时存在，一般情况下，相互之间没有必然的因果关系。

二、行政与刑事法律关联问题的特征

行政与刑事法律问题的关联具有广泛性、转化性、互为前提性的特征。

（一）广泛性

由于行政法调整范围广泛，因而其与刑法的交叉领域比刑法与其他部门法的交叉领域更为广阔。行政法不仅涉及传统的治安、国防、税收、外交等领域，而且还涉及公民生活中的工商、医疗、环保、劳动、妇女儿童利益、社会福利等几乎所有的领域。而刑法作为其他部门法的保障法，调整所有可能涉嫌犯罪的行为，生活中的每个领域只要可能涉嫌犯罪，那么就会受到刑法的调整。由此，行政法调整范围的广泛性加之刑法的保障性，使行政与刑事法律关联问题也具有广泛性。

（二）转化性

行政法与刑法在调整对象上存在重合，一行为可能从行政违法行为转化为刑事犯罪行为。相互转化性主要体现在两个方面：一方面是刑法调整范围的变化导致一般的行政违法行为可能转化为犯罪行为。例如，侵入计算机系统犯罪就是由于计算机及互联网的出现而产生的新型违法行为，它起初只是行政违法行为，不与刑法产生关联，后来 2009 年颁布的《中华人民共和国刑法修正案（七)》增设"非法侵入计算机信息系统罪"后，将其界定为犯罪，因而行政法与刑法在定罪方面产生关联。另一方面是犯罪行为也可能会转化为行政违法行为。例如，1979 年《刑法》中规定的"投机倒把罪"，在 1997 年《刑法》修订时已经被废除，原本是犯罪行为也可以转化为一般违法行为，因而有关此问题的行政法与刑法关联问题也就发生了变化。

（三）互为前提性

互为前提性主要表现为在行政与刑事法律问题产生程序关联问题时，即行政诉讼与刑事诉讼关联形式中，行政诉讼的结果可能是刑事诉讼的审判前提，反之亦然。这种关系完全不同于行政诉讼与民事诉讼、刑事诉讼与民事诉讼之间的关系。刑事诉讼可以附带民事诉讼，行政诉讼中也可以一并解决民事争议①。但是，行政诉讼和刑事诉讼存在关联

---

① 我国法律没有明确规定行政诉讼附带民事诉讼制度，但是根据 2018 年最高人民法院颁布的《最高人民法院关于适用〈中华人民共和国行政诉讼法〉的解释》第 68 条规定，当事人在提起行政诉讼时可以请求一并解决相关民事争议，请求一并解决相关民事争议的，应当有具体的民事诉讼请求。

时，除非二者只是由于一案而引起的两个性质不同的诉讼可以同时进行。否则，在互为前提的诉讼中必须中止诉讼，待另一诉讼终结后，才能再恢复本诉讼。

第二节　行政与刑事法律关联问题的产生原因与种类

一、行政与刑事法律关联问题的产生原因

行政法与刑法存在诸多关联问题，产生关联的原因也是多方面的。例如，由立法、制度以及案件的复杂性和特殊性等多方面共同导致。

（一）立法权限方面

从行政立法角度来看，我国立法带有较强的部门界限，部门法之间整体协调意识较弱，行政法规范与刑法规范缺乏协调性。行政机关发布的规范性文件较多，而且很多立法机关仅关注本部门利益，导致行政法规范与刑法规范之间的法律条文断层和失调，出现了立法浪费和法律冲突现象。这种立法上的乱象必然会造成两部门法之间关联问题产生。

虽然 1997 年《刑法》经过了 10 多次修订，但仍然难以及时、迅速地适应时代变化和社会发展的要求。在现代社会，各种新生事物层出不穷，对各种新型违法行为可以通过行政法的及时修改予以调整和规制，而作为相对稳定的刑事立法却没有适时地作出相应调整以应对新型犯罪。

同时，在制定刑法的过程中，出于法典的精练性和适用的灵活性等考虑，在罪状表述上一些条款采用简单罪状和空白罪状的表述方式。这

样虽然避免了文字上的烦琐和重复，却难免产生由于援引的行政法规范变动而造成刑法适用上的难题，尤其是涉及行政法规范是刑法入罪前提的情形。一般情况下，行政法规、规章等能够随着社会形势的变化及时进行补充和修改，使其调控能力能够与时俱进。而由于刑法强调相对稳定性，修改程序复杂等原因难以作出频繁修改，其调控范围的广泛性和积极变化的动态性远不如行政法。因此在这种情况下，就有可能造成刑法中空白罪状表述犯罪构成要件依据不清或者定罪缺乏确切依据，致使行政法与刑法产生冲突。

（二）行政处罚权限方面

我国借鉴苏联的法律体系，在 1957 年制定了《中华人民共和国治安管理处罚条例》，保留了由行政机关行使处罚权的传统。1996 年制定的《中华人民共和国行政处罚法》（以下简称《行政处罚法》）采纳了传统的行政处罚体制。① 而 1978 年实施改革开放之后，行政处罚权迅速得到了扩大和普及。各种潜在社会问题也表露出来，对社会秩序和经济秩序造成一定影响。尤其是在经济体制和政治体制的改革过程中，规范市场经济秩序的规则还来不及系统地建立，许多旧的规则又难以适用。在这种情况下，各种社会矛盾和冲突逐渐增多，损害、破坏经济和社会秩序，影响国家、社会公共利益和公民个人利益的违法现象也有所增加。因此，政府就越来越依靠以强制力为后盾的法律手段来管理经济和社会。执法者的注意力也自然而然地转向更多地采用并且行之有效的法律

---

① 参见冯军：《行政处罚新论》，中国检察出版社 2003 年版，第 43—44 页。

制裁手段，即行政处罚。[①] 再者，我国由于承袭了一些大陆法系的法律传统，而且受到"行政至上"传统观念的影响，所以行政机关拥有广泛的处罚权似乎顺理成章，容易被接受。因而行政权过于强大造成难免向司法权侵入，由此造成行政机关越权、滥用职权现象时有发生，导致行政权与司法权出现一定程度的混乱。

（三）权力范围界定方面

我国现行体制下，有些行政机关具有双重身份是产生行政法与刑法关联问题的又一主要原因。例如，公安机关兼有治安行政机关和刑事侦查机关的双重身份，同时享有行政执法权和刑事侦查权的双重职权，这两种职权分属于行政法和刑法的范畴。其中关于行政执法权，当事人不服行政执法行为可以提起行政诉讼，对于刑事侦查行为则不能提起行政诉讼。因而，公安机关的这种双重身份导致在具体案件处理上容易出现混乱局面。一方面，从公安机关来看，对某一案件是否应予以追究的判断上，会存在运用行政执法权还是刑事侦查权的选择。另一方面，从当事人来看，如果当事人对公安机关的行为存有异议提起行政诉讼，但是公安机关行使的却是刑事侦查权，这就产生了行政法与刑法的交叉问题。同时，行政机关拥有较大的自由裁量权，也给行政法与刑法的交叉提供了生存的土壤。具体来说，当发现案件可能涉嫌刑事犯罪时，其他行政机关应当向公安机关移送案件，公安机关应当立案侦查，但是在我国公安机关和其他行政机关行使职权的裁量空间较大。如果不移送案件

---

① 参见应松年、刘莘：《行政处罚立法探讨》，《中国法学》1994 年第 5 期。

由行政机关自行处理，那么就属于行政法的管辖范围。如果将案件移送司法机关由法院运用司法权来审判，就属于刑法的管辖范围。这就导致了行政法与刑法规制范围的交叉。

（四）案件性质复杂性方面

在实践中，一行为同时触犯了行政法和刑法的情况会存在。如偷税、漏税、走私、破坏公共秩序等行政违法行为，在构成相应犯罪的同时触犯了行政法的有关规定。① 在这种情况下，如何使二者更好地衔接起来，法律并没有作出明确的规定，因此导致行政案件与刑法案件的交叉甚至冲突。尤其是在诉讼程序中，由于案件的复杂性，同一案件可能同时并存行政诉讼和刑事诉讼。由于行政诉讼与刑事诉讼的关系不同于刑事诉讼和民事诉讼、行政诉讼与民事诉讼的关系，不能进行附带诉讼，因而如何处理两种诉讼的先后关系，尤其在两种诉讼发生冲突时，应采用何种原则等问题有必要进行深入研究。

另外，根据"行政犯罪"理论，"行政犯罪"具有双重特征。当同一行为既违反行政法规范又触犯刑事法规范时即构成一种行政犯罪行为，它同时具有行政违法性与刑事违法性，是行政违法与刑事犯罪的交叉混合。这种交叉混合在实践中是广泛存在的，由此导致案件的复杂性。例如，在行政管理中，行政机关公务人员执行职务时违法限制行政相对人人身自由，这一行为从行政违法性看，应属于行政机关的具体行政行为违法，而从刑事违法性看，该执法人员则有可能构成《刑法》中

---

① 参见赵秉志、郑延谱：《中国行政刑法的立法缺憾与改进》，《河北法学》2006年第8期。

规定的非法拘禁罪。由此"行政犯罪"的双重性、两法交织的双重性，引发行政法与刑法的关联问题。[①]

三、行政与刑事法律问题关联的种类

行政法与刑法无论在实体方面还是程序方面都存在关联。目前学界缺乏对行政法与刑法关联问题的系统而深入的研究，对二者关联的种类尚未进行划分。从理论上讲，对二者关联的法律问题，可以作出多种分类。如根据关联的内容，可分为行为关联与法规范关联；根据关联的方式，可分为直接关联与间接关联等。但鉴于本书主要研究行政法与刑法在实体和程序方面存在的交叉、冲突等关联问题，对二者关联的种类作出如下划分：

（一）实体性关联与程序性关联

根据法律规定的内容，可以划分为实体性关联与程序性关联。

1. 实体性关联

行政法与刑法实体性关联，是指二者在实体方面存在分界、交叉、吸收、折抵和影响等关系。例如，《刑法》第 139 条第 1 款规定："违反消防管理法规……"这是刑法典中引入了行政法规范的内容，[②] 使得行政法对刑法产生影响，使二者在实体上产生关联。按照关联的具体行为

---

① 参见刘艳红、周佑勇：《行政刑法的一般理论》，北京大学出版社 2008 年版，第 20 页。

② 此处消防管理法规，不仅包括 2008 年 10 月修订的《中华人民共和国消防法》，还包括 1988 年 1 月国务院发布的《森林防火条例》和国务院 2002 年 1 月通过的《危险化学品安全管理条例》等。

内容，实体性关联又可分为抽象行政行为与刑法的关联和具体行政行为与刑法的关联。抽象行政行为与刑法的关联是通过抽象行政行为对刑法的定罪和量刑产生影响的关联关系。具体行政行为与刑法的关联是指通过具体行政行为对刑法的定罪、量刑和阻却犯罪成立等方面产生影响的关联关系。例如，有的行政法律法规在最后的法律责任部分作出"构成犯罪的，依法追究刑事责任"的表述，这就是抽象行政行为在实体上与刑法产生关联。

2. 程序性关联

行政法与刑法程序性关联是指行政法与刑法在程序上存在的冲突、交叉和衔接等关系。本书主要研究行政诉讼与刑事诉讼在程序上的各种关联关系。例如，2018 年最高人民法院颁布的《最高人民法院关于适用〈中华人民共和国行政诉讼法〉的解释》第 87 条第 6 项规定："案件的审判须以相关民事、刑事或者其他行政案件的审理结果为依据，而相关案件尚未审结的，中止诉讼。"这一规定意味着行政诉讼有时以刑事诉讼的审判结果为依据，在程序上二者具有互相影响的关联关系。

（二）冲突性关联与非冲突性关联

根据是否存在冲突，可以分为冲突性关联和非冲突性关联。冲突性关联是指行政诉讼与刑事诉讼相互冲突，不能同时进行，如果同时审判可能会作出互相矛盾判决的关联类型。非冲突性关联，则是两种诉讼不存在冲突可以同时进行的关联类型。例如，公安机关对违反治安案件的行为人处以行政处罚，但是受害人认为公安机关的处罚不合理而提起行政诉讼，同时又对行为人提起刑事自诉要求追究侵害人的刑事责任。如果人民法院行政审判组织和刑事审判组织对两个案件同时处理，则有可能作出互相矛盾的判决，导致二者产生冲突。如果在受害人并未提起刑事自诉的情况下，在行政诉讼进行中，法院发现公安机关的责任人存在违法行为涉嫌犯罪，将案件移交给人民检察院提起公诉，则行政诉讼与刑事诉讼之间只存在交叉，而不存在冲突问题。

第三节　行政法与刑法的互动关系

行政法和刑法不仅存在部门法律之间的界限，同时也会产生互动的法律关系。例如，行政法可以对刑法的定罪和量刑产生影响，同时刑法也可以对行政法的运行产生影响。

一、行政法对刑法的影响

如前所述，行政法与刑法的规制对象、作用范围、法律责任以及行为界限存在重叠和交叉，所以行政法规范不可避免地对刑法产生影响，对刑法中的定罪、量刑等方面产生影响。主要可以体现在以下几个方面：

（一）行政法对确定罪与非罪的影响

在我国《刑法》中，有一部分个罪的犯罪构成是以违反行政法规或者受过行政处罚作为犯罪的前提。例如，《刑法》条文中多处采用"违反……法规""违反……规定"的表述，即只有违反行政法规或规章为前提后，才有可能构成相应之罪。即刑法的犯罪成立以违反其他行政法规作为入罪条件。例如，《刑法》第 228 条规定："以牟利为目的，违反土地管理法规，非法转让、倒卖土地使用权，情节严重的，处三年以下有期徒刑或者拘役，并处或者单处非法转让、倒卖土地使用权价额百分之五以上百分之二十以下罚金；情节特别严重的，处三年以上七年以下有期徒刑，并处非法转让、倒卖土地使用权价额百分之五以上百分之二十以下罚金。"此条文中的"违反土地管理法规"即是行政法规，只有比照土地管理法规中的细则条文，在确定违反其内容的前提下，才能构成该罪所规定的非法转让、倒卖土地使用权罪，否则无法确定该罪。

值得关注的是，应当明确罪刑法定原则与这种罪与非罪影响的关系。罪刑法定原则是我国刑法的基本原则，只有刑法典中明确列举出的行为才是犯罪，即"法无明文规定不为罪""法无明文规定不处罚"。罪刑法定原则包含形式侧面和实质侧面，其中实质侧面是实质法治的体现。"罪刑法定原则"的实质侧面包括两个方面，即刑罚法规的明确性原则和刑罚法规的内容适当原则，后者包括禁止处罚不当罚的行为[1] 和禁止不均衡的刑罚。[2] 所以《刑法》中有很多条文援引行政法的具体规定和内容，这既体现了"罪刑法定原则"中的明确性原则，同时又通过

---

① 禁止处罚不当罚的行为，是指刑法法规只能将具有处罚根据或者是值得科处刑罚的行为规定为犯罪，从而限制立法权。如果《刑法》中规定在公共场所吸烟的行为将受到拘役或者有期徒刑的处罚将不具有处罚的意义，因为它并未实现刑罚法规内容的适当性要求。亦如假想犯罪，仅仅在脑海中幻想要如何犯罪，没有任何付诸实践的行动，由于其不具有任何的法益受侵害，不属于值得处罚的范畴，因而也不具有处罚的意义。

② 参见张明楷：《刑法学》第 3 版，法律出版社 2007 年版，第 52—54 页。

排除不当罚行为的形式体现了内容适当性原则。例如，《刑法》第225条规定① 以"违反国家规定"作为前提条件，以违反国家规定作为消极的构成要件。也就是说，如果行为人按照国家法规的规定行使权力、履行义务等，即使有该条文规定的行为出现，也不构成该条文所列之非法经营罪。

（二）行政法对确定此罪与彼罪的影响

因行为所侵害的法益不同，存在此罪与彼罪之别，行政法具有影响某一行为构成此罪还是彼罪的作用。例如，《刑法》第345条② 第1款规定的是盗伐林木罪，第2款规定的是滥伐林木罪，构成滥伐林木罪需要以违反森林法为前提。2000年11月22日最高人民法院《关于审

---

① 该条规定："违反国家规定，有下列非法经营行为之一，扰乱市场秩序，情节严重的，处五年以下有期徒刑或者拘役，并处或者单处违法所得一倍以上五倍以下罚金；情节特别严重的，处五年以上有期徒刑，并处违法所得一倍以上五倍以下罚金或者没收财产：（一）未经许可经营法律、行政法规规定的专营、专卖物品或者其他限制买卖的物品的；（二）买卖进出口许可证、进出口原产地证明以及其他法律、行政法规规定的经营许可证或者批准文件的；（三）未经国家有关主管部门批准非法经营证券、期货、保险业务的，或者非法从事资金支付结算业务的；（四）其他严重扰乱市场秩序的非法经营行为。"

② 该条规定："盗伐森林或者其他林木，数量较大的，处三年以下有期徒刑、拘役或者管制，并处或者单处罚金；数量巨大的，处三年以上七年以下有期徒刑，并处罚金；数量特别巨大的，处七年以上有期徒刑，并处罚金。违反森林法的规定，滥伐森林或者其他林木，数量较大的，处三年以下有期徒刑、拘役或者管制，并处或者单处罚金；数量巨大的，处三年以上七年以下有期徒刑，并处罚金。非法收购、运输明知是盗伐、滥伐的林木，情节严重的，处三年以下有期徒刑、拘役或者管制，并处或者单处罚金；情节特别严重的，处三年以上七年以下有期徒刑，并处罚金。盗伐、滥伐国家级自然保护区内的森林或者其他林木的，从重处罚。"

理破坏森林资源刑事案件具体应用法律若干问题的解释》第 3 条规定：

"以非法占有为目的，具有下列情形之一，数量较大的，依照刑法第三百四十五条第一款定罪处罚：（一）擅自砍伐国家、集体、他人所有或者他人承包经营管理的森林或者其他林木的；（二）擅自砍伐本单位或者本人承包经营管理的森林或者其他林木的；（三）在林木采伐许可证规定的地点以外采伐国家、集体、他人所有或者他人承包经营管理的森林或者其他林木的。"而 1984 年制定的《中华人民共和国森林法》（2019 年修订）第 56 条规定："采伐林木必须申请采伐许可证，并按照采伐许可证的规定进行采伐……"根据此条规定，所有林木采伐都必须取得国家林业部门的审批行政许可。因此，盗伐林木罪和滥伐林木罪的主要差别在于是否取得采伐许可证。取得采伐许可证而超期或者超量采伐则构成滥伐林木罪，而如果没有采伐许可证，即使砍伐本单位或者本人承包经营管理的森林或者其他林木的也构成盗伐林木罪。这就是行政许可对此罪与彼罪的确定产生影响。由此可见，行政法对于构成不同罪名具有质的影响。

（三）行政法对刑法量刑的影响

量刑的内容是裁量刑罚，量刑的意义在于通过犯罪的事实、犯罪的性质、情节和对于社会的危害程度，对犯罪分子处以不同的刑期幅度。根据不同的量刑情节可以对其进行从重或从轻处罚、减轻处罚或免除处罚等。

例如，《刑法》第 204 条①规定了骗取出口退税罪，其中骗取出口退税中有 3 个量刑幅度：第一个为数额较大，第二个为数额巨大或者有其他严重情节的，第三个为数额特别巨大或者有其他特别严重情节。关于如何区分上述三个情节问题，2002 年 9 月 17 日实行的最高人民法院《关于审理骗取出口退税刑事案件具体应用法律若干问题的解释》（在本节中简称"司法解释"）中第 3 条规定："骗取国家出口退税款 5 万元以上的，为刑法第二百零四条规定的'数额较大'；骗取国家出口退税款 50 万元以上的，为刑法第二百零四条规定的'数额巨大'；骗取国家出口退税款 250 万元以上的，为刑法第二百零四条规定的'数额特别巨大'。"第 4 条规定："具有下列情形之一的，属于刑法第二百零四条规定的'其他严重情节'：（一）造成国家税款损失 30 万元以上并且在第一审判决宣告前无法追回的；（二）因骗取国家出口退税行为受过行政处罚，两年内又骗取国家出口退税款数额在 30 万元以上的；（三）情节严重的其他情形。"第 5 条规定："具有下列情形之一的，属于刑法第二百零四条规定的'其他特别严重情节'：（一）造成国家税款损失 150 万元以上并且在第一审判决宣告前无法追回的；（二）因骗取国家出口

---

①　该条规定："以假报出口或者其他欺骗手段，骗取国家出口退税款，数额较大的，处五年以下有期徒刑或者拘役，并处骗取税款一倍以上五倍以下罚金；数额巨大或者有其他严重情节的，处五年以上十年以下有期徒刑，并处骗取税款一倍以上五倍以下罚金；数额特别巨大或者有其他特别严重情节的，处十年以上有期徒刑或者无期徒刑，并处骗取税款一倍以上五倍以下罚金或者没收财产。纳税人缴纳税款后，采取前款规定的欺骗方法，骗取所缴纳的税款的，依照本法第二百零一条的规定定罪处罚；骗取税款超过所缴纳的税款部分，依照前款的规定处罚。"

退税行为受过行政处罚，两年内又骗取国家出口退税款数额在 150 万元以上的；（三）情节特别严重的其他情形。"该司法解释第 3 条已经明确列出关于数额的范围，但是第 4 条的第 2 项和第 5 条的第 2 项中又列举该项情形，如果已经因骗取国家出口退税行为受过行政处罚，两年内又骗取一定数额的属于"其他严重情节"或者"其他特别严重情节"。事实上，前述三个量刑情节中第二量刑层次和第三量刑层次中的两项均属于并列关系，以第二量刑层次为例，只要骗取国家出口退税款在 50 万元以上的，就构成判处 5 年以上 10 年以下有期徒刑，并处骗取税款一倍以上五倍以下罚金的起刑点，但是司法解释第 4 条中规定即使骗取出口退税款没有达到 50 万元，只要两年之内因骗取国家出口退税行为受到过行政处罚，即构成"其他严重情节"。

因此，通过行政处罚制度一定程度上降低了骗取出口退税罪的不同量刑幅度起刑点。这就说明，行政行为在一定程度上影响了刑法的量刑。

（四）行政法对代替刑罚的作用

根据《刑法》第 2 条的规定，刑罚的目的是为了预防犯罪。无论是刑法的目的还是刑罚的目的，都不是以惩治为最终目标，而是以通过刑罚达到威慑功能或教育感化功能为目的。因此只要能够达到树立刑法威严性，使公众出于惧怕刑罚的原因而阻止犯罪，犯罪人由于受到刑罚后不敢再次犯罪或者接受改造后不想再犯罪，那么刑法的目的就已经达到。因而二者在处罚方面存在相似目的，都以威慑功能和教育功能作为目的之一。由于行政处罚与刑罚之间的特殊关系，在有些罪名中，存在以行政处罚代替刑罚的情形。例如，根据《刑法》第 201

条①第2款逃税罪的规定，虽然行为人的行为属于逃避缴纳税款应该受到刑事处罚，但补交应缴税款、缴纳滞纳金，已受行政处罚就不再被追究刑事责任。换言之，在一定条件下，行政处罚起到代替刑罚的作用。这种规定，既可以降低司法成本，又体现宽严相济的政策，有利于犯罪人改过自新。

（五）行政法对司法证明的影响

罪刑法定原则的核心是疑罪从无、禁止类推。证明行为人主观心态的证据有时不能直接取得，需要通过其他证据或者行为来间接证明。例如，《刑法》第214条销售假冒注册商标的商品罪的主观要件为"明知"，对于明知的证明，2004年12月8日最高人民法院、最高人民检察院《关于办理侵犯知识产权刑事案件具体应用法律若干问题的解释》第9条规定："具有下列情形之一的，应当认定为属于刑法第二百一十四条规定的'明知'：……（二）因销售假冒注册商标的商品受到过行政处罚或者承担过民事责任、又销售同一种假冒注册商标的商品的……"在这一罪名的构成要件中，"明知"是通过受过行政处罚予以证明，只要行为人以前曾经因销售同一种假冒注册商标的商品接受过行政处罚，就说明

---

① 该条第1款规定："纳税人采取欺骗、隐瞒手段进行虚假纳税申报或者不申报，逃避缴纳税款数额较大并且占应纳税额百分之十以上的，处三年以下有期徒刑或者拘役，并处罚金；数额巨大并且占应纳税额百分之三十以上的，处三年以上七年以下有期徒刑，并处罚金。"第2款规定："扣缴义务人采取前款所列手段，不缴或者少缴已扣、已收税款，数额较大的，依照前款的规定处罚。对多次实施前两款行为，未经处理的，按照累计数额计算。"第3款规定："有第一款行为，经税务机关依法下达追缴通知后，补缴应纳税款，缴纳滞纳金，已受行政处罚的，不予追究刑事责任；但是，五年内因逃避缴纳税款受过刑事处罚或者被税务机关给予二次以上行政处罚的除外。"

行为人已经知道自己的行为是违法行为。因为行政处罚是对违反行政管理秩序的行为予以制裁的行政行为。只要行为人再实施已经接受过行政处罚的同一行为，就可以认定行为人主观上已经知道这一行为是违法行为，那么再实施该行为就是主观明知的故意。这就是通过行政处罚行为证明行为人在犯罪构成时具有主观方面要件。

二、刑法对行政法的保障作用

法国资产阶级启蒙思想家卢梭曾经指出："刑法在根本上与其说是一种特别法，还不如说是对其他一切法律的裁定。"[①]刑法本身并不创立新的义务，而只是对在其他法律分支中已经确立的规则给予更为有力的认可或者制裁。因而刑法是一种制裁性法律，其他法律分支借助于这一制裁性法律，以求对各自确立的义务给予充分保障，尤其是当这些法律分支处于不成熟阶段尚未形成充分有效的制裁规则时，或者当这些法律分支规定一些新规则很难让人接受时，刑法的制裁性质就更加突出地表现出来。[②]这就是说，刑法作为一种制裁法，是包括行政法在内其他法律的保障法、后位法，不应轻易发动，除非万不得已才会启动。由此，刑法对行政法具有保障的属性。

（一）刑法对行政法保障作用的依据

刑法对行政法具有保障作用体现在行政法无法执行以保护法益时，

---

① [法] 卢梭：《社会契约论》，何兆武译，商务印书馆 2003 年版，第 70 页。
② [法] 卡斯东·斯特法尼等：《法国刑法总论精义》，罗结珍译，中国政法大学出版社 1998 年版，第 35 页。

刑法可以用严厉的刑罚保障行政法的顺利实施。刑法对行政法的保障作用是由刑法和行政法的法律特征所决定的。

1.刑罚的严厉性决定了刑法对行政法具有保障属性

在社会生活中，人们受到多重社会规范的规制。在多重社会规范中，道德是第一层次规范，法律则是第二层次规范。因为法律是最低底线的道德，如果人们遵守第一层次规范，那就不会发生第二层次规范的问题。只有达到道德无法规制的程度时，才会运用法律规范加以规制。哈特曾指出："在任何时间和地点，法律都有一个最为显著的普遍特征，这就是它的存在意味着特定类型的人类行为不再是任意的，而是在某种意义上具有强制性。法律是强制性命令。"①

虽然法律都具有强制性的特征，但是强度各有不同。在各种法律规范中，刑法以其严厉性的调整手段而著称，并且调整犯罪涉及社会生活的各个方面。以刑罚这种刑法特有的调整手段说明刑法和其他部门法的区别，可以说是法学界所公认的事实。一方面，虽然刑法和行政法都属于公法的范畴，但是刑法的刑罚威慑力和强制力处于中心地位。刑法使用最严厉的权力机制，主要表现为大额度剥夺人的财产，可以长时间剥夺人的自由，甚至可以直接剥夺人的生命。这种强度行政法并不具备。一般来讲，只有当一般部门法对某种违法行为的处理不足以抑止该违法行为、不足以保护某种社会关系时，立法者才将这种行为规定为犯罪并追究刑事责任。这就使得刑法必须采取最严厉的制裁方法来调

---

① ［英］H.L.A.哈特：《法律的概念》，许家馨、李冠宜译，法律出版社2006年版，第21页。

整这些社会关系。可见，刑法与一般部门法并不是一种简单的"刑法规定的行为由刑法处理、一般部门法规定的行为由一般部门法处理的关系，而是由一般部门法处理没有效果时才由刑法处理"①。另一方面，在发动主体上，为了保证刑法得以顺利实施，刑罚得以严格贯彻，国家运用各种国家机器维护刑法的执行；而行政制裁则只是由部分有执法权的行政机关来执行。相比较而言，国家的强制力程度要比行政机关更为严厉。

2.行政处罚措施的不足性决定刑法保障的必要性

在现代社会生活和行政管理领域中，常常强调的是对行政相对人的保护，对行政权的控制。因而出于保护行政相对人的考虑，行政处罚的作出必须要经过法定的程序。但是由于行政机关的主要目的在于纠正行政相对人的轻微违法行为，其惩罚种类和惩罚程度都是出于教育或防止其恶化的目的。所以，惩罚种类较为单一、惩罚程度较轻。但是如果行政处罚没有达到预防或者教育目的，行为人无视行政机关作出的行政处罚，而拒不悔改继续实施违法行为，当行为已经超出行政法的调整范围，这种情况下就应当动用刑法予以制裁，用更为严厉的刑罚以达到防止其再犯的目的。否则，行政相对人破坏秩序的行为无法受到应有的惩罚。换言之，当行政法不足以威慑行政相对人行为的时候，运用刑法惩治这种行为并警诫潜在的类似行为就成为必要。行政法具有强制执行力，但其强制性明显弱于刑法的强制力。如果没有刑法作保障，即使依

---

① 张明楷：《刑法在法律体系中的地位——兼论刑法的补充性与法律体系的概念》，《法学研究》1994 年第 6 期。

法作出行政行为也难以实施，如果没有刑法规定的"拒不执行判决裁定罪"及其法定刑的规定，行政判决与裁定也是一纸空文。所以事实上刑法也是行政法的保障法。

（二）刑法对行政法保障作用的具体体现

刑法不仅对行政法具有保障的属性，对其他各法律部门的保护法作用也在日益增强。由于刑法的特殊性，其对行政法的保障作用主要体现在惩罚性与"第二次性"。

1.刑法的惩罚性

刑法的惩罚性是由刑法的特殊性质决定的。刑法的惩罚性作用主要体现在刑事立法中要遵守刑法的补充性原则，先用缓和的、低成本的、具有包容性的其他调整方法，少用或慎用甚至不用刑法调整方法。用刑罚限制人身自由或财产权利应是最后不得已之手段。在刑罚种类和幅度的选择上，应限定于足以控制犯罪的范围之内，防止出现刑罚过重的现象。

刑法的惩罚性是通过刑罚这一制裁手段来体现的。刑罚是法律制度中具有社会伦理非难性的制裁手段，被认为是最严厉的制裁措施，具有双重功效。刑法以强制力的规定、处罚与适用作为其规范的中心，它透过刑罚制裁来保护法益，维护社会最基本的价值体系。一方面，它通过对已然犯罪的惩罚达到制裁犯罪、安抚被害人、恢复社会正义并有效防范犯罪人再犯罪的目的，使刑罚具有特殊预防功能。另一方面，它通过刑罚的适用来达到对未然的法益侵害行为的预防，即依靠这样一种消极的、否定性的警诫与预防而使刑罚具有抑制犯罪的功用，使刑罚具有一般预防功能。①

我国很多行政法规范中都有"情节严重，构成犯罪的，依法追究刑事责任"的表述。这是因为行政法调整的主要是涉及行政相对人和行政主体的关系，对其他社会公众的权益影响较小，只有行政法及相关法律无法调整时，才有刑法以其威慑力行使刑罚震慑犯罪人。从形式上看，刑法是规定犯罪与刑罚的法律，但从实质上看，刑法是规定国家刑罚权内容与范围的法律。刑法是对刑罚权主体和犯罪主体之间的关系予以规定，具有强行性特征，尤其体现在具有严厉性质的刑罚上。刑罚是法律制度中具有社会伦理非难性的制裁手段，被认为是最严厉的制裁措施。刑法以强制力的规定、处罚与适用作为其规范的重心，它透过刑罚制裁来保护法益，维护社会最基本的价值体系。这样更有利于维护公共利益，虽然行政法也有强制性，但是借助于更强有力的刑罚作为后盾，更有利于实现维护公共利益和保护公民的合法权益。

应当注意的是，需要明确刑法的惩罚性与行政法的矫正性之间的关系。行政法的矫正性是与刑法的惩罚性是相对应的概念，二者主要是针对刑法与行政法的法律效果而言。当行政相对人出现违法行为时对其予以警示而非惩罚、报复。对于法律义务的违反，法律通常是赋予一定的法律效果来实现规范目的。根据内容的不同，法律效果可以分为民事责任、行政责任和刑事责任。行政责任是行为人因为违反行政法律、法规的义务而应当承担的不利后果，而刑事责任是行为人因为实施犯罪行为

---

① 蔡道通：《当代刑法的两大基本理念及其意义》，《南京师大学报》（社会科学版）2003 年第 4 期。

而遭受的国家对其进行的否定性评价。如果比较二者之差别，刑事责任的目的在于给予行为人以惩罚，并防止将来侵害行为再发生，而行政责任的目的在于矫正行为的轻微违法行为，以达到警示的效果，避免其犯更为严重的违法行为。因而，刑事责任被看作是对犯罪行为惩罚的同时，也具有保护法益的一般预防和特殊预防的目的。

刑事责任的特征表现为严厉的惩罚性，既具有"向后看"的惩罚作用，又具有"向前看"的预防作用，而行政法远不如刑法那样严厉，它的特征表现为矫正性，只具有"向后看"的补偿和复原作用。行政责任只是轻微的警告或者警示，虽然最严厉的也有限制人身自由，但相对于刑法来说，限制时间短，只是为了矫正行为人的行政违法行为而已。如果行政行为已经不能达到矫正的目的，那么行为人就要进入刑事责任的处罚范围，这充分说明，刑法的惩罚性是对行政法矫正性的保障性之体现。

2. 刑法的"第二次性"

日本学者泷川幸辰教授认为，刑法是对不服从第一次规范（如民法规范、行政法规范等）所保护的利益进行强有力的第二次保护的规范。[①]刑法的第二次性是指刑法并非以所有违法行为以及所有的违法者为对象，只有在使用民事的、经济的、行政的法律手段仍不能制止时，刑法才将其规定为犯罪。基于刑法的强行性特征，使得它在整个法律体系中处于相对特殊的位置。它总是处于调整的末端，是最后的手段，只有在

---

① 参见［日］泷川幸辰：《犯罪论序说》，东京有斐阁1955年版，第4页。

其他法律规范无法进行有效调整的情形下才会出现。

刑法的第二次性是针对行政法的第一次性而言的。行政法的第一次性则是指行政法对行政违法行为所进行的是第一次调整，相对于刑法而言，其对社会关系的调整处于最前沿的地位。① 刑法的第二次性与行政法的第一次性的区别主要从规范调整的顺位上而言，或者说是从刑法和行政法在整个法律规范体系中的地位而言。强调刑法的第二次性与行政法的第一次性的区别，很大程度在于协调刑法与行政法在调整对象上的关系，指导立法上犯罪化与非犯罪化以及刑罚强度的设定。刑法是规定国家刑罚权之内容与范围的法规，而这种刑罚权以国家强制力作为后盾。刑法之所以具有第二次性，在于其具有严厉的强制性特征。如果不顾刑法的强制性特征，而将刑法作为"第一次法"，由于刑罚本身是一把双刃剑，其消极性将会使国家和社会双受其害。刑法之所以具有第二次性，行政法之所以具有第一次性，也是出于政府有限资源，特别是司法资源的局限性考量。一般违法行为主要对其他社会公众的权益影响较小，此时采取行政手段，通过对侵权与违约行为追究行政责任的方式成本低、效率高、弊端少，而且也足以恢复利益平衡，遏制此类行为。当

---

① 将法区分为第一次法与第二次法，来源于日本刑法学者的主张。如宫本英修教授认为，基于法益之保护，法具有两种方面的性质，一是一般规范，是指包含成文法、习惯法、公序良俗、条例在内的一般社会观念所成立之规范，性质涵盖各种命令与禁令，属于行为法或行为规范，依此构成当为秩序的第一次法；二是制裁法，是为确保一般规范之效力，就行为与其违反之情形，赋予规制效果而产生者，构成当为秩序的第二次法，刑法即属制裁法之一种。所有的法，均系透过此二层次的作用，给予法益间接与直接之双重保护。参见〔日〕宫本英修：《刑法大纲》，东京成文堂1984年版，第30—31页。

一般违法行为已超越了限度，严重影响社会大众权益，其他的法律制裁手段不足以制止该违法行为，不足以保护某种社会关系和社会正义时，国家才启动制裁程序即采取刑事制裁。为了维护法的秩序和保障的协调就必须要精确司法，这种高资源需求体现在诉讼的每一个阶段，如立案侦查阶段、审判阶段都需要大量的资源、人力的投入。[①] 将既存的社会冲突，区分出不同的态样和层次，采用不同的调节手段，这无疑是对司法资源的最佳配置，顺应了节约司法资源的经济性需求。这就使得在行政法行使了"第一次"的调整后，刑法再行使"第二次"的调整。

---

① 董邦俊：《环境法与环境刑法衔接问题思考》，《法学论坛》2014 年第 2 期。

第二章　行政违法与刑事犯罪的法律界限

1794 年的德国《普鲁士一般法》中就已经提到行政违法与刑事犯罪的区别问题，但是时至今日，这个已经争论了两个多世纪的难题也没有得到完全解决。我国台湾地区学者林山田教授指出："由于国家任务与行政目的增多而日益扩张，尤其规范工商活动的经济与财税等方面的行政规章大量增加，不但扩张了行政违法的范围，使行政违法与犯罪这个古老问题，再度成为学术理论与实务上的热门话题。立法上不知不觉地扩大刑事犯罪应有的界限，把一些本该赋予行政处罚法律效果的行政违法行为，轻易地赋予刑罚的效果，造成所谓的刑法膨胀现象。"[①]

国内学界开始注意到行政违法与刑事犯罪问题（也包括行政违法与行政犯罪、行政犯罪与刑事犯罪等系列相关问题）是在 1989 年国际刑法学协会召开第十四次大会时。当时出版的著作和发表的论文并不多，基本处于萌芽和初始研究阶段，争论的焦点也主要集中在行政违法与行政犯罪的内涵、行政违法与刑事犯罪的界限及行政犯与刑事犯的关系等相

[①] 参见林山田：《论刑事不法与行政不法》，载林山田：《刑事法论丛（二）》，台大法律系 1997 年 3 月初版，第 32—34 页。

关问题上。

行政违法与刑事犯罪作为两个性质不同却密切相关的概念，关涉罪与非罪的界限，对于保护公民合法权益关系重大，因而具有非常重要的理论和实践意义。尽管我国学者对此的研究取得了一定的成果①，但由于长期以来，法学界在行政违法与刑事犯罪，甚至包括行政犯罪，在概念、性质的界定上未能达成一致，导致区分二者的理论更加复杂，影响司法实务中对行政违法与刑事犯罪相关责任的追究，致使大量的行政违法与刑事犯罪行为得不到合理有效的处理。尤其是司法实践中往往在行政违法与"行政犯罪"相对应的观念支配下，在刑法框架内将许多行政违法案件定义为"行政犯罪"并作出刑罚处理。

鉴于上述问题，本章将结合我国的实际情况，在剖析国外关于行政违法与刑事犯罪各种学说的基础上，提出适合我国国情的行政违法与刑事犯罪区分判断标准，着重从实体和程序两个方面探讨行政责任与刑事责任的衔接问题，以求对理论研究与司法实践有所裨益。

---

① 我国针对行政违法与犯罪问题汇集专家学者召开多场研讨会，也有很多学者将研究重点投入到此领域。例如，2008 年 6 月 21 日，中国人民大学刑事法律科学研究中心举办犯罪与行政违法行为的界限及惩罚机制的协调研讨会，来自全国人大法工委、最高人民法院、最高人民检察院、公安部以及部分高等院校、科研院所的专家学者约百人参加了研讨会，共同讨论行政违法与刑事违法的基础理论、界线划分和惩罚机制的协调、劳动教养制度改革等问题，发表论文 40 余篇。2012 年 11 月 28 日，国家检察官学院、北京市人民检察院、北京市人民政府法制办、大兴区政府等机关联合举办"行政执法与刑事司法衔接的理论与实践"专题研讨会，会议提交论文和报告 180 余篇。会议围绕两法衔接的理念与机制、实践与运用、问题与完善等方面展开热烈讨论。

第一节　行政违法与刑事犯罪的立法分析

我国主流观点认为行政违法与刑事犯罪的区别主要是行为的社会危害性程度不同。但这两种不同程度的社会危害性有着密不可分的联系，而且还可能有此消彼长的过程。同时影响判断社会危害性的标准也是多变的。

我国现行立法一般是从三个方面来界定行政违法与刑事犯罪：

（1）违法行为的情节和所造成的后果。情节或者社会后果轻微的是行政违法行为；情节较重或者造成严重后果的是刑事犯罪行为。这是现行立法运用最广泛的一种划分标准，尤其以妨害公共安全、扰乱经济秩序等方面最为突出。《刑法》第116条破坏交通工具罪、第117条破坏交通设施罪、第129条丢失枪支不报罪，均是以违反行政法规范围前提，只有造成严重后果或者情节严重才成为判处刑罚条件。

（2）违法行为的类别。有些行为一经实施，就是刑事犯罪行为，与行为的情节和后果无关。如我国《刑法》分则第一章危害国家安全的行为，第四章侵犯公民民主权利的行为，第三章中伪造支票、股票或者其他有价证券的行为，假冒已注册商标的行为，制作贩卖淫秽物品的行为，制造、贩卖、运输毒品的行为，伪造、变造国家机关证件、印章的行为等。而有些行为，无论如何都只会成为行政违法行为，而不会成为刑事犯罪行为，如剽窃、抄袭他人作品的行为①，吸毒，侵犯图书专有

① 我国《刑法》中规定了侵犯著作权罪，是指以营利为目的，侵犯他人著作权，违法所得数额较大或者有其他严重情节的行为。但是如果不以营利为目的的

出版权① 的行为。

（3）违法行为应受的制裁。违法行为符合犯罪构成并应受刑事制裁，是刑事犯罪行为；违法行为尚不够刑事处罚而应承担行政责任的，是行政违法行为。这种划分标准运用较少，主要集中在治安方面。例如，《治安管理处罚法》中规定的都是行政违法行为，而《刑法》中规定的都是刑事犯罪行为。

上述关于界定行政违法与刑事犯罪的几种标准，虽有各自道理，但并未勾画出行政违法与刑事犯罪的清晰界限。我国现行立法对行政违法与刑事犯罪的划分，虽然在一定程度上明确了行政责任和刑事责任的适用范围，但却难以避免二者在应用中的模糊、混淆，在执法上的"以罚代刑"或者"以刑代罚"。

第二节　行政违法与刑事犯罪的概念界定

一、"违法"与"不法"的内涵与区别

"违法"与"不法"均源自于日本法学，其"违法"与"不法"是对德语中 gesetzwidrig 与 rechtswidrig 的翻译，② 二者是极其容易引起混

剽窃、抄袭行为仅在《中华人民共和国著作权法》第 46 条中规定："有下列侵权行为的，应当根据情况，承担停止侵害、消除影响、赔礼道歉、赔偿损失等民事责任……（五）剽窃他人作品的……"

①　《中华人民共和国著作权法》第 46 条中规定："有下列侵权行为的，应当根据情况，承担停止侵害、消除影响、赔礼道歉、赔偿损失等民事责任……（二）出版他人享有专有出版权的图书的……"

②　参见余军：《行政法上的"违法"与"不法"概念——我国行政法研究中若干

淆和争议的概念。

（一）"违法"与"不法"的内涵

"违法"是人们所熟悉、最接近日常生活逻辑的法律概念，一般是指行为在客观上与法律的要求相悖，即"对法律义务或禁止命令的违反"[①]。"违法"分为一般的违法和刑法中的违法。[②] 在行政法范畴中，"违法"概念的功能主要体现在行政诉讼中对行政行为效力的评价，行政行为"违法"意味着其内容或者形式在客观上不符合法律的要求，进而导致对其效力的否认。[③]

"不法"在《法律词源》中包括两层含义：1.违法，不合法。《左传·庄公二十三年》："君举必书，书而不法，后嗣向观。"2.不仿效，不效法。《商君书·开塞》："圣人不法古，不修今。"后来一般指违反法律的行为，如不法之徒。[④] 由此可见，在一般语境下，"不法"的含义，多解释为"违法"。

（二）"违法"与"不法"的区别

在日常生活语境中，"违法"与"不法"概念不仅语义基本相同、甚至在许多情形中可以互换使用。例如，"违法"通常被理解为"违背

错误观点之澄清》，《行政法学研究》2011 年第 1 期。

[①] 参见陈景辉：《合规范性：规范基础上的合法观念——兼论违法、不法与合法的关系》，《政法论坛》2006 年第 2 期。

[②] 刘涛：《刑事不法与行政不法》，载韩玉胜主编：《刑法学博士生论文精粹》（2007 届），中国检察出版社 2008 年版，第 255 页。

[③] 参见朱新力：《司法审查的基准——探索行政诉讼的裁判技术》，法律出版社 2005 年版，第 250—251 页。

[④] 李伟民：《法学词源》，中国工人出版社 1994 年版，第 66 页。

法律、法令"，"不法"则理解为"不守法、不守法令"，二者含义不存在根本区别。当指称某一行为是"违法行为"时，称其为"不法行为"亦未尝不可。由此，很容易使人们忽略、混淆它们在法律语境中的不同含义与功能，或者引发相关争议。[1]

在法学领域，关于"违法"与"不法"的关系存在以下两种观点：

第一种观点认为，"不法"等同于"违法"，将"不法"界定在刑事违法性的理论体系中，将"不法"行为界定为具有刑事违法性的行为。例如，陈兴良教授认为，"不法"是指行为无正当理由侵害他人权益，即在满足"构成要件"的基础上，从整体法秩序角度对行为后果的否定性评价。[2] 陈景辉教授认为，在有关故意杀人的刑法规范中，"故意杀人"就是"不法行为"。[3] 陈忠林教授认为，在刑法学研究中，国内学者经常将汉语中的"违法性"与大陆法系刑法理论中的"违法性"（不法性）混用。[4]

第二种观点认为，"不法"仅指对民事法律规范的违反。例如，日本的法律词典指出，"不法行为"主要是指民法上的侵权行为。

一般而言，"不法"是大陆法系刑法、侵权法与国家赔偿法上关于犯罪构成、侵权责任构成或国家赔偿责任构成的重要环节之一，"构成

---

[1] 参见余军：《行政法上的"违法"与"不法"概念——我国行政法研究中若干错误观点之澄清》，《行政法学研究》2011 年第 1 期。

[2] 参见陈兴良：《本体刑法学》，商务印书馆 2001 年版，第 418 页。

[3] 参见陈景辉：《合规范性：规范基础上的合法观念——兼论违法、不法与合法的关系》，《政法论坛》2006 年第 2 期。

[4] 参见陈忠林主编：《违法性认识》，北京大学出版社 2006 年版，第 5 页。

要件的该当性""不法性"与"有责性"乃是递进式的法律责任构成的三大要素。其中"不法"是指行为无正当理由侵害他人权益，即在满足"构成要件"的基础上，从整体法秩序角度对行为后果的否定性评价。[①]在侵权法学说所称的"违法"（不法）概念实际上是指作为侵权责任构成要件的"不法"概念，这与行政法意义上的"违法"行政行为完全不是一个意思。事实上，我国民法学者并不区分"违法"与"不法"的意义，刑法领域亦是如此。但是在行政法学领域，很难看到将"违法"与"不法"概念等同起来。

由此可见，由于学科的起源和发展路径不同，导致不同学科范畴内，对于"不法"与"违法"的界定亦不相同。

二、行政违法与刑事犯罪的概念

（一）西方语境下的"行政不法"与"刑事不法"的概念

由于不同的法律制度、法律文化底蕴、社会发展进路等原因，中西方对行政违法与刑事犯罪的概念使用及概念和内涵存在着不同的理解。

以德国为代表的大陆法系国家，基于其特殊的法律制度形成了行政刑法学，"行政犯罪"理论也得到发展。而在"行政犯罪"理论中普遍使用"行政不法"和"刑事不法"的概念，其典型代表是德国学者郭特希密。在他看来，行政的目的在于促进国家与社会的福利，实现这一目的的手段

---

① 参见陈兴良：《本体刑法学》，商务印书馆 2001 年版，第 48 页。转引自余军：《行政法上的"违法"与"不法"概念——我国行政法研究中若干错误观点之澄清》，《行政法学研究》2011 年第 1 期。

就是行政作为，行政作为又以具有强制力的法规来确保其畅行无阻，此乃行政刑法。根据行政刑法的理论，违反行政法的行为属于"行政不法"，系一种"行政违反"，这种行政违反只具有形式上的要素，它只是违反行政意思而应受到处罚的行为。[1] 换言之，"行政不法"是一种"违反行政刑法的行为"，"行政不法"就是"行政犯罪"，受行政刑法的调整。

与"行政不法"相对应，德国学者普遍使用"刑事不法"概念。郭特希密特在 1902 年出版的《行政刑法》著作中，以"司法与行政的并立，应该有其不同的目的与领域"为理论出发点，认为"为达到司法目的而采取的强制手段是司法刑法"[2]。依此观点，违反刑法的行为即为"刑事不法"，系一种"法律违反"，乃违反基于伦理的刑法规范，系一种特别的伦理的非价值判断。[3] 由此可见，郭特希密特主张的"刑事不法"的范围仅仅是违反社会伦理的传统刑法范围，不包括行政刑法的那一部分所谓的"行政犯罪"。

（二）我国语境下的行政违法与刑事犯罪的概念

1."不法"概念界定

在我国，行政法学界和刑法学界均有使用"行政不法"与"刑事不法"的概念。

---

[1] ［德］克劳斯·罗克辛：《德国刑法学总沦》（第 1 卷），王世洲译，法律出版社 1997 年版，第 23 页。转引自李晓明：《行政刑法学》，群众出版社 2005 年版，第 264 页。

[2] J. Goldschmidt, *Das Verwaltungsstrafrecht*, 1902, pp.533-545, 转引自李晓明：《行政刑法学导论》，法律出版社 2003 年版，第 25—26 页。

[3] 李晓明：《行政刑法学》，群众出版社 2005 年版，第 265 页。

　　从行政法学界来看，几乎很少有人直接提出"行政不法"概念。在论述违法行政行为构成要件时，认为其构成要件不仅需要满足客观上违反行政法规范，行为人主观上还必须具有过错。[①] 这往往是借鉴民事侵权法、刑法上的违法（不法）学说，认为行政违法"必须是造成社会危害""行为人有主观方面过错"的行为。[②] 这种观点具有明显的民事侵权法"行为不法"说的特征，即"违法性（不法性）"判断除了需满足违反法律义务、侵害权益这一条件外，尚需以行为人的过失为必要。

　　从刑法学界来看，不少学者深受刑法学中的"刑事不法"或者行政刑法理论中的"行政不法"概念的影响，广泛使用"不法"概念。例如，违反国外刑法规定中有关行政处罚的规定属于"行政不法"，违反刑法中的刑罚规定属于"刑事不法"，[③] 或者违反行政法规范的属于"行政不法"，违反刑法规范则属于"刑事不法"[④]。

　　笔者认为，"不法"一词来自日本，而日语中"不法"的意思其实代表中国语境下的违法。但是，如果将作为日语汉字的"不法"一词使用在中国语境时，"不法"不仅具有不法、违法的含义，而且具有非法的含义。[⑤] 非法行为包括违反法律的违法行为以及违背道德甚至构成犯

---

① 参见许崇德、皮纯协：《新中国行政法学研究综述（1949—1990）》，法律出版社 1991 年版，第 516 页。

② 参见王成栋：《政府责任论》，中国政法大学出版社 1999 年版，第 15—16 页。

③ 李晓明：《行政刑法学》，群众出版社 2005 年版，第 264 页。

④ 李洁：《中日刑事违法行为类型与其他违法行为类型关系之比较研究》，《环球法律评论》2003 年第 3 期。

⑤ 有关"不法"的含义可以参见商务印书馆，小学馆共同编集：《日汉词典》，对外经济贸易大学出版社 1987 年版，第 1669 页。

罪的行为。特别是，就行政机关的行政违法行为来看，该行为与刑法或侵权法学中的"不法"概念存在明显的差异。"刑事不法"或"民事不法"概念，实际上是指作为犯罪构成或侵权责任构成要件的"不法"概念，与行政法上通常所说的"违法"是完全不同的两个概念。因此，为防止概念使用上的混乱，本书不采用"不法"概念，而采用"违法"概念。

2. 行政违法与刑事犯罪概念界定

（1）行政违法

在我国行政法学界，对行政违法的基本含义还没有形成统一的认识，其理论分歧和争议的焦点主要集中在违法主体的界定。[①]

第一种观点认为，行政违法包括行政主体的违法和行政相对人的违反法律规范、侵害受法律保护的行政关系而尚未构成犯罪的行为[②]。第二种观点认为，行政违法是指行政主体违反行政法律规范的行为[③]。第三种观点认为，行政违法是指行政相对人故意或者过失实施的违反行政法规范，侵犯国家、社会、组织或者个人的合法权益，但尚不构成犯罪的行为。[④]

从上述的观点来看，第一种观点所称的"行政违法"实际是行政法中的所有违法行为，属于广义的范畴；第二种观点所称的"行政违法"，指的是行政机关的行政违法行为，或者行政机关作出的行政行为违法

---

① 崔卓兰主编：《新编行政法学》，科学出版社 2004 年版，第 260 页。
② 罗豪才主编：《行政法学》，北京大学出版社 2001 年版，第 217 页。
③ 应松年主编：《行政法学新论》，中国方正出版社 1998 年版，第 572 页。
④ 参见姜明安：《行政违法与行政处罚》，《中国法学》1996 年第 6 期。

性；而第三种观点所称的"行政违法"并不是行政机关本身的违法或行政机关处理相对人行为之违法，而是行政管理相对人的违反行政法规范的行为之违法，此种观点将行政违法的主体限定在公民、法人或者其他组织，至于行政主体实施的违反行政法律规范的行为则不属于"行政违法行为"，而是"违法行政行为"。因此，三种观点所称的"行政违法"之间存在本质区别。

从行政行为角度看，违法行为包括三个方面：一是行政相对人违反行政法规范的违法行为。二是行政主体作为行政管理相对人的违法行为。例如，税务部门在执法检查过程中违法停车被交通管理部门处罚。三是行政主体对行政相对人作出的具体行政行为违反法律规范规定的行为。例如，行政相对人与他人打架，行政机关根据行为后果确定行政相对人行为违反《治安管理处罚法》规定，本应作出警告处罚或者根据情况处以罚款的较轻处罚，但是行政机关作出拘留 15 日的行政处罚。除行政相对人的行为是否属于行政违法行为之外，还存在行政机关作出的具体行政行为是否违反《治安管理处罚法》的相关规定，是否属于可撤销或者可变更的行政行为违法性审查问题。

在上述情形中，行政相对人作为被管理者的主体，其违法行为可称为行政相对人的违法行为，而对行政主体处理行政争议所作出的违法行政行为可称为行政行为违法。显然，前者的违法属于违反行政法规范的违法行为，后者的违法是指《中华人民共和国行政诉讼法》（以下简称《行政诉讼法》）中规定的"主要证据不足的""适用法律法规错误的""违反法定程序的""超越职权的""滥用职权的"以及行政机关"不履行或拖延履行法定职责的"和"行政处罚显失公正"等行为中的违法。笔者认为，既然行政主体作出的行政行为违法与行政相对人违反行政法规范的违法存在着明显的区别。就应该在理论上严格区分二者的违法概念。因而，行政法中的违法包括行政主体的行政违法，也包括行政相对人的行政违法。但鉴于研究的需要，本书主要探讨行为的危害程度到底属于犯罪范畴还是行政违法范畴。因而本书采用的"行政违法"概念，仅指行政相对人违反行政法规范的行为之违法。

（2）刑事犯罪

刑事犯罪，也可称为犯罪。我国《刑法》第13条规定："一切危害国家主权、领土完整和安全，分裂国家、颠覆人民民主专政的政权和推翻社会主义制度，破坏社会秩序和经济秩序，侵犯国有财产或者劳动群众集体所有的财产，侵犯公民私人所有的财产，侵犯公民人身权利、民主权利和其他权利，以及其他危害社会行为，依照法律应当受到刑罚处罚的，都是犯罪。但情节显著轻微危害不大的，不认为是犯罪。"这是我国刑法中从侵害法益的角度通过具体列举的方式对犯罪概念所下的定义。根据我国《刑法》的规定，概括地讲，犯罪是危害社会的依法应当受到刑罚惩罚的行为。[1] 刑事犯罪是对各种具体犯罪的高度概括，从某种意义上看，犯罪概念是区分罪与非罪的抽象标准，对于刑事立法和刑事司法都具有重要的指导意义。

在日本，刑事违法是与行政违法相对应的概念，但在日本刑法中并

---

[1] 张明楷：《刑法学》第3版，法律出版社2007年版，第172页。

没有犯罪的概念，只有违法的提法，刑事违法的概念类似于我国的刑事犯罪。而在我国，刑事违法与刑事犯罪是两个不同的概念。我国刑法学中的刑事违法是指我国《刑法》第13条中规定的"但情节显著微危害不大的，不认为是犯罪"的行为，从质上看并未达到犯罪的程度，或者虽然有危害后果但也不认为是犯罪，不属于受到刑罚处罚的行为。而刑事犯罪则是具有社会危害性，产生危害后果，应当受到刑罚处罚的行为。

因此，在我国行政违法与刑事违法并不是相互对应的概念。本书为了避免概念使用上的混乱，采用"刑事犯罪"的概念，而非刑事违法概念。

第三节 行政违法与刑事犯罪的关系

行政违法与刑事犯罪都是违反法律规范的行为，只是由于违反的法律法规不同，违反的程度不同，因而产生的后果也不尽相同。

一、行政违法与刑事犯罪联系与区别

（一）行政违法与刑事犯罪的联系

行政违法与刑事犯罪都是具有社会危害性的行为，都可能侵害受保护的法律关系。

第一，行政违法与刑事犯罪都是违法行为，都违反了国家的法律、法规，只不过违反程度不同。

第二，行政违法与刑事犯罪都是具有社会危害性的行为，都在不同程度上损害了国家或者人民的利益，本质相似。

第三，在一定条件下，行政违法可以转化为刑事犯罪。如果行政违法情节严重，危害程度大，则会构成刑事犯罪。例如，行政机关工作人员的失职行为通常属于行政违法。但是在失职行为造成严重后果的情况下，这一行为则可能构成犯罪，依法追究刑事责任。

第四，行政违法的法律责任有时可以间接地成为免除刑事犯罪处罚的前提。例如，如前所述的逃税罪中，虽然行为人的行为属于逃避缴纳税款的行为，但补交应缴税款、缴纳滞纳金，已受行政处罚后就不再追究刑事责任。

（二）行政违法与刑事犯罪的区别

行政违法与刑事犯罪是研究行政法与刑法关联问题中最基本、最重要的问题。厘清二者界限是区分行政法与刑法法律界限的关键。行政违法与刑事犯罪虽然都是违反法律规范而受到处罚的行为，但是二者又具有本质的区别。

1.主观要求不同

刑事犯罪要求具有主观过错，只能是由故意或者过失构成。如徇私舞弊罪、刑讯逼供罪等都是由故意构成的；玩忽职守罪是由过失构成的，无论主观心态是故意还是过失，总之要有主观过错。行政违法则完全不同，法律只要求行为人的行为是受其主观意识的支配即可，并不像刑法那样要求对行为人的主观过错做严格的界定和区分。一般情况下，行政违法要求行为人在主观上有过错，但是并不是绝对的。在一般情况下，只要实施了违反行政法律规范的行为，就构成行政违法，而不考虑行为人的主观心态，即行为人主观上的故意或者过失并不影响行政违法的成立与否。例如，在结伙斗殴的行为中，只要存在该行为，无论是故意还是过失，公安机关都可以依照《治安管理处罚法》的规定进行处罚。而聚众斗殴罪的构成，要求行为人具有主观故意，希望或者放任危害结果发生。因而二者在主观方面要求不同。

2.危害程度不同

行政违法只是一般的违法，虽然在性质上已经构成违法，但是它的社会危害性较小，不具备犯罪的构成要件。犯罪是最严重的违法行为，具有严重社会危害性，它的危害程度已经达到了刑法中所规定的社会危害性标准。在行政法律规范条文中很多表述为："违反本法尚未构成犯罪的，移送行政机关给予行政处罚。构成犯罪的，依法追究刑事责任。"也就是说，行政违法的危害程度比较小。当危害超过一定限度，具有严重的危害程度时，则属于刑事犯罪。因而二者在行为危害程度、所造成的后果方面有很大的差别。

3.依据法律规范和执法主体不同

一般来讲，行政违法行为受到行政法规范，即行政法规、规章和具有法律效力的其他规范性文件调整，行政违法行为的执法主体主要是行政机关，主要指享有国家行政权，能以自己的名义行使行政权，并能独立的承担由此而产生的法律责任的组织。除行政机关外，还有法律、法规规定的组织和行政机关委托的组织。而刑事犯罪的行为受刑法规范的调整，其执法主体不仅包括狭义的司法机关而且还包括广义的司法机关①，包括侦查机关、监察机关、审判机关及国家安全机关等。

4.法律责任不同

行政违法的法律后果是承担行政责任，刑事犯罪则承担刑事责任。前者对应的是行政处罚，后者对应的是刑罚。某一行为，对实体法益侵害程度愈强，愈应当以更严厉的刑罚手段来制裁。而对实体法益损害较轻，仅违反一般行政秩序管理，对于这种违反行政秩序的行为仅施以行政制裁，即行政处罚。因而行政违法与刑事犯罪的关系主要就在于行为的危害性不同引起法律后果的不同，导致两种不同性质的法律责任。

5.处罚标准不同

刑罚是法律责任中最严厉的处罚，因而它的处罚后果重于行政处罚，但其处罚的标准也更高，只有具有严重危害性的行为才能依法给予刑事处罚，否则只能给予行政处罚。因而刑罚较严厉而用之较少，行政处罚程度较轻而用之频繁。行政处罚可以分为精神罚、财产罚、行为罚和人身罚，而我国刑法对刑罚处罚的种类主要分为主刑与附加刑，也可分为生命刑、自由刑、财产刑和资格刑。由此可见，行政处罚与刑罚在处罚形式和处罚力度上具有明显的差别。

---

① 关于"司法机关"，存在最狭义说，即司法机关为人民法院，狭义说，即司法机关为人民法院和人民检察院，广义说，即除人民法院和人民检察院之外，包括公安机关、国家安全机关等。参见杨海坤：《宪法基本理论》，中国民主法制出版社 2007 年版，第289—290 页。这里采用广义的司法机关概念。

二、行政违法与刑事犯罪的区分标准

（一）区分行政违法与刑事犯罪的学说

以德国为代表的国家通过对行政犯与刑事犯的区分，学者提出对行政违法与刑事犯罪区别的各种标准。通过整理国内外有关行政违法与刑事犯罪的区分理论，可归纳为"质的区别说""量的区别说"和"质量的区别说"。

1."质的区别说"

质的区别说认为，行政违法与刑事犯罪的区别在于质的方面，也就是本质上的不同，是"此物与彼物"的关系，二者无交叉的可能。依据观察的角度不同，该观点又可分为，"自体恶与禁止恶区别说""行政刑法说""文化规范说""法律保护客体区别说""社会伦理的价值判断说"①

① "自体恶与禁止恶区别说"认为，刑事违法本身就具有恶性，是与生俱来的，不待法律之规定即存在于行为本质中；行政违法则是一种禁止恶，其恶性源自于法律的禁止性规定。"行政刑法说"认为，刑事违法包含直接对于法益和法规的破坏，即刑事违法是对实质与形式两个方面的破坏；相对地，行政违法并不是一种结果的侵害，而是对于行政机关促进福利目标的疏忽，它本身并没有造成损害，只是使行政机关本所确定的行政目标不能达到预期的良好效果。"文化规范说"认为，行政违法的实质与文化无关，或者说这种行为在文化规范中无足轻重，只是一种法律规范。而刑事违法则是同时违反法律规范与文化规范。"法律保留客体区别说"认为，刑事违法是破坏法益或者对法益构成危险的行为，行政违法行为则是对行政法规的一种单纯的不服从，是形式上的违法。但是国家制定行政法规的目的在于保护社会法益，因此行政违法并非只是对行政义务的违反或对行政法规的不服从，还对行政目的的实现构成干扰，行政违法对行政利益的破坏，在本质上是对社会法益的破坏。"社会伦理的价值判断说"认为，刑事违法是具有社会伦理特性的法规范，行政违法是价值中立的，它只是触犯行政规章或者是秩序规章而已，实质上并不是针对社会伦理的基本价值所为的违法，对社会共同生活秩序并无太大妨碍，它不含有社会伦理的非价内容，也即不具有社会伦理道德的非难性。参

和"法益破坏的种类与方式说"① 等学说。

我国也有类似的观点。例如，一种观点认为，虽然"行政违法"与"刑事犯罪"都是对法律规范的违反，但不同的法律规范具有不同的性质，违反行政法律规范的属于"行政违法"，违反刑事法律规范的属于"刑事犯罪"。② 另一种观点认为，由于很多国家的一部法律中会同时规定行政处罚和刑罚处罚，因此，应结合违法行为应当受到的法定处罚措施来界定，即应根据法律所规定的处罚类型划分"行政违法"与"刑事不法"。③ 还有观点认为，"行政不法"是指对行政秩序和行政利益的破坏，它所造成的结果，并非个人损害或者文化损害，而是特定的社会损害，而"刑事不法"则是对普遍的社会利益的侵害，具有社会伦理上的非难性。④

从上述的学说来看，学者们均承认行政违法行为侵害的是行政秩序和行政利益，而非普遍的社会利益，而刑事犯罪是对普遍社会利益的侵

见林山田：《论刑事不法与行政不法》，载林山田：《刑事法论丛》（二），台大法律系 1997 年 3 月初版，第 36—43 页。

① 该说认为，刑事违法与行政违法的区别不在于二者所保护之客体的差异，而在于同样保护客体所发生的作用的不同；行政违法与刑事违法行为所侵害或者攻击的目的，都是相同的法益，所不同的仅仅在于二者所攻击或者侵害的种类与方式的差异而已。刑事违法就是破坏法益或者具体危害法益的违法行为，而行政违法则只是抽象地危害法益，这种违法行为对于法益只有构成抽象的危险。参见吴景芳：《行政犯之研究》，《刑事法杂志》1984 年第 3 期。

② 李晓明：《行政刑法学》，群众出版社 2005 年版，第 264 页。

③ 参见李洁：《中日刑事违法行为类型与其他违法行为类型关系之比较研究》，《环球法律评论》2003 年第 3 期。

④ 参见陈建旭：《犯罪与行政违法行为之规范理论与界限》，载戴玉忠、刘明祥主编：《犯罪与行政违法行为的界限及惩罚机制的协调》，北京大学出版社 2008 年版，第 205 页。

害，具有社会伦理上的可非难性。

然而，"质的区别说"存在如下缺陷：首先，"质的区别说"都是从"法的目的"来考虑，从整体作抽象的考察，并从中抽取质物而予以对立，此种方法乃法律常用以形成概念之法。然而，此种方法却存在着概念区分不显著、概念区别之用语本身亦为一个概念、见解因立场而异的缺陷。① 其次，针对"自体恶与禁止恶区别说"，公众对伦理的价值判断经常因时代的变迁而发生变化，一些违法行为虽因实定法的规定而成禁止恶，但经过一段时间后，也会逐渐衍生和增强其伦理的非难性而转化为自体恶，并为社会所接受。在这种情况下，禁止恶与自体恶的界限很难泾渭分明。② 再次，法律文化本身就是文化的产物，法律规范禁止的内容也同样是文化规范所禁止的。因此，基于文化规范理论也很难区分行政违法与刑事犯罪。③ 最后，对于针对的客体，有学者认为刑事犯罪不仅在形式上违反法律，更在实质上使法益受到侵害，而行政违法仅指对国家法规的不服从。笔者认为，这种观点是值得商榷的。在罪刑法定原则的指导下，只要违反了法规，实际就已经造成了对法益的侵害，不可能存在只违反法规而不侵害法益的情况。

---

① 参见郑善印：《刑事犯与行政犯之区别》，中兴大学法律研究所 1990 年版，第 122—123 页。转引自黄明儒：《行政犯比较研究——以行政犯的立法与性质为视点》，法律出版社 2004 年版，第 158 页。

② 参见刘守芬、牛广济：《犯罪与行政违法行为的理论界限新探》，《昆明理工大学学报》（社会科学版）2008 年第 9 期。

③ 参见许成磊、佘议：《刑事不法与行政不法的界限——以〈治安管理处罚法〉为视角》，载戴玉忠、刘明祥主编：《犯罪与行政违法行为的界限及惩罚机制的协调》，北京大学出版社 2008 年版，第 206 页。

2."量的区别说"

"量的区别说"认为，行政违法与刑事犯罪之间不存在质的区别，而只存在量的区别。二者都是可罚的行为，就其构成要件之该当性、违法性、有责性而言，二者没有本质的区别，仅有量和程度上的区别。德国学者认为，行政违法只是一种比犯罪行为具有较轻损害性与危险性的行为，或者在行为方式上欠缺如犯罪行为之高度可责性的违法行为。行政违法在事实上是一种轻微损害性与危险性的违法行为，它的危险程度要明显小于刑事犯罪行为的危险程度。行政违法与刑事犯罪的主要差别在于是否受到道德上的谴责。在现代福利国家，不论是行政违法还是刑事犯罪行为所侵害的法益都是法律需要保护的对象，因而二者并不存在质的差别，仅在侵害法益的程度上有区别。[①]德国罗克辛教授认为，"犯罪行为和秩序违反行为之间，并不存在界限清楚的质量性区别……在违反秩序行为与犯罪行为的比较中，这种道德上的无价值判断就像其社会危害性一样，仅仅在程度上比较轻微罢了"[②]。

我国也有学者支持这种观点，认为行政违法与刑事犯罪的根本区别在于法益侵害、行为危险性和伦理可责难性的程度。这三者的不同决定

---

① 参见张爱晓：《犯罪与行政违法行为界定的理论基础》，载戴玉忠、刘明祥主编：《犯罪与行政违法行为的界限及惩罚机制的协调》，北京大学出版社 2008 年版，第 269 页；刘中发：《行政不法与刑事不法的调控辩解探析》，载戴玉忠、刘明祥主编：《犯罪与行政违法行为的界限及惩罚机制的协调》，北京大学出版社 2008 年版，第 276 页。

② [德] 劳克斯·罗克辛：《德国刑法学总论》第 1 卷，王世洲译，法律出版社2005 年版，第 28 页。

行为可罚性的差别。①

然而，"量的区别说"存在如下缺陷：首先，量的区别理论仅仅指向行为本身，而忽视了法的目的。国家制定不同的部门法，且法律之间存在着分级，是有其理论正当性的。这种正当性表现为违法行为之间的本质区别。"量的区别说"否认这种本质区别，得出国家只要制定一部秩序违反法，按照行为危害程度的不同设定不同的罚则即可的结论，这显然是不合理的。其次，量变引起质变，质变是量变的必然结果。从表面上看，行政违法与刑事犯罪的区别在于违法程度以及法益侵害程度、伦理道德非难性的程度上，但实际上质变已经在量变的过程中发生，只不过这种质变可能发生得比较隐蔽，但是这不能成为我们否认质变的理由。②

3."质量的区别说"

"质量的区别说"也称"综合说"或"折中说"。该说认为，行政违法与刑事犯罪，不仅在行为的量上，而且在行为的质上均存在区别。该说基本上持"量变之极引起质变"的观点，但对量变的"质的要素"各有不同的见解：有的认为虽然价值关系上是量变，但是法益和行政利益却不可能互变，亦即法益价值再低也还是法益，行政利益价值再高仍然是行政利益；或者认为行政利益亦为真正的法益，行政刑法和刑法就此点而言仅仅是变量，就"社会伦理非价之本质"，亦即，从行为的违

---

① 参见梁根林：《刑事法网：扩张与限缩》，法律出版社 2005 年版，第 60 页。
② 参见李翔、张新亚：《刑事犯、行政犯的区分于刑事立法模式的整合》，载戴玉忠、刘明祥主编：《犯罪与行政违法行为的界限及惩罚机制的协调》，北京大学出版社 2008 年版，第 206 页。

法内涵以及行为人的可责难程度而言，二者仍是质别。[①] 我国台湾学者林山田认为，对于一个违法行为的评价，当然应该质与量兼顾，否则可能顾此失彼，而无法明确而妥善地区分刑事犯罪与行政违法。在质与量兼顾的情形下，应根据以下四个标准区分行政违法与刑事犯罪：（1）违法行为在伦理道德上之非难性；（2）违法行为所破坏与危及之法益的价值与程度；（3）违法行为的社会危险性；（4）刑罚之无可避免性。[②]

总之，行政违法行为在质上具有较低的伦理可责性，或者不具有社会伦理的非价内容，而且在量上并不具有重大的损害性与社会危险性。相对地，刑事犯罪行为在质上显然具有较为深度的伦理非价内容与社会伦理的非难性，而且在量上具有较高的损害性与社会危害性。

根据第十四届国际刑事法学大会精神，对一个具体行为究竟是以刑法还是行政法进行制裁，无法概括定论，因此通常情况下，通过立法决定制裁的方式。立法者应考虑各种制裁标准，尤其是特别考虑受侵害法益的重要性、法益侵害或受危害的程度以及行为人罪责的种类和轻重。[③] 该表述回避了质别与量别之争，明显含有折中的味道。"质量的区别说"既指出了行政违法与刑事犯罪在本质上的区别，又指出了二者在侵害程度、社会危险性等方面的量的区别，是目前关于行政违法与刑

---

① 参见许玉秀：《第十四届国际刑事法学大会纪要——行政刑法与刑法在法学上及实务上之区别讨论会评述》，《刑事法杂志》（台湾）1990 年第 2 期。

② 参见林山田：《论刑事不法与行政不法》，载林山田：《刑事法论丛》（二），台大法律系 1997 年 3 月初版，第 43 页。

③ 参见许玉秀：《第十四届国际刑事法学大会纪要——行政刑法与刑法在法学上及实务上之区别讨论会评述》，《刑事法杂志》（台湾）1990 年第 2 期。

事犯罪相区别的较为完善的学说。

但该说仍然存在如下缺陷：首先，它没有解决判断权的归属问题。行政违法与刑事犯罪之间存在着一个"灰色地带"，不同的法律规范对于属于这个"灰色地带"的行为评价标准也存在着差别，这一界限内行为的归属必须由立法者根据某种目的予以判断。[1] 或许人们担心将判断权交给立法者，可能会产生对公民权利的僭越。但在一个法治文明的国度里，立法者的权力同样应受到有效的监督和控制。例如，有些国家设立宪法法院监督立法行为。其次，对质的区别和量的区别孰轻孰重的问题，学界并没有进行深入的讨论。由于量的区别往往流于表面，因此我们会陷入特征判断的误区，仅仅根据行为所表现出来的危险性来区分行政违法与刑事犯罪。在某一行为显著违背伦理道德时，可能行之有效，但大多数情况会因为每个人的价值观念不同而得出不同的结论。因此，质的评价标准和量的评价标准在总体上要综合运用、平分秋色，但在具体运用过程中可有所偏重。[2]

（二）本书的观点

总体来讲，"质的区别说""量的区别说"和"质量的区别说"，呈现出一个发展演变的趋势。"质量的区别说"最为恰当地表达了行政违法与刑事犯罪的关系，适应了立法和司法实务的发展，承认法益侵害不

---

① 参见黄明儒：《行政犯比较研究——以行政犯的立法与性质为视点》，法律出版社 2004 年版，第 174 页。

② 参见李翔、张新亚：《刑事犯、行政犯的区分于刑事立法模式的整合》，载戴玉忠、刘明祥主编：《犯罪与行政违法行为的界限及惩罚机制的协调》，北京大学出版社 2008 年版，第 80 页。

仅存在于行政犯罪领域，也同样存在于行政违法领域。因此，无论从法律改革的现实背景来看，还是从法益概念的理论发展来看，质量的区别说都具有更大的借鉴意义。[①] 但是无论单独采用"质的区别说"还是"量的区别说"，都无法解释我国目前对犯罪范围的确定。因为从行政法律法规与刑法的关系来看，违反行政法律法规的行为视为行政违法行为，违反刑法规定的行为视为刑事犯罪行为。有些行为只能属于刑事犯罪，而不可能构成行政违法，如故意杀人、放火、抢劫、盗窃等一些自然犯，就是由行为的质所决定的。同样，诸如卖淫、嫖娼、吸毒等行为，只能构成违反治安管理的行为而不能构成犯罪。无论在行为情节、数量、次数等量的要素上多么严重，都不会构成犯罪。而有些行为则是根据数额、数量、次数、后果等各种量的要素不同，分别构成违反治安管理行为和犯罪行为。因此，很难用单一的质或者量的标准来区分我国法律体系中的行政违法与刑事犯罪，必须兼顾质与量的共同因素。

上述关于区分行政违法与刑事犯罪界限的各种学说，都有一定的可取性，但究竟采取哪种观点更为合理，要看哪些观点更加符合我国的国情。把握行政违法与刑事犯罪的界限，不能脱离我国的实际情况妄加空谈。

从我国的法律体系来看，我国刑法对犯罪的界定采取了定性因素与定量因素相结合的范式。质是某一事物与其他事物相区别的根本属性，量是表示某事物数量的多少或限度。在评价某一违法行为时，应当兼顾

---

① 参见高铭暄、孙晓：《论行政犯罪与行政违法行为的界分》，《江海学刊》2008 年第 5 期。

质和量，否则可能顾此失彼，不能清晰的区分行政违法与刑事犯罪的界限。① 因此笔者认为，在具体操作层面，应坚持以行为的危害程度作为区分的基础，以行为类型作为必要补充的原则。

我国刑法的理论通说指出，行政违法与刑事犯罪的主要界限在于社会危害程度的不同。严重的行政违法可以构成刑事犯罪。因此，行政违法与刑事犯罪的区别主要体现在社会危害程度的大小。这种思想在立法中也体现得极为明显，在《治安管理处罚法》和《刑法》中有很多条文对于具体的违法或者犯罪行为的表述基本一致，仅以危害程度的表述作为区别。鉴于理论及立法的现状，我国关于行政违法与刑事犯罪的区别应仍以行为的危害程度为基础，通过危害程度的轻重来区分二者，此为"量"的区别之体现。

另一方面，行政违法与刑事犯罪存在"质"的不同，主要在于行政违法与刑事犯罪的行为类型之间存在差异。在日本刑法中，刑法中的行为与其他法中的行为一般不具有重合性，刑法规制的行为无论多么轻微，也是犯罪行为，而不必须用刑罚处罚的行为用司法程序将其排除在刑罚处罚的范围之外，不会再用其他的刑罚方式或者措施来处理该类案件，即使是在特别刑法中也是如此。比如，在日本《有限公司法》的罚则中，有刑罚和只科以罚款的行政罚，其适用范围的划分，不是根据行为的程度而是根据行为的类别，只要某类行为被规定为犯罪，即使极其

---

① 参见刘中发：《行政不法与刑事不法的调控辩解探析》，载戴玉忠、刘明祥主编：《犯罪与行政违法行为的界限及惩罚机制的协调》，北京大学出版社 2008 年版，第 276 页。

轻微，也不能因其轻微而排除在刑法之外；反之，规定科以行政罚的行为，也绝不会因为行为严重而构成犯罪。[1] 这种规定不同于我国的立法原则。李洁教授认为，这两种类型的规定各有利弊，但是权衡起来，日本以行为类型作为划分标准，更注重刑法的明确性和安定性，有利于罪刑法定原则的贯彻，值得效仿。虽然在我国目前的理论和立法现状的框架下，不可能一蹴而就地将行政违法与刑事犯罪的区别问题完全解决，但是国外的学说及日本的现行做法给予我们一些启示。例如，我国《刑法》第 316 条中的脱逃罪、第 326 条的倒卖文物罪，就是仅在刑法中规定的犯罪，而《治安管理处罚法》中并未有相关行为的规定。这其实就是以行为类型作为划分标准的一种体现。

因此，笔者认为在我国现有的立法框架下，仍应以行为的危害程度作为区分原则，但是对于有些行为，可以考虑用行为类型标准作为补充，以完善单独适用危害程度标准的不足。

第四节　行政责任与刑事责任的关系

行政违法和刑事犯罪产生后，随之是应当承担相应的法律责任。从社会规制的角度分析，权力对应于责任，而责任是惩罚的前提，惩罚是责任实现的一种主要形式。[2] 在我国法律责任体系中，行政责任和刑事

---

[1] 参见李洁：《中日涉罪之轻微行为处理模式比较研究》，《法律科学》2002 年第 4 期。

[2] 时延安：《行政处罚权与刑罚权的纠葛及其厘清》，《东方法学》2008 年第 4 期。

责任占有重要地位。行政责任与刑事责任公法责任的代表，二者之间的关系比其他法律责任之间的关系更为直接，对法制建设的影响也更为明显。但是在实践中，行政责任和刑事责任的关系比较混乱。比如在立法上，行政责任和刑事责任各自适用的范围不够清晰，内容不够协调。一般来说，行政责任比刑事责任缓和，但就原来存续很久现已废除的劳动教养而言，其期限为 1 至 3 年，加上可以延长 1 年，最长为 4 年，其强度比作为刑罚的管制和拘役还重，二者之间形成严重的冲突，直接导致行政权与司法权的失衡。在执法上，"以罚代刑"久禁不止，"以刑代罚"也时有发生。不仅立法和执法实践均存在责任方式严重失调的情况，而且法学界对二者的关系也产生一些似是而非的观点，如认为行政处罚是对未构成犯罪的违法行为的制裁；认为在违法构成要件、处罚证据等方面，行政处罚和刑罚的理论基础是相同的；还有学者认为行政处罚与刑罚不得合并适用等等，[①] 如何改变这种状况，已成为我国法治建设必须关注的问题之一。因此，研究行政责任和刑事责任的关系，从理论上确立二者在法律制裁体系中的位置，协调二者在立法内容与体例上的关系，促进行政执法与刑事司法的衔接都有重要意义。

一、行政责任与刑事责任联系与区别

行政责任是指作为行政相对方的个人或单位因违反行政法规范而依法应承担的法律后果。行政责任具有惩罚和救济的功能，此处惩罚是指

---

① 参见沈开举、王钰：《行政责任研究》，郑州大学出版社 2004 年版，第 73 页。

行政处罚。行政处罚是针对行政相对人的行政违法行为作出的制裁措施。

刑事责任是指刑事法律规定的，因实施犯罪行为而产生的，由司法机关强制犯罪人承受的对其进行的否定性评价，并以此确定对其应施加的负担。① 刑事责任是因犯罪而产生，以刑罚的方式体现刑事责任形式。因此，探讨刑事犯罪的责任就是探讨如何实现刑罚。刑罚是国家最高权力机关制定的，用以惩罚实施犯罪行为的人，由法院依法判处、特定机构执行的最严厉的强制方法。② 刑罚只能由法院对实施犯罪的人适用，其他任何国家机关都不能行使，连检察机关和公安机关也不例外。因为它不仅可以剥夺受刑人的财产权利，而且还可以剥夺其人身自由，甚至生命，这种处罚的强制程度是其他方法所不具备的。而行政处罚的警告、罚款、责令停产停业、拘留等处罚方式，都不涉及剥夺行为人的生命，有的虽然涉及人身自由，但是时间较短，强度较小，且无刑罚的法律后果，因而都不如刑罚严厉。

依据《治安管理处罚法》第 2 条规定，行政处罚主要是针对扰乱公共秩序，妨害公共安全，侵犯人身权利、财产权利，妨害社会管理的行为。③ 虽然具有社会危害性，但是其行为的情节和程度又不够刑罚的行

---

① 关于刑事责任的概念，存在争议。参见赵秉志主编：《刑法争议问题研究》，河南人民出版社 1996 年版，第 539—542 页。
② 马克昌：《刑罚通论》，武汉大学出版社 1999 年版，第 13 页。
③ 当然由于行政法调整范围的广泛性，除治安管理处罚以外还存在各种领域的行政处罚，例如工商行政处罚、海关行政处罚、税收行政处罚、交通行政处罚。但是目前社会中存在最普遍最广泛适用的是治安管理处罚，由于其与刑罚的关系最密切，总容易混淆，因而此处仅以治安管理处罚中所涉及的行政处罚为例。

为。刑罚与行政处罚的适用区别进一步体现了刑事犯罪与行政违法在质与量上的区别。

总之，行政违法与刑事犯罪的法律责任在性质上存在明显的区别，刑事责任重于行政责任。因此，不能以行政责任代替刑事责任，反之亦不可。

（一）行政责任和刑事责任的联系

行政责任和刑事责任都是行为人承担的责任，是公法上的两种重要责任形式，二者具有许多联系：

1.责任的基础相同。行政责任和刑事责任的存在均以法律有明文规定为基础，前者遵循"法无明文规定不处罚"原则，后者恪守"罪刑法定"原则。

2.责任的追究主体均须是国家权力的拥有者。无论是追究行政责任，还是追究刑事责任，都是直接运用国家权力的体现，责任的追究主体必须是国家权力的主体，任何非权力主体的组织和个人均不得以自己的名义追究这两种公法责任。这也被称为"国家追究主义"原则。

3.二者均不产生责任的转让问题。行政责任和刑事责任都直接对行为人适用，不产生违法行为人与他人的责任转让。

除此之外，行政责任和刑事责任在其他方面还有不少相同点。比如，并罚的原则、证据的收集与运用等。

（二）行政责任和刑事责任的区别

作为两种性质相似的法律制裁方法，行政责任和刑事责任的区别显得尤为重要。研究行政责任和刑事责任的关系，从区分二者的差别入手也是最主要、最直接的方法。应主要从二者的内容和性质方面来分析，综合起来有以下几个方面：

第一，适用条件不同。行政责任是对行政违法行为的制裁，一般是对违法情节和后果较轻或者某些特定性质违法行为制裁。而刑事责任则是对刑事犯罪的制裁，主要是对违法情节和行为后果严重行为的制裁。

第二，发挥作用不同。行政责任和刑事责任虽然都是对违法行为人的惩戒，但二者的内在功用是不同的。行政责任是对破坏社会秩序和公共利益行为的预防，一般着眼于将来，预防下次发生。刑事责任则是对犯罪行为的报应，是对犯罪恶害的排除，一般着眼于过去。因此，行政责任侧重的是教育功能，教育是为了更好地预防犯罪，只要教育的目的客观地达到，法律应允许行政主体免除违法行为人的行政责任；而刑事责任侧重的是制裁功能，制裁是为了更好地教育，即使教育的目的客观地达到，法律也不允许法官免除罪犯的刑事责任。

第三，权力性质的归属不同。行政责任在总体上届于行政权范畴，一般由行政主体实施；而刑事责任则完全属于司法权范畴，只能由法院实施。因此，行政责任遵循行政权运作的规则和程序，追求行政权的价值准则；而刑事责任则遵循司法权的运作规则，严格按刑事诉讼程序追究行为人的责任，它所追求的是司法权的价值目标。

第四，责任承受的主体不同。行政责任和刑事责任虽然都由违法行为人承受，但二者在承受主体上仍有不同。行政责任的承受主体是行政相对人，包括公民、法人和其他组织；而刑事责任的承受主体一般只是公民个人，法人只在几种特殊的罪名中才承担刑事责任。也就是说，在行政责任领域承认团体责任，在刑事责任领域团体责任较少。

第五，承担连带责任不同。行政责任原则上只指向行为人，禁止连带，但对于法人违法的，除追究法人的行政责任外，法人的法定代表人和直接责任人员也应承担行政责任，有时直接责任人员和主管人员都要承担行政责任。比如有的法律中规定对单位负责人和直接责任者，可以根据不同情节，由其所在单位或者上级主管机关给予行政处分。而刑事责任却严禁责任上的连带。

第六，责任形式重点不同。行政责任所针对的违法行为往往是恶害较少，且通过财产或者行为的限制足以达到惩戒目的的。因此，侧重于财产罚和能力罚，人身罚较少。而刑事责任由于是一切法律的最终制裁力量，其种类则侧重于人身罚，而财产罚和能力罚较少。

二、行政责任与刑事责任之立法衔接

行政责任与刑事责任的衔接一般体现在行政处罚与刑罚的衔接，目前学者研究的重点主要是行政处罚与刑罚如何适用问题，如行政处罚与刑罚是否可以合并、折抵，以及竞合的处理原则等。虽然论证各有千秋，但是观点基本达成一致。① 笔者认为从立法方面完善行政责任与刑

① 关于行政处罚与刑罚的论文比较多，主要集中论述行政处罚与刑罚的区别和适用问题，观点比较统一。一般都认为行政处罚与刑罚在竞合时应采取"刑事优先"的原则，二者可以折抵适用，对于不同种类的处罚可以附条件并科。具体可见陈兴良：《论行政处罚与刑罚处罚的关系》，《中国法学》1992年第4期；汪永清：《行政处罚与刑罚的适用范围和竞合问题》，《政治与法律》1993年第2期；张泽想：《行政处罚与刑罚衔接问题研究》，《政法论坛》1993年第2期；周佑勇、刘艳红：《论行政处罚与刑罚处罚的适用衔接》，《法律科学》

事责任的衔接问题是最根本的完善方法。行政责任和刑事责任立法衔接主要包括两个方面：一是在内容上使二者衔接；二是立法体例或者形式上使二者衔接。确立行政责任和刑事责任的立法衔接，应综合考虑以下几点：

1.违法行为的类别，即根据违法行为的性质和类别确定哪些领域的行为应适用行政责任，哪些领域的行为应适用刑事责任。从行为的社会危害性来看，有的违法行为的危害性并没有因量上的明显变化而使该行为惩罚性发生变化，也并不是任何种类的违法行为都可以分成两段：情节重的一段追究刑事责任；情节轻的一段追究行政责任。从目前我国的情况来看，对经济领域多用刑事责任，对民事领域的违法行为应多用民事责任，少用或者正当适用行政责任。民事责任制裁大量的、经常性的在不同主体之间产生的经济或者行政违法行为，刑事责任则制裁严重破坏经济秩序和社会秩序的行为。实践证明，以"罚款"为主要形式的行政责任在一些经济领域的作用甚微，对严重的违法行为来说是"罚而不止"，对一般的"违法"行为是"不罚而止"。因而对于不同的违法行为类别应该适用不同的法律责任形式。

2.违法行为的情节和所造成的后果。[①] 根据"罪刑相适应"的原则，在立法上明确规定，情节和后果到何种程度，对违法行为应适用刑事责任，在何种情况应该适用行政责任，从立法上消除"以罚代刑""以刑

1997 年第 2 期；李晓明、韩冰：《嬗变与甄别：行政罚与刑事罚的界域》，《苏州大学学报（哲学社会科学版）》2020 年第 1 期。

① 参见章剑生：《违反行政法义务的责任：在行政处罚与刑罚之间——基于〈行政处罚法〉第 7 条第 2 款之规定而展开的分析》，《行政法学研究》2011 年第 2 期。

代罚"的死角。我国法律中对于责任的具体适用都比较概括和抽象，导致司法实践中造成适用难题。因而可以通过对法律做细化或者出台司法解释的形式，尽量清楚的界定情节、后果、数量、条件等要素，避免适用中的无所适从或裁量余地过大，进而分清行政责任与刑事责任。

3.制裁违法行为的成本。对违法行为实施任何形式的法律制裁都要付出一定的成本，不同的法律制裁所需成本是不一样的。根据成本效益原则，在选择法律制裁形式时，成本较低的法律制裁应优先适用，在实施具体法律制裁时，也应降低成本。一般来说，在公法责任中，行政责任的成本比刑事责任的成本低，这一点是不言而喻的，单就刑事诉讼程序比行政程序严格复杂得多就足以说明。行政责任的成本包括行政机关的认定、裁决、复议和法院的行政审判。因此，如果某一行政责任的严厉程度大于或者等于刑事责任，从立法角度来看，该行政责任就应转换为刑事责任。一个限制人身自由的处罚，如果按行政责任的运作程序实施，难以保证其公正、合理，难以降低其成本。因而制裁违法行为的成本应该跟行为的社会危害性成正比，社会危害性大的行为应该投入更多的制裁成本，而社会危害性小的行为应该限制制裁成本。

4.责任实施的对象。在实践中，有的主体一般只能成为行政责任的对象而不能成为刑事责任的对象。也有的对象只是行政责任的对象，例如强制报废汽车、扣押船舶等对物的制裁。还有责任形式只能属于行政责任，如吊销执照和许可证等能力罚。因此，如果主要是对物实施制裁，或者主要是实施能力罚等，就应设立行政责任而不是刑事责任。

5.行政责任和刑事责任在立法体例的衔接。主要是指规定行政责任的单行法律、法规如何与刑法典及其他刑法规范衔接。在立法实践中，经常遇到在非刑事法律中如何规定刑事罚则的问题。目前，我国在非刑事法律中规定刑事罚主要是依附性形式，如"构成犯罪的，依法追究刑事责任""违反本法规定，造成严重后果的，比照刑法第……条的规定，追究刑事责任""违反本法规定，引起严重危险的，依照刑法第……条的规定追究刑事责任"。① 这些规定在客观上起到了保证法律的实施和行政责任实现的作用。同时，对刑法更好地适应各种不同情况，使刑事责任和行政责任相协调，也有一定的意义。但是，这种立法方式在总体上难以在体例上很好地衔接行政责任与刑事责任，其主要不足在于刑事罚则不具体、不明确，实践中难以引用，在一定程度上造成了"以罚代刑"。为此，要使行政责任和刑事责任在立法体例上很好地衔接，其一，应当在非刑事法律中规定行为人承担行政责任到何种程度应转化为承担刑事责任，或者在刑法中规定违反非刑事法律到何种程度和在什么条件下应承担刑事责任。其二，在非刑事法律中设置具有独立罪名和法定刑的刑法规范，即所谓的采用独立性的散在型立法方式。②

① 2009 年全国人大常委会发布《全国人民代表大会常务委员会关于修改部分法律的规定》中规定将原有法律中"依照刑法第……条的规定""比照刑法第……条的规定"修改为"依照刑法有关规定"。并将行政法律法规中涉及刑法罪名的条文修改为"构成犯罪的，依照刑法有关规定追究责任"。这样的立法表述更科学，因为法律经常被修订和更改，确切地指明具体条文虽然从表面上符合了法的明确性，但是从长远来看，反而有损于法的明确性和法的统一性，违背罪刑法定原则，更容易造成法律之间的脱节和冲突。

② 陈兴良：《论行政处罚与刑罚处罚的关系》，《中国法学》1992 年第 4 期。

第三章　抽象行政行为对刑法的规范效应

　　抽象行政行为是指由行政主体针对不特定行政相对人制定和发布的具有普遍约束力的行政行为，是制定行政规则的行为。抽象行政行为的普遍约束力决定了它的广泛适用性，其强制执行力决定了行政相对人必须予以遵守和执行。如果行政相对人违反了抽象行政行为中的行政规则，则要承担相应的行政责任。随着历史的发展，越来越多的行政犯加入到刑法规制范畴中。在刑法条文中，由于立法技巧和罪状表述的原因，需要借助行政法律规范的内容来界定具体罪名的构成。如此一来，抽象行政行为对犯罪构成产生了规范效应。抽象行政行为中的行政规章、规范性文件，以及行政解释对刑法中具体个罪的犯罪构成都可能会产生实际影响，而且由于援引行政法律规范的不同，可能也会对刑法中定罪和量刑均产生影响。

　　本章在厘清抽象行政行为的概念与种类基础上，分析抽象行政行为中行政立法和其他规范性文件对犯罪构成产生规范效应的情形，探讨抽象行政行为规范效应的合理性，为司法实践中处理抽象行政行为与刑法的关联问题提供理论指导。

第一节　抽象行政行为概念与规范效应

一、抽象行政行为有关概念的厘清

1983 年在我国出版的第一部行政法教科书《行政法概要》中，首次将行政行为划分为抽象行政行为与具体行政行为，1989 年 4 月制定的《中华人民共和国行政诉讼法》（以下简称 1989 年《行政诉讼法》）采用"抽象行政行为"的概念，说明立法中采用了这种划分标准。[①] 在

---

①　从理论上讲，抽象行政行为与具体行政行为的划分值得商榷。因为，在逻辑上，具体的对应概念应是非具体，抽象的对应概念则是非抽象。如同其他任何事物一样，行政行为既是具体的，同时又是抽象的。因此，具体行政行为与抽象行政行为在外延上不仅不互相排斥，反而相互兼容。（参见周永坤：《司法制度改革论纲》，载南京师范大学法制现代化研究中心主编：《法制现代化研究》，南京师范大学出版社 2000 年版，第 169 页。）在实践中，一方面由于二者划分标准的模糊性，导致大量应该受理的行政案件被置于法院之外，使得行政相对人的合法权益得不到应有的司法保护；另一方面，抽象行政行为在客观上也为行政机关逃避司法审查、滥用行政权力制造了某种借口，法治行政的基本原则无法获得落实。（参见章志远：《行政诉讼法前沿问题研究》，山东人民出版 2008 年版，第 15 页。）因此，有的学者主张，对于行政行为中的"'抽象'部分，完全可以从行政作用的角度入手，独立于行政行为的概念，以行政立法或授权立法或委任立法的形式展开研究"（杨建顺：《关于行政行为理论与问题的》，《行政法学研究》1995年第 3 期）。2015 年《行政诉讼法》修改时，去掉了抽象行政行为的"抽象"二字，直接称为行政行为。这种修改并不是说这种分类无意义，是因为由于立法技术的需要，将受案范围作概括性规定，以便日后应用时根据时代变化赋予新的内涵。

学理中，学者对抽象行政行为概念也存在不同的见解。①

（一）抽象行政行为的范畴

抽象行政行为一般可以分为两类：一类是行政机关制定和发布行政法规和行政规章②的行为，可称为行政立法行为；另一类是行政机关制定和发布行政法规和行政规章以外具有普遍约束力的一般规范性文件的行为，这种一般规范性文件的称谓不一，有学者称之为"其他抽象行政行为"③，"行政规范性文件"④，"行政规则"⑤，"行政规定"⑥，学界一般多称之为"其他规范性文件"。

在我国现行法律和司法解释中的称谓也未作统一，如我国《行政处

---

① 有的学者将抽象行政行为称为"行政规范性创制性行为"。例如杨解君：《抽象行政行为与具体行政行为划分质疑》，《中央政法管理干部学院学报》1995年第1期。

② "规章"作为一个法律上的专有名词，最早出现于1982年《宪法》和1982年制定的《中华人民共和国国务院组织法》（以下简称《国务院组织法》）中。《宪法》第90条第2款规定："各部、各委员会根据法律和国务院的行政法规、决定、命令，在本部门的权限内，发布命令、指示和规章。"《国务院组织法》第10条规定："部、各委员会工作中的方针、政策、计划和重大行政措施，应向国务院请示报告，由国务院决定。根据法律和国务院的决定，主管部、委员会可以在本部门的权限内发布命令、指示和规章。"从此，"规章"有了法定的含义。2000年3月制定的《中华人民共和国立法法》（以下简称《立法法》）第四章第二节在这个基础上专门就"规章"作了全面规定。在使用中为了与"规章制度"相区别，一般加上"行政"二字，从而构成了"行政规章"一词。

③ 罗豪才、湛中乐主编：《行政法学》，北京大学出版社2012年版，第168页。

④ 姜明安主编：《行政法与行政诉讼法》第5版，北京大学出版社、高等教育出版社2011年版，第176页。

⑤ 胡建淼主编：《行政诉讼法学》，复旦大学出版社2003年版，第129页。

⑥ 莫于川主编：《行法与行政诉讼法》，中国人民大学出版社2012年版，第132页。

罚法》第 16 条、《行政许可法》第 17 条、《行政强制法》第 10 条第 4 款使用了"其他规范性文件"一词。而在 1999 年制定的《中华人民共和国行政复议法》第 7 条中使用了"规定"一词。虽然称谓不统一，但是它们基本都是国家行政机关为执行法律、法规和规章，对社会实施管理，依法定权限和法定程序发布的规范公民、法人和其他组织行为的具有普遍约束力的决定、命令、行政措施等的抽象行政行为活动。因而本书采用大多数法律中的"其他规范性文件"的用法，并将其归入抽象行政行为的范畴。

（二）行政立法的范畴界定

对于行政立法可以从动态和静态两个层面上使用。动态的行政立法是指行政主体制定行政规范的过程；静态的行政立法是指行政机关为了执行、实施法律或者根据法律的委任而制定的一般性、抽象性的法律规范，它指的是行政法规范本身。[①] 本书所讨论的是静态意义上的行政立法。

1. 现有学说

关于行政立法的概念，学界主要存在以下几种不同观点：

第一类观点是最广义的行政立法说，即"立行政之法"，主要是从制定的法律规范的性质来界定，这一概念是相对于刑事立法、民事立法、经济立法而言的，是指国家机关依法制定和发布有关国家行政管理方面普遍性规范的行为。[②] 这里的行政指的是这类法律的内容是行政性

---

① 莫于川主编：《行政法与行政诉讼法》，中国人民大学出版社 2012 年版，第121 页。

② 杨海坤主编：《行政法与行政诉讼法》，法律出版社 1992 年版，第 53 页。

的，包括规章以下其他规范性文件在内的所有与行政有关的法律文件。国家机关包括国家权力机关和政府机关。认为不论制定主体的性质如何，凡是制定行政法律规范的行为均属于行政立法行为[①]，与指立法主体为行政机关的含义截然相反。[②]

第二种观点是广义的行政立法说，即"行政机关之立法"，是指凡是形式上由国家行政机关依法制定和发布普遍性规范的行为。这从形式外观上来定义，所有行政机关制定的具有普遍约束力的规范文件的活动都可以称之为行政立法，包括行政法规和行政规章，也包括非正式的其他规范性文件的制定。

第三种观点是狭义的行政立法说，也是我国现行行政法学上的通说，其认为行政立法行为应该既从机关性质，又从所制定法律规范的性质来界定，即行政机关依照法律规定的权限和程序，制定行政法规和行政规章的活动[③]。这里的范围仅限于行政法规和规章，不包括其他与行政管理活动相关的法律规范。

第四种观点是从立法学角度，认为行政主体所进行的法律解释和法律、地方性法规草案的起草也是一种立法活动[④]。该学说认为从立法学上看，行政主体所进行的法律解释和法律、地方性法规草案的起草也是

---

① 应松年：《行政法学总论》，中国工人出版社 1985 年版，第 267 页；胡建淼：《行政法学》，法律出版社 1998 年版，第 298 页。
② 刘莘主编：《行政立法原理与实务》，中国法制出版社 2014 年版，第 1 页。
③ 张树义主编：《行政法学新论》，时事出版社 1991 年版，第 123 页；罗豪才、湛中乐主编：《行政法学》，北京大学出版社 2012 年版，第 149 页。
④ 周旺生主编：《立法学教程》，法律出版社 1995 年版，第 112、123 页。

一种立法活动。持有此种观点的学者不多，多数是立法学学者，而行政法学者大多持保留态度。[①]

对上述行政立法的各种观点加以归纳对比，区别的关键在于制定其他规范性文件行为是否属于立法行为。持有不同学说的学者主要从应用性、效力性、适用性角度分析。可以总结为以下几点：

第一，从应用性来看，其他规范性文件一般俗称为"红头文件"。由于数量大范围广，在实践中应用性广、普适性强。我国国家行政机关中有权发布行政法规和行政规章的只占少数，而有权发布其他规范性文件的则为大多数，包括各级人民政府和政府的各工作部门，而且行政机关有大量行政行为是直接根据其他规范性文件作出的。目前，除了国务院各部委、中国人民银行、审计署和具有行政管理职能的直属机构可以制定部门规章；省、自治区、直辖市和设区的市、自治州的人民政府享有地方规章制定权以外，其他多数的市、县和数以万计的乡镇人民政府均只能发布其他规范性文件。这些其他规范性文件，调整着广泛的社会关系，对于保障和维护社会经济秩序，促进国家政治、经济、文化等各项事业的发展具有重要的作用。其他规范性文件的数量远远多于行政法规和行政规章的数量。行政法规和行政规章又是过于概括和笼统的法律规范，而需要其他规范性文件细化标准之后予以适用，所以有学者认为其他规范性文件具有一定立法上的意义。其他规范性文件与行政立法也不存在实质性分界，随着国家社会的进步和发展，许多其他行政法规

---

① 　姜明安主编：《行政法与行政诉讼法》，北京大学出版社、高等教育出版社1999年版，第163页。

范文件不久就可能上升为行政规章或行政法规而成为行政立法。因而从实用性来看将其划入行政立法的范畴,认为其也属于立法的一种形式。①

第二,从效力性来看,行政法规和行政规章以外的其他规范性文件在我国行政管理中具有非常重要的地位。因而大部分法理学者都认为规范性文件有时与行政法规具有同等法律效力,有的甚至认为其他规范性文件属于行政法规的范畴。②"他们认为国务院通过的具有规范性的命令、决定具有与行政法规同等的法律效力,而对于权力机关规范性文件,无论是全国人大常委会自身还是法理学教科书,或者将全国人大及其常委会制定的具有规范性的文件都视为法律,或者认为其与法律具有同等效力。"③因此从效力上将其他规范性文件与行政法规列入同等地位,将其列入行政立法范畴下行政法规。

第三,从适用性来说,行政规范性文件所体现的也是国家意志和强制力,对于行政管理相对人具有约束力和强制执行力,与法律、法规、规章具有相似性,这就使其具备了与立法基本相同的属性。因而如果行

---

① 刘莘主编:《行政立法原理与实务》,中国法制出版社 2014 年版,第 6 页。

② 法理学者一般在法的渊源内容中会有如下阐述:"国务院发布的具有规范性内容的决定和命令,也是法的渊源,与行政法规具有同等效力","国务院各部委发布的规范性决定和指示,也属于法的渊源,其效力低于宪法、法律和行政法规","国务院常务会议通过的决议、决定和它发布的行政命令,亦属于行政法规的范畴,具有同等效力"。参见孙国华主编:《法理学教程》,中国人民大学出版社 1994 年版,第 395 页;朱景文主编:《法理学》,中国人民大学出版社 2008 年版,第 332 页;张文显主编:《法理学》(第 4 版),高等教育出版社、北京大学出版社 2011 年版,第 56 页。

③ 黄金荣:《"规范性文件"的法律界定及其效力》,《法学》2014 年第 7 期。

政相对人违反其他规范性文件的规定，不履行相应义务，行政执行机关也可以依据其他规范性文件对其采取强制措施，强制其遵守和履行，拒不履行者可以追究其行政责任。① 尤其在行政诉讼中，行政诉讼当事人可以以其他规范性文件作为论证具体行政行为违法或合法的根据。② 应当指出，我国《行政诉讼法》及其司法解释确立了行政审判参照规章和援用其他规范性文件的制度，在实践中广泛适用行政规章和援用其他规范性文件这一制度比较符合我国国情。③

2. 本书观点

2000 年《中华人民共和国立法法》（以下简称《立法法》）出台之后，2001 年底国务院制定了《行政法规制定程序条例》（2017 年修订）、《规章制定程序条例》（2017 年修订）和《法规规章备案规定》等行政法规。专门对行政立法的立法权限、立法程序以及使用与备案作出了详细的规定，这对于厘清行政立法的范畴也具有很大意义。我国《宪法》第 89 条规定了国务院行使的职权："（一）根据宪法和法律，规定行政措施，制定行政法规，发布决定和命令……"《立法法》第 56 条规定："国务院根据宪法和法律，制定行政法规。行政法规可以就下列事项作

---

① 夏军：《论行政规范性文件及其效力》，《湖北行政学院学报》2003 年第 5 期。
② 最高人民法院在《关于审理行政案件适用法律问题的座谈会纪要》中指出："行政机关往往将这些具体应用解释和其他规范性文件作为具体行政行为的直接依据。这些具体应用和规范文件不是正式的法律渊源，对人民法院不具有法律规范上的约束力。但是，人民法院经审查认为被诉具体行政行为依据的具体应用解释和其他规范性文件合法、有效并合理、适当，在认定被诉具体行政行为合法性时应承认其效力；人民法院可以在裁判理由中对具体应用解释和其他规范性文件是否合法、有效、合理或适当进行评述。"
③ 于立深：《行政立法不作为研究》，《法制与社会发展》2011 年第 2 期。

出规定:(一)为执行法律的规定需要制定行政法规的事项;(二)宪法第89条规定的国务院行政管理职权的事项"。《立法法》第71条规定:"国务院各部、委员会、中国人民银行、审计署和具有行政管理职能的直属机构,可以根据法律和国务院的行政法规、决定、命令,在本部门的权限范围内,制定规章。"《立法法》第73条规定:"省、自治区、直辖市和较大的市的人民政府,可以根据法律、行政法规和本省、自治区、直辖市的地方性法规,制定规章。"《立法法》第82条第1款规定:"省、自治区、直辖市和设区的市、自治州的人民政府,可以根据法律、行政法规和本省、自治区、直辖市的地方性法规,制定规章。"由此可以看出行政法规和部门规章、地方规章属于行政立法的范畴。从法律文本规定的内容来看,行政立法应当只包括行政法规和行政规章(即部门规章和地方规章的合称),并不包括其他规范性文件,虽然这些文件在实践中起到了类似行政立法的作用,但是即使有行政立法权的行政机关制定的规范性文件,由于它们不具有行政立法的权限,没有经过行政立法的程序,因而也不属于行政立法。[①] 出现这种误区的主要原因在于我国现行其他规范性文件的发布和适用有些混乱,尤其在基层实践部门,过高地评估了其他规范性文件的重要性,有些部门仅从本部门本地方的局部利益出发,畸形处理上一级的行政法规、行政规章,使得行政法规和行政规章在实施中发生变形,将其他规范性文件和行政法规、规章的位阶倒置,从而使其他规范性文件具有形式上的"合法化"。而且行政

---

① 曾祥华:《行政立法的正当性研究》,苏州大学2005年博士学位论文,第7页。

执法部门机械执法，只遵从本部门的"红头文件"，将其作为工作守则，而全然不顾国家的法律、法规、规章。另外，其他规范性文件的制定不需要严格的程序规则，有的时候仅根据领导的一个指示或者工作中的一个决策即可草率发布，因而造成其他规范性文件等同于行政立法的假象。因而其他规范性文件的性质不是法，不属于行政立法范畴。

（三）其他规范性文件的范畴界定

在我国《立法法》中没有"其他规范性文件"的规定，但是实践中其他规范性文件却大量存在，而且发挥巨大的作用。那么其他规范性文件到底指的是什么文件呢？一般其他规范性文件的制定程序主要由2012年通过的《党政机关公文处理工作条例》中予以规定，其一般使用"决议""决定""命令""公告""通知""意见"等名称。它在法律文件中甚至表现为"行政措施""报告""纪要""答复""意见""通知""解释""说明"和"函"等形式。这样可以从名称上辨别出来某一文件的性质。而2001年国务院制定的《行政法规制定程序条例》第4条规定：行政法规的名称一般称"条例"，也可以称"规定""办法"等。国务院根据全国人民代表大会及其常务委员会的授权决定制定的行政法规，称"暂行条例"或者"暂行规定"。国务院各部门和地方人民政府制定的规章不得称"条例"。《规章制定程序条例》第6条规定规章的名称一般称"规定""办法"，但不得称"条例"。综合行政法规、行政规章、其他规范性文件的名称规定可以推断，在我国《宪法》第90条第2款规定："各部、各委员会根据法律和国务院的行政法规、决定、命令，在本部门的权限内，发布命令、指示和规章。"和《国务院组织法》第

10 条规定，"根据法律和国务院的决定，主管部、委员会可以在本部门的权限内发布命令、指示和规章。"两个条文中的决定，命令、指示即是所指的其他规范性文件，因而在《国务院组织法》和《宪法》中承认了其他规范性文件的存在。

关于其他规范性文件的范畴通说认为行政机关为实施法律，执行政策，在法定权限内制定的除行政法规和行政规章以外的具有普遍约束力的决定、命令或者行政措施。[①] 本书采用通说的概念范畴观点。

二、规范效应的含义

效应一词来自于物理学，一般是指："由某种动因或原因所产生的一种特定的科学现象，例如法拉第效应、光电效应。"后来用于泛指人或者事物所引起的反应和产生的效果。[②] 而规范一词一般是指"标准、模范、典范、合乎标准"[③]。规范效应一词在我国行政法领域使用并不频繁。使用规范效应提法的著作主要有宋华琳《论行政规则对司法的规范效应——以技术标准为中心的初步观察》、张冬霞《论行政法对刑法的规范效应》、贾媛媛《行政规范对侵权责任认定之规范效应研究》、刘东霞《论行政规范对民法的规范效应——以民事审判活动为视角》、高

[①] 有的学者将没有行政法规和行政规章制定权的国家行政机关为实施法律、法规和规章而制定的具有普遍约束力的决定、命令、行政措施也纳入到其他规范性文件的范畴。见朱维究、王成栋主编：《一般行政法原理》，高等教育出版社 2005 年版，第 387 页。

[②] 辞海编辑委员会编：《辞海》，上海辞书出版社 2010 年版，第 4367 页。

[③] 辞海编辑委员会编：《辞海》，上海辞书出版社 2010 年版，第 1256 页

原《互联网对公共权力的规范效应研究》等文章。

追探最早提出此词的是我国台湾学者许宗力教授，在《行政法对民、刑法规范效应》①一文中指出，规范效应又称"预先决定效应"，一般指行政法规作为刑法构成要件要素、行政法义务之违反作为刑法构成要件要素等。从该文中可以看出，规范效应一般指的是一事物对另一事物的成立具有影响、效果。从行政法对刑法效应的意思来看，就是行政法规或行为对刑法的构成要件等要素的影响。行政法对刑法的规范效应学说上多又称为刑法的行政从属性，甚至进一步区分为行政法从属性与行政处分属性。

综合本书中提出的规范效应一词使用环境和背景，主要指的是行政法中的抽象行政行为和具体行政行为对刑法的犯罪构成成立或者阻却犯罪产生的积极的或者消极的影响。

三、抽象行政行为的效力等级与规范效应的关系

效力等级是指由于立法机关的性质、级别等原因，所制定的规范具有不同的效力。根据《立法法》，我国的法律位阶依次是：宪法、法律、行政法规、地方性法规、部门规章和地方政府规章、其他规范性文件。

行政立法中的行政法规、行政规章和其他规范性文件虽然都属于抽象行政行为范畴，但是它们的效力不同。当下位法律规范与上位法律规范相抵触的时候，根据法律规范不抵触原则，应采用上位法。但是不同

---

① 许宗力：《行政法对民、刑法规范效应》，载葛克昌、林明锵主编：《行政法实务与理论》，台湾元照出版有限公司2003年版，第79页。

效力位阶对刑法犯罪的影响并不因位阶高低而产生影响大小的区别。但是，当下位法律规范符合上位法律规范，或者上位行政法律规范对某种犯罪行为的构成尚未作出产生规范效应的规定时，不论其效力等级位阶如何，其对刑法的影响作用是相同的。此时，刑法中的犯罪构成及量刑不因行政法规的效力等级而受到影响，不能得出行政法律规范的效力等级高就对犯罪构成的规范效应大，其他规范性文件的效力低其规范效应小的结论。

例如，我国《刑法》中有关枪支类犯罪并未规定出枪支、弹药的具体范围。对于枪支类犯罪仅以"违反枪支管理规定"作出笼统的规定。1996 年颁布的《中华人民共和国枪支管理法》（下称《枪支管理法》）第 46 条对于枪支的范围作出规定："本法所称枪支，是指以火药或者压缩气体等为动力，利用管状器具发射金属弹丸或者其他物质，足以致人伤亡或者丧失知觉的各种枪支。"可见，能够定义为枪支的前提一定是具有危险性。而 2010 年 12 月 7 日公安部发布《公安机关涉案枪支弹药性能鉴定工作规定》(以下简称《枪支鉴定规定》) 第 3 条对于涉及枪支、弹药案件中枪支和弹药的范围作出了规定："凡是制式枪支、弹药，无论是否能够完成击发动作，一律认定为枪支、弹药……"这里的枪支和弹药的范围明显大于《枪支管理法》的界定。但是《枪支管理法》是全国人大常委会颁布，属于法律，公安部发布的《枪支鉴定规定》属于国务院部委颁布的部门规章，因而效力较低，对于这种抵触的规定，应当以法律的规定为准。因而在援引行政法律、法规时，应当以效力高的规定为准。但是如果《枪支管理法》与《枪支鉴定规定》中的规定一致，仅是法的位阶有不同，那么在刑法援引行政法规范时，不论援引哪一部都产生同样的规范效应，不会发生援引法律和援引行政规章的规范效应不同的后果。

第二节　行政立法对犯罪构成的规范效应

如前所述，抽象行政行为包括行政法规、行政规章、其他规范性文件。这些规范对刑法中个罪的定罪、量刑等方面均产生不同的影响。我国《刑法》中抽象行政行为对犯罪构成的影响主要体现在有的条文中表述为"违反国家规定……"按照我国《刑法》第 96 条规定："本法所称违反国家规定，是指违反全国人民代表大会及其常务委员会制定的法律和决定，国务院制定的行政法规、规定的行政措施、发布的决定和命令。"因而本节主要研究行政法规、行政措施、决定和命令对犯罪构成产生的影响。

一、行政立法的规范效应之理论依据

（一）空白罪状理论

空白罪状，亦可称为参见罪状，是指刑法仅规定某种犯罪行为，但是具体特征要参照其他法律、法规来确定的罪状。[1] 其特点在于从刑法典条文本身还不能了解犯罪构成要件，而必须通过了解其他法律、法规

---

① 曲新久等主编：《刑法学》，中国政法大学出版社 2009 年版，第 136 页。

才能了解该种行为的犯罪构成。例如，《刑法》第288条规定："违反国家规定，擅自设置、使用无线电台（站），或者擅自使用无线电频率，干扰无线电通讯秩序，情节严重的，处三年以下有期徒刑、拘役或者管制，并处或者单处罚金……"该条没有直接解释扰乱无线电通信管理秩序罪的构成要件，要认定该罪的犯罪构成，必须查阅有关无线电通信的管理规定，这种立法方式就是空白犯罪构成要件的具体表现。

采用这种立法方式的原因在于这些犯罪以触犯其他法律、法规为前提，其特征在其他法律、法规中已经有所规定，而刑法条文中又难以简单的几句予以描述，因而采用这种简便的立法技巧。这样可以避免复杂的表述，以及刑法典的冗长。因而，"唯刑法所规定之构成要件却难尽符明确性之原则，例如其对于规范构成要件、开放构成要件及空白法规，亦多加以承认"[①]。空白罪状可以分为绝对空白罪状和相对空白罪状。绝对空白罪状是指刑法分则条文仅指明"违反……规定"，而未对具体犯罪构成行为要件有任何描述的空白罪状。相对空白罪状是刑法分则条文对具体犯罪构成的行为要件作出类型化表述，但仍须参照其他有关法律法规才能予以确定的空白罪状。

空白罪状最大的特点在于具体犯罪构成的行为要件本身必须参照法律法规，也即被参照的对象仅限于具体犯罪构成的行为要件。这也是空白罪状区别于简单罪状、叙明罪状、引证罪状的关键点。但是此处的行

---

① ［日］泷川幸辰：《犯罪论序说》，千泰译，载高铭暄、赵秉志主编：《刑法论丛》第3期，法律出版社1999年版。转引自刘艳红：《空白刑法规范的罪刑法定机能》，《中国法学》2004年第4期。

为要件不包括对象要件和结果要件，仅指行为本身的时间、地点、方法、手段等。例如，我国《刑法》第133条规定的交通肇事罪，其类型化的行为要件是行为人在公共交通管理范围内的行为，但因其结果要件"致人重伤、死亡或者使公私财产遭受重大损失"已经由刑法条文本身作出了明确的规定，因而该结果要件便不再是参照的内容。换而言之，行为本身不包括行为造成的结果要件。

在我国，采用空白罪状理论符合立法学中的立法技术理论。法律不是完美无瑕的，更不是万能的，它必然存在漏洞。企图把刑法典当成一种"无漏之网"，把所有的内容都明确写入刑法典的想法是不现实的，也是对立法者认识能力的非理性要求。对一定程度模糊性概念的要求来看，极度明确的构成要件只可能是一种不切实际的幻想，模糊性与不确定性是犯罪构成要件不可避免的实然状态。那么，我们就应尊重概括性与模糊性构成要件的存在和运用，尊重犯罪构成要件规范的多元化。

空白罪状的功能主要在于保持刑法典相对稳定。现在，刑法规范体系一般可以表现为刑法典、单行刑法和附属刑法三元并存的局面。其中，单行刑法和附属刑法属于特别刑法，在形式上独立于刑法典，在内容上表现为对已有内容进行修改和补充，或者创设新的刑法规范，在适用范围上也存在特别的限制，不具有刑法典的普遍性。也就是说，刑法典应该处于核心和主导的地位，同时具有权威性。为此，刑法典为了保证权威性，首先需要以法典本身的稳定性作为保障，这样才可以保证刑法明确性，这也是罪刑法定原则的基本精神要求。因而，刑法典除了规定最基本的刑法规范之外，采用空白罪状是一种较好的立法技术。空白罪状从刑事立法技术的形式层面来保障刑法的稳定性。援引式的立法技术使刑法具备了稳定性与相对明确性的同时，也兼顾到了社会的多面性和司法的灵活性，有效地避免了刑法的体系臃肿和修改刑法内容的频繁性。

但是，不可否认的是刑法典中罪刑规范的废、改、立相对于社会形势的发展而言，总是具有滞后的特性，并且出于权威性的考虑，刑法典本身也不能频繁修改。因此，刑法典就必须处理好"变"与"不变"的关系。空白罪状的内在结构，恰恰既能满足"变"的需要，又能满足"不变"的需要。具体来说，刑法条文本身只指出必须参照的有关法规或者制度，而未对具体构成的行为要件本身做任何表述即可达到"变"与"不变"的有机统一。显然，此种行为构成与惩罚法规完全相分离的情形，具有很强的适应社会变化的能力，立法者完全可以根据社会形势的变化修改相应法规中所确定的违法行为构成，而不必同时修改刑法条文，保证了刑法的稳定性和权威性。

（二）空白罪状与罪刑法定原则

罪刑法定原则要求法无明文规定不为罪，法无明文规定不处罚。那么空白罪状理论是否违反了罪刑法定原则？尤其是罪刑法定原则的法律明确性、法律法定性等原则。空白罪状作为一种刑法立法方式，欲在刑法理论与实务中得到维护与遵行，就必须正视其与罪刑法定原则的关系。

孟德斯鸠曾提出："法律的用语，对每一个人要能够唤起同样的观念。"①贝卡利亚更进一步论说："尤其糟糕的是法律是用一种人民所不了解的语言写成的，这使人民处于对少数法律解释者的依赖地位，而无从掌握自己的自由，或处置自己的命运。这种语言把一部庄重的公共典籍简直变成了一部私用家书。"②

法律明确性要求的是立法者必须明确地规定刑罚内容，以便预先告知人们成为可罚对象的行为，使国民能够预测自己的行为，并限制法官适用刑法的恣意性。明确性具体又包括罪之明确性和刑罚之明确性两个方面。罪和刑都体现在刑法典中，但是从另一个方面来说，其主要问题又表现在刑法典中援引的行政法律规范本身是否明确以及空白罪状的刑法条文是否明确。如果行政法律规范的制定不明确，势必会导致刑法的不明确，因而有必要从这两个方面来分析。在我国，刑法援引的行政法律规范本身都是明确的。如前文所列举之条文，不仅援引的行政法规范名称明确，而且条文内容清楚明了，以之作为空白罪状的补充规范都符合罪刑法定原则之明确性原则。虽然少数条文并未具体指出援引的行政法规范名称，而是笼统的规定"违反国家规定"。这种规定看似并不明确，但是我国《刑法》第96条已经明确列举出"国家规定"的范围，可见"国家规定"作为援引的法律规范时，其范围也是明确的，只不过由于相关罪名所涉及的行政法规内容过多，在刑法条文中不宜逐个列举，因而使用一种概括性的表达，以实现立法技术上的需要。

---

① ［法］孟德斯鸠:《论法的精神》（上册），张雁深译，商务印书馆1982年版，第297页。

② ［意］贝卡利亚:《论犯罪与刑罚》，黄风译，中国大百科全书出版社1993年版，第15页。

从空白罪状刑法条文的明确性来看，空白罪状理论符合罪刑法定原则。罪刑法定原则最核心的要求就是明确性。明确性要求规定犯罪的法律条文必须清楚明确，使人能确切了解违法行为的内容，准确地确定犯罪行为与非犯罪行为的范围，以保障该规范没有明文规定的行为不会成为该规范适用的对象。

绝对空白罪状的刑法条文只是指出具体犯罪构成行为要件的确定应予参照的相关规范或制度，本身未对具体犯罪构成行为要件作任何表述。因此，绝对空白罪状的刑法条文的明确性完全依赖于被参照的相关法规或制度（在授权本身明确的前提下）。既然被参照的相关规范或制度，已被委托填补具体犯罪构成行为要件的具体内容，那么其应在遵循明确性原则的前提下，明确具体地规定哪些内容可以成为具体犯罪构成行为要件的组成部分，否则就违反犯罪构成要件明确性原则。

相对空白罪状的刑法条文不仅指明或隐含具体犯罪构成行为要件应予参照的相关规范或制度。同时，对具体犯罪构成行为要件本身也作了类型化表述。其中，具体犯罪构成行为要件的类型化表述部分，是不违背明确性原则的：一方面，刑法条文必然具有普遍性和一般性；另一方面，该部分毕竟已为参见相关规范确定具体犯罪构成行为要件指明了大致的方向。相对空白罪状刑法条文的明确性也要依赖被参照的相关规范或制度的明确性，因为具体犯罪构成行为要件仍需其加以充实。因此，被参照的相关规范或制度也应对具有"充实"行为要件功能的内容作出明确具体的规定，否则也不符合犯罪构成要件明确性原则。从我国现行刑法看，无论是绝对空白罪状还是相对空白罪状，其法律条文本身都是明确的，因此并不违反法律明确性原则。

从罪刑法定原则的法定性来看，空白罪状理论符合罪刑法定原则。罪刑的法定性一般是指必须运用法律规定犯罪和刑罚。此处的"法律"，包括"基于法律的委任而设有罚则的政令、地方公共团体经过地方议会制定的不违反宪法等法律设有罚则的条例，和受法律的委任而制定犯罪成立要件的细目的刑罚法规"[①]。因此，刑法援引的行政法律法规，虽然不全部是由立法权运作而制定的法律，但是也是经过立法部门授权行政机关委任立法，按照法定的程序和职权行使立法权，并不是毫无标准的随意立法。只不过是由于制定的法律规范位阶不同，因而行使立法权的机关不同。而且出台的法律规范严格按照法律位阶的要求严格执行立法权，不得与上位法相抵触。再者，哪些行政法规能够成为空白刑法规范中的补充规范是由立法机关明文规定的，即只有当刑法规范明文规定"违反……规定/制度/管理法规"时，这种法律法规的相关内容才能补充空白刑法的构成要件。[②]

二、行政立法对犯罪构成规范效应的表现形式

法国、意大利、日本、韩国等国家关于行政犯内容均被规定在行政法之中，也就是行政法中对违反行政规范的行为直接规定法定刑。但是我国并不存在真正意义上的附属刑法，所有有关犯罪与刑罚的内容都规

---

① 李海东主编：《日本刑事法学者》（下），中国法律出版社 1999 年版，第122 页。

② 刘艳红：《空白刑法规范的罪刑法定机能》，《中国法学》2004 年第 4 期。

定在刑法典之中。由于行政法调整对象广泛的特性，并无一本法典收纳所有的行政法律法规条文。但是只要涉及刑事犯罪的，最终都会指向到刑法典，由刑法典对具体的犯罪构成和量刑幅度作出统一规定。鉴于这种情况，笔者试图采用逆向思维的方式，从刑法典中寻找出抽象行政行为，分析行政立法行为对刑法的规范效应，能够更直观的总结出行政立法行为对于刑法犯罪构成的影响。

（一）法律文本规定考察

在我国《刑法》中，"违反国家规定"的表述方式最为常见。但是刑法分则条文中，并不完全体现为"违反国家规定"的表述形式，有的还表述为"违反……规定""违反……法规"等多样化形态。在这种方式中援引的行政法律规范范围也不同，因而有必要作出系统剖析。笔者归纳《刑法》中援引行政法规范的条款，可以总结为以下几类：

1. 表述为"违反国家规定"①

这是刑法分则中常见的、中规中矩的表述方式。例如，《刑法》第137条工程重大安全事故罪，第163条国家工作人员受贿罪，第184条非国家工作人员受贿罪，第185条挪用公款罪等。根据《刑法》第96条规定："违反国家规定是指违反全国人民代表大会及其常务委员会制定的法律和决定，国务院制定的行政法规、规定的行政措施、发布的决

---

① 需要说明的是，第394条的贪污罪和第395条的隐瞒境外存款罪的表述为"依照国家规定应当……而不……"和第135条中的"不符合国家规定"，虽然不是严格按照"违反国家规定"的表述，与"违反国家规定"的意思表示基本一致，而且核心词汇是国家规定，相对于其他情形的"制度""法规"并不类同，因而笔者将其归纳为此类。

定和命令。"因此"国家规定"的范围可以依照《刑法》第96条规定予以明确，从而确定犯罪构成。因而大多无争议。

2. 表述为"违反……规定""违反……管理规定"

相比前一类表达方式，此类更具体一些，明确指向具体的行政法律规范，具有较强的指引性和可操作性。例如，《刑法》第189条对违法票据承兑、付款、保证罪中"违反票据法规定……"；《刑法》第230条逃避商检罪中"违反进出口商品检验法的规定……"；《刑法》第135条之一大型群众性活动重大安全事故罪中规定"举办大型群众性活动违反安全管理规定……"。而且"违反……规定"并不一定指代一部法律或法规的规定，而是可能涉及多部法律或者法规。例如，《刑法》第327条妨害动植物防疫、检疫罪中"违反有关动植物防疫、检疫的国家规定"指的是《中华人民共和国进出境动植物检疫法》及《植物检疫条例》。所以，抽象行政行为对于刑法的影响不仅仅局限于一部行政法规对一个罪名的影响，可能存在多部行政法律或多部行政法规中的多个条文共同对某一罪名的犯罪构成产生影响。对于此类中的"规定""管理规定"的范畴是否同于"国家规定"尚未有统一定论。按照文义解释，"规定"不仅指法律、法规，也可以指规章或其他规范性文件。

3. 表述为"违反……法规"

例如，《刑法》第244条之一雇用童工从事危重劳动罪中规定："违反劳动管理法规，雇用未满十六周岁的未成年人从事超强度体力劳动的……"按照文义理解，法规一般应该是行政法规或者地方性法规。但是实际操作中，不仅指向行政法规，也指向了法律。例如，《刑法》第

228 条中"违反土地管理法规……",根据 2001 年通过的《关于〈中华人民共和国刑法〉第 228 条、第 342 条、第 410 条的解释》:"违反土地管理法规是指违反土地管理法、森林法、草原法等法律以及有关行政法规中关于土地管理的规定。"按照法的位阶来看,既然已经可以援引行政法规,那么也顺其自然地可以援引法律,不存在只援引法规而不能援引法律的情况。但是此处的法规是否既包括行政法规又包括地方性法规呢?法律中未作细致规定。

4. 表述为"违反法律规定""违反法律、行政法规规定"

例如,《刑法》第 297 条的非法携带武器、管制刀具、爆炸物参加集会、游行、示威罪中"违反法律……";《刑法》第 405 条的徇私舞弊发售发票、抵扣税款、出口退税罪中"税务机关的工作人员违反法律、行政法规的规定……"。按照前述法的位阶不同,此处法律和行政法规具有不同的范畴,其范围小于国家规定的范畴。

5. 表述为"违反规定"

例如,《刑法》第 180 条利用未公开信息交易罪中"……违反规定,从事与该信息相关的证券、期货交易活动……";《刑法》第 188 条违规出具金融票证罪中"银行或者其他金融机构的工作人员违反规定……";《刑法》第 442 条擅自出卖、转让军队房地产罪中"违反规定,擅自出卖、转让军队房地产……"。这些条文中的规定是否为国家规定的简称,学界并未有统一意见。仅从字面意思来看,违反规定的范畴最广,不仅指国家规定,而且还包括其他各种形式的命令、决定,涉及法律、法规、规章以及其他规范性文件,而且不局限于某一领域的规定,范围大于"违反……规定"的范畴，范围最广。

6. 另有 2 个条款表述为"违反规章制度"

《刑法》第 131 条重大飞行事故罪中"航空人员违反规章制度……"；《刑法》第 132 条铁路运营安全事故罪中"铁路职工违反规章制度……"。规章制度从文义理解应该是行政规章，如果从广义理解可能还包括其他规范性文件。

7. 另有 5 个条款表述为"不符合……标准"

这种表述主要集中在第三章破坏社会主义市场经济秩序罪中的第一节生产、销售伪劣商品罪。例如，《刑法》第 143 条生产、销售不符合安全标准的食品罪中"生产、销售不符合食品安全标准的食品……"；《刑法》第 145 条生产、销售不符合标准的医用器材罪中"生产不符合保障人体健康的国家标准、行业标准的医疗器械……"；《刑法》第 146 条生产、销售不符合安全标准的产品罪中"生产不符合保障人身、财产安全的国家标准、行业标准的电器、压力容器、易燃易爆产品或者其他不符合保障人身、财产安全的国家标准、行业标准的产品……"；《刑法》第 148 条生产、销售不符合卫生标准的化妆品罪中"生产不符合卫生标准的化妆品，或者销售明知是不符合卫生标准的化妆品，造成严重后果的……"。国家标准、行业标准、卫生标准的制定主体并不完全相同，因而标准涉及的法律规范可能也有不同，但是总体来说"标准"应该属于其他规范性文件的范畴。

（二）表述方式

行政立法对犯罪构成的规范效应，一般有多种表述方式，主要的是显性表述和隐性表述。在刑法条文中，一般以显性表述为主，以隐性表述为辅。

1. 显性表述方式

显性表述方式是指从字面上就能看出刑法典中援引了行政法律规范，无须再经过法官或者适用者再进行查找判断的表述方式。显性表述方式有以下两种：

（1）单独条款方式。有些条文，虽然以明示的方式表达出援引行政法律规范，但是并不是按照"违反……规定"的表述方式在描述罪状中笼统地表述，而是明确地以单独一款条文直接指出援引的具体法律或者行政法规加以说明，其中多数是对条款中某一问题的进一步解释。例如，《刑法》第180条第3款规定："内幕信息、知情人员的范围，依照法律、行政法规的规定确定"；《刑法》第186条第4款规定："关系人的范围，依照《中华人民共和国商业银行法》和有关金融法规确定。"《刑法》第330条第3款规定："甲类传染病的范围，依照《中华人民共和国传染病防治法》和国务院有关规定确定。"如此明确地列出需要援引的行政法律规范，明确了援引目标，应用较为便捷和准确。

（2）"违反……规定"方式。在刑法中以"违反国家规定""违反……法规""违反……规定"等表述方式进行罪状描述的情况最为常见。这种方式从表面可以大概判断出刑法条文中援引了什么领域法律、法规。这些条文都是以明示方式指出需要援引的行政法律规范，但与单独条款表述方式相比并没有单独条款方式列举的明确、具体，这种表述方式只是大概的指出需要援引哪类或者哪个领域的法律法规，并未明确列举出具体法律法规，需要法官或者适用者自己进行查找和判断。而这些法律规范是构成犯罪的要素，是刑法构成犯罪的前提，也是实践中经常容易造成混乱和产生分歧的部分，同时也是本书探讨的主要内容。

2. 隐性表述方式

隐性表述方式从字面上无法看出刑法是否援引或者援引何种行政法律规范，要经过法官的经验判断，才能确定刑法援引了行政法律规范的表述方式。这些刑法条文中虽然没有明确的"违反……法规""违反……规定"等表述，但在刑法条文的字里行间中其实已经阐述了有关行政法律规范的相关规定或内容，其表述与相关行政法律规范中表述一致。例如，《刑法》第 180 条第 1 款①中关于内幕交易的内容予以直接的说明，而 1998 年施行并于 2019 年修订的《中华人民共和国证券法》（以下简称《证券法》）第 53 条中规定："证券交易内幕信息的知情人和或者非法获取内幕信息的人，在内幕信息公开前，不得买卖该公司证券，或者泄露该信息，或者建议他人买卖该证券……"对比此条文和《刑法》第 180 条第 1 款，其内容与表达基本一致，此处其实就是援引了《证券法》的条文，将内容直接写入刑法的条文中，不必再翻阅《证券法》即可明确罪状，这是通过一种隐性的方式将行政法规范引入刑法。

在隐性表述方式中，虽然刑法典中没有明确指出援引的行政法律规

---

① 该条第 1 款规定："证券、期货交易内幕信息的知情人员或者非法获取证券、期货交易内幕信息的人员，在涉及证券的发行，证券、期货交易或者其他对证券、期货交易价格有重大影响的信息尚未公开前，买入或者卖出该证券，或者从事与该内幕信息有关的期货交易，或者泄露该信息，或者明示、暗示他人从事上述交易活动……"

范，但是法官通过经验可以做出判断。如果刑法典中和行政法律规范中表述完全一致，那么不会产生异议，但是如果刑法典中的表述并没有相关行政法律规范中的具体和细致，那么是否可以理所当然地以行政法律规范中的内容作为定罪的依据？笔者认为，按照罪刑法定原则的精神内涵，不可妄自随意援引行政法律规范，仍应当以刑法典中的规定为准，否则就违背了罪刑法定原则。这是隐形表述方式与显性表述方式的最大区别之处。另外，在隐性表述方式中，还应当考虑援引行政法律规范的立法精神等问题，而不能片面、孤立地仅作机械性、割裂式的援引，应当在法律精神的指引下，将援引的行政法律规范和刑事法律规范有机结合。

三、行政立法行为对犯罪构成的规范效应分析

虽然抽象行政行为对刑法具有规范效应，产生一定的积极影响，但抽象行政行为的规范效应也存在许多缺陷和不足。

（一）违反国家规定的定性分析

根据《刑法》第 96 条规定："违反国家规定是指违反全国人民代表大会及其常务委员会制定的法律和决定，国务院制定的行政法规、规定的行政措施、发布的决定和命令。"但是在实践中出现偏离《刑法》第96 条规定的情况，要么缩小"国家规定"的范畴，对明显符合"违反国家规定"的情形视而不见，要么扩大"国家规定"的范畴，将国务院制定的部门规章、地方性法规甚至其他规范性文件纳入"国家规定"的范畴，由此导致《刑法》第 96 条规定被虚置。

"空白罪状中构成要件的确立与补充性规范的内容直接相关,如果空白罪状中的补充性规范的效力等级较低,容易导致行政权对立法权的侵越。"[1] 尽管有的学者从实用主义角度出发认为应当扩大"国家规定"的范畴,认为行政措施、行政命令和行政决定都应该可以作为刑法援引的对象。但是由于这类法律规范具有易变动的特点,稳定性差,将它们作为"国家规定"不符合罪刑法定原则的精神。

鉴于刑法的特殊地位,应当坚持严格解释的立场。其意义在于:第一,可以保障人权。刑法援引的行政法律规范也是刑法犯罪构成的一个要素,如果人为的任意扩大行政法律规范范围,就等于降低了刑法的入罪门槛,不利于保障人权。第二,防止权力滥用。国家权力分为立法权、行政权与司法权,只有有权行使权力的机构制定的规范才是名副其实的国家规定,而越权、滥用职权制定的规范,都不符合法律规定。

"国家规定"的范畴按照严格文义解释至少应该包括:1.全国人大及其常委会通过并公布的法律;2.国务院根据宪法和法律而制定的行政法规。因此,"国家规定"至少包含法律和行政法规是没有争议的。从《刑法》96条内容的文义分析,"国家规定"主体仅有两个,一个是全国人大及其常委会,一个是国务院。但是除这两个主体以外制定的规定是否属于"国家规定"。[2] 总结问题的关键就在于,部门规章、地方性

_____

[1]　詹红星:《"违反国家规定"的宪法解释与司法应用》,《湘潭大学学报》(哲学社会学科版) 2016 年第 5 期。

[2]　蒋铃:《刑法中"违反国家规定"的理解和适用》,《中国刑事法杂志》2012年第 7 期。

法规、地方政府规章是否属于"国家规定"。

1. 部门规章不属于国家规定

国务院各部委制定的部门规章在全国范围内都具有法律效力，但是它仍然不是《刑法》意义上的国家规定。按照《宪法》第 89 条规定国务院可以制定行政措施，制定行政法规、发布决定和命令；《宪法》第 90 条规定，国务院各部、委员会根据法律和国务院的行政法规、决定、命令，在部门权限范围内，发布命令、指示和规章。根据《立法法》第 84 条、第 85 条的规定，部门规章是经过部委会议或者委员会会议决定由部门首长签署命令公布。部门规章不存在根据法律或者国务院的授权委托，而是国务院各部委在本部门职权范围内决定执行，因而不具有"国务院制定"的效力，因而不能人为地做扩大解释。尽管部门规章应用性广，可以指导全国性事项，但是由于发布的主体不同，不符合立法机关制定刑法时确立的罪刑法定原则。

2. 地方性法规、地方政府规章不属于国家规定

虽然地方性法规与行政法规都属于法规，但是二者的制定主体不同。地方性法规是地方人大及其常委会制定的法规。从主体上来看，并不符合《刑法》第 96 条的主体要求。另外，从适用范围上来看，地方性法规也不应该纳入国家规定的范畴。《刑法》作为一部基本法律，应该是在全国范围内适用，而地方性法规具有很强的地域性限制，并不具有全国性的适用范围。因而刑法援引的内容至少应该是在全国所有地域都适用的法律规范，否则难以平等地适用法律，违反法制统一原则。同理，地方政府发布的地方政府规章也不属于"国家规定"的范畴。

（二）其他表述形式的定性分析

"解释一个刑法规范的含义，不仅应该以该规范本身的文字为基础，而且应该从该规范与全部刑法规范乃至整个法律制度的关系中来把握。"[①]《刑法》第 96 条是刑法总则中的内容，总则中的条文对于分则条文具有统领和指导的作用。因而考察其他几种表述形式的内容不能脱离总则中第 96 条之原则。[②] 前述所列的七种表述方式都存在于分则之中，因而应当在总则的基本框架和指导精神下进行分析。

1."违反……规定""违反规定""违反……法规"类表述

虽然按照文义解释，上述几种表述略有差别，其范围并不完全等同于国家规定。但是根据刑法总则与分则的关系，这几种表述方式的范畴应该跟国家规定的范畴相协调统一。如果任意地将"法规""规定"的范畴扩大为除了法律、行政法规还包括行政规章和其他规范性文件，就是不适当地扩大国家规定的外延。"如果将前置性规范的法律位阶认定标准放松，不仅导致法律的虚设，还会破坏法治秩序的统一。而将一些位阶低的法律文件纳入到入罪的刑法条件则会造成定罪的恣意性。"[③]尤其行政法律规范数量庞大，不排除有下位法与上位法相抵触的情况，尤

[①]　陈忠林：《刑法的界限——刑法第 1—12 条的理解、适用与立法完善》，法律出版社 2015 年版，第 121 页。

[②]　胡江：《侵犯公民个人信息罪中"违反国家有关规定"的限缩解释——兼对侵犯个人信息刑事案件法律适用司法解释第 2 条之质疑》，《政治与法律》2017年第 11 期。

[③]　詹红星：《"违反国家规定"的宪法解释与司法应用》，《湘潭大学学报》（哲学社会科学版）2016 年第 5 期。

其是行政规章、其他规范性文件与行政法规并不相符时，援引较低位阶的其他规范性文件，可能造成援引与行政法规相抵触的法律规范，造成整个法律体系的适用冲突和混乱，同时降低了刑法的入罪门槛，扩大了犯罪范围，造成刑事惩罚扩大化。

这个结论在司法解释中也得到印证。《刑法》第343条非法采矿罪中有"违反矿产资源法的规定……"的表述。2016年11月28日最高人民法院、最高人民检察院《关于办理非法采矿、破坏性采矿刑事案件适用法律若干问题的解释》（法释〔2016〕25号）中规定："违反《中华人民共和国矿产资源法》《中华人民共和国水法》等法律、行政法规有关矿产资源开发、利用、保护和管理的规定的，应当认定为刑法第三百四十三条规定的'违反矿产资源法的规定'。"通过司法解释将规定的范畴界定于法律和行政法规的位阶，并不包括地方性法规、规章和其他规范性文件，这与法律中的规定相统一，符合刑法的立法体系和立法精神。因而笔者认为"规定"应做限缩解释，不能将规定解释为包括其他规范性文件的广义范畴。

2."违反法律，行政法规"类表述

《刑法》第405条第1款规定了徇私舞弊发售发票、抵扣税款、出口退税罪，条文表述为"违反法律、行政法规的规定……"，第2款规定了违法提供出口退税凭证罪，条文则表述为"违反国家规定……"。二者是同一法条下的两个罪名，但是明显表述有差别，这并非是立法者疏忽，应该是有意区分。因而，笔者认为"违反法律""违反法律、行政法规"应做狭义的理解。其范畴小于国家规定，应该仅指法律和行政法规。

值得一提的是，《最高人民法院研究室关于违反经行政法规授权制定的规范一般纳税人资格的文件应否认定为"违反法律、行政法规的规定"问题的答复》（法研〔2012〕59号）中规定："国家税务总局《关于加强新办商贸企业增值税征收管理有关问题的紧急通知》（国税发明电〔2004〕37号）和《关于加强新办商贸企业增值税征收管理有关问题的补充通知》（国税发明电〔2004〕62号），是根据1993年制定的《中华人民共和国增值税暂行条例》的规定对一般纳税人资格认定的细化。"且2008年修订后的《中华人民共和国增值税暂行条例》第13条明确规定："小规模纳税人以外的纳税人应当向主管税务机关申请资格认定。具体认定办法由国务院主管部门制定。"因此，违反上述两个通知关于一般纳税人资格的认定标准及相关规定，授予不合格单位一般纳税人资格的，相应违反了《中华人民共和国增值税暂行条例》的有关规定，应当认定为《刑法》第405条第1款规定的"违反法律、行政法规的规定"。但是该答复中将违反两个通知和《中华人民共和国增值税暂行条例》认定为"违反法律、行政法规的规定"，两个通知属于部门规范性文件，将违反规范性文件界定为违反法律、行政法规是不合适的。至少也应该是违反法律或者行政法规才不违背法的位阶，而且在《中华人民共和国增值税暂行条例》这个行政法规存在的情况下完全可以无须再补充其他规范性文件作为认定依据。但是现在这两个通知已经失效，而且《中华人民共和国增值税暂行条例》（2017年修订）作为行政法规足可以作为"违反法律、行政法规"的依据。因而，笔者认为"违反法律、行政法规"不可做扩大解释。①

3."违反规章制度"类

此类表述主体体现在两个罪名中，一是《刑法》第131条的重大飞行事故罪，另一是《刑法》第132条的铁路运营安全事故罪。这两个罪名涉及航天和铁路行业，由于这两个行业是涉及公共安全的特殊领域，因此为了保障公共安全和乘客安全有诸多行业性、专业性的法律、法规和运行规章制度。例如在有关铁路安全运行方面，至少包括《中华人民共和国铁路法》《铁路安全管理条例》《铁路货物运输合同实施细则》《铁路交通事故应急救援和调查处理条例》《铁路机车车辆驾驶人员资格许可办法》《铁路运输企业准入许可办法》《铁路危险货物运输安全监督管理规定》《铁路旅客车票实名制管理办法》《铁路交通事故应急救援规则》等以及其他有关铁路营运安全的规章制度。笔者认为，由于这两个行业的特殊性，况且法律和行政法规具有高度概括性和抽象性，在仅有法律和行政法规的情况下并不足以保障飞机和铁路的安全、有序运行，因而有必要制定细致、周密、全面的规章制度。因而，此处的"规章制度"不仅包括法律、行政法规也包括部门规章，但不包括地方政府规章。②

① 有学者对此做扩大解释。如刘德法、尤国富：《论空白罪状中的"违反国家规定"》，《法学杂志》2011年第1期。其认为国务院根据法律和行政法规制定的行政措施、决定和命令与行政法规具有同样的法律效力，均属于国家意志的反映。因而不能说明违反相关行政措施、行政决定和命令就不能成立第405条中的徇私舞弊发售发票、抵扣税款、出口退税罪。

② 笔者曾经查阅了交通运输部的官方网站，在规章制度一栏的选项下，有铁路规章、行政法规、法规性文件、法律等4个栏目，不过有意思的是法律一项排在最后一位，铁路规章一项排在第一位，参见 http：//www.china-mor.gov.cn/zwzc/gzzd/，访问日期2012年5月20日。

4."违反国家标准、行业标准、卫生标准"类

我国刑法中出现国家标准、行业标准的援引方式，这种方式不同于前面阐述的"国家规定"方式。无论在法典本身还是立法理论领域，都已经承认国家规定是全国人民代表大会及其常务委员会制定的法律和决定，以及国务院制定的行政法规、发布的决定及命令等。《立法法》上也承认行政法规在审判实践领域的地位，但是各种"标准"的制定主体不同，其属于行政法规还是部门规章？"国家标准、行业标准、卫生标准"又是何种标准值得探讨。

《中华人民共和国标准化法》（2017 年修订）中对国家标准和行业标准作出了规定："国家标准分为强制化标准和推荐性标准。……行业标准属于推荐性标准……国务院有关行政主管部门负责制定强制性国家标准。……强制性国家标准由国务院批准发布或者授权批准发布。……推荐性国家标准由国务院标准化行政主管部门制定。……对于没有推荐性标准又需要在全国某个行业范围内统一的技术要求，可以制定行业标准。行业标准由国务院有关行政主管部门制定，并报国务院标准化行政主管部门备案。"条文中把国家标准分为强制性标准和推荐性标准，二者的实施机关和制定程序也完全不同。根据条文的内容，强制性国家标准由国务院批准发布，法条中的国务院标准化行政主管部门是指国家标准化管理委员会，它是国家市场监督管理总局管理的事业单位，是国务院授权的履行行政管理职能、统一管理全国标准化工作的主管机构。其本身并无拟定行政法规、行政规章的权限，但是由于国务院授权，则使得该机构具有了行政主体身份，并且具有了行政立法权。但是通过分析

它的职责，国务院只授予其制定部门规章的权利，并未授予行政法规的立法权。

按照《强制性国家标准管理办法》规定，强制性国家标准应当以国务院标准化行政主管部门公告的形式发布。由此可以判定，强制性国家标准应该属于部门规章。而行业标准由国务院有关行政主管部门制定，也应属于部门规章。

针对食品安全标准，笔者查阅了《中华人民共和国食品安全法》（2018 年修订）、《中华人民共和国食品安全法实施条例》（2019 年修订），其中规定："国务院卫生行政部门依照本法和国务院规定的职责，组织开展食品安全风险监测和风险评估，会同国务院食品安全监督管理部门制定并公布食品安全国家标准"。因而食品安全标准应该属于部门规章范畴。

国家标准化管理委员会通过国务院的授权、国务院卫生行政部门仅具有制定规章、对行政法规进行补充的权力。所以国家标准、行业标准、食品安全标准实际上是行政规章，而非行政法规，也不应属于"国家规定"的范畴。

（三）行政立法行为规范效应的审视

刑法援引行政法律规范具有理论依据和现实需要，这种立法模式也被国际所广泛应用。但是在援引中，由于条文表述和立法技术的问题，并非所有的援引内容都明确具体，虽然保证了刑法的稳定性和简洁性，可是实践中仍在存在一些难题。因而总结行政立法行为对刑法犯罪构成的规范效应中，还存在一些需要完善之处。

1.立法规定模糊容易造成援引障碍

刑法将罪刑规范委任给行政法规范会引发刑罚适用时"找法困难"的问题。① 由于《刑法》中有的规定模糊，缺乏可操作性，致使难以确定援引的法律规范。例如，《刑法》第 395 条第 2 款隐瞒境外存款罪中规定："国家工作人员在境外的存款，应当依照国家规定申报……"这其中的国家规定到底存在于哪里？笔者查阅了《中华人民共和国公务员法》，并没有找到相关的规定，后看到上海市第二中级人民法院（2006）沪二中刑初字第 118 号刑事判决，判决书中认定被告人张某构成隐瞒境外存款罪，法院列举的证据中包含一份中共某区委组织部提供的 2005 年 6 月下发的《关于做好领导干部收入申报和重大事项申报的通知》，按图索骥找到该通知中提到的国务院办公厅印发的《关于党政机关县（处）级以上领导干部收入申报的规定》（本段以下简称《规定》），该《规定》第 4 条关于国家工作人员的财产收入申报制度中列举出："申报人于每年 7 月 1 日至 20 日申报本年度上半年的收入；次年 1 月 1 日至 20 日申报前一年度下半年的收入。因特殊情况不能按时申报的，经接受申报部门批准，可以适当延长申报时限。"这一条文虽然说明了财产申报制度，但并没有规定境外财产如何申报、具体申报程序和时间，况且《规定》的制作主体是国务院办公厅，也不符合《刑法》第 96 条的规定，因而《刑法》第 395 条中的"国家规定"仍然不够明确，造成援引障碍。

---

① 张涛、魏昌东：《回顾与展望：刑法中的"违反国家规定"研究》，《法治社会》2018 年第 6 期。

2.法的位阶混同容易造成援引脱节

在司法实践中存在新罪名设立之后，援引的行政法律规范在《刑法》第96条范围内并未规定，等于没有援引到合适的行政规范，而实践中有的做法是完全脱离《刑法》第96条的宗旨，不顾法的位阶和援引规则，随意引用行政规章或者其他规范性文件。例如《刑法》第286条破坏计算机信息系统犯罪中规定："违反国家规定，对计算机信息系统中存储、处理或者传输的数据和应用程序进行删除、修改、增加的操作，后果严重的……"所列举的恶意删除应用程序的情形，在法律和行政法规中并未找到根据，最后在部门规章中找到相关规定，即2011年工业和信息化部第20号令颁布的《规范互联网信息服务市场秩序若干规定》。其中第13条规定："互联网信息服务提供者应当加强系统安全防护，依法维护用户上载信息的安全，保障用户对上载信息的使用、修改和删除。互联网信息服务提供者不得有下列行为：（一）无正当理由擅自修改或者删除用户上载信息……"

最高人民法院公报案例吕薛文破坏计算机信息系统一案[①]中，判决书中认为根据国务院发布的《中华人民共和国计算机信息系统安全保护条例》第7条规定："任何组织或者个人，不得利用计算机信息系统从事危害国家利益、集体利益和公民合法利益的活动，不得危害计算机信息系统的安全。"被告人吕薛文违反这一规定，利用其掌握的知识入侵广州主机、蓝天BBS主机信息系统，取得控制该系统的最高权限，实

---

① 《最高人民法院公报》2000年第3期。

施了增设最高权限的账户和普通账户，对广州主机存储、处理和传输的数据进行删改、监测，3 次修改广州主机的最高权限密码等 3 种破坏行为。广州市中级法院援引的是《中华人民共和国计算机信息系统安全保护条例》第 7 条，但是通过比对发现，《中华人民共和国计算机信息系统安全保护条例》第 7 条规定的仅是不得危害计算机系统的安全。而该案中，被告并未威胁计算机系统安全使其处于瘫痪、无法工作状态。相反为了证明计算机系统正常运行不被管理员发现，被告采取一系列措施掩盖入侵计算机系统行为，使计算机系统能够正常运行。因而，《中华人民共和国计算机信息系统安全保护条例》第 7 条的内容并不完全符合该罪的情形。即使是行政法规，也并不符合该罪的罪状，相反《规范互联网信息服务市场秩序若干规定》中的内容倒是详细规定了关于删除、修改程序的规定。但是由于其属于行政规章，不属于国家规定的范畴，因而不得援引，所以最终造成援引脱节。

3.过度援引容易造成降低入罪门槛

另外也存在"找法过剩"的问题，所谓"找法过剩是指，某一问题能够找到前置性法条，但是这一前置性法条是否符合刑法的根本目的是存疑的，那么所找到的法条就是'多余的法条'"[①]。"找法过剩"典型的案例就是"陆勇销售假药案""赵春华持枪案"。由于刑法篇幅和立法技术的限制，有的条文中并未明确指向援引的行政法律规范，但是在寻找前置法时，必须坚持独立解释的原则，以防止刑法落入附属刑法的

---

① 张涛、魏昌东：《回顾与展望：刑法中的"违反国家规定"研究》，《法治社会》2018 年第 6 期。

"陷阱"。刑法应具有自己的价值与判断标准，防止前置性法对刑法的任意干涉。《刑法》中的大多数概念、构成要件要素与前置法相同是刑法自动选择依附的结果，而非被动性地从属的结果。因而在对一些构成要件要素的理解上，刑法应当具有自己的独立评价功能。

4. 援引结果不同容易有损法制统一

前述《刑法》第 395 条第 2 款隐瞒境外存款罪中，上海市第二中级人民法院援引的是《关于党政机关县（处）级以上领导干部收入申报的规定》，但是有学者认为此罪中的国家规定应该指的是国务院 1996 年发布、2008 年 8 月 1 日修订通过的《外汇管理条例》，其中第 6 条规定："国家实行国际收支统计申报制度。"因为我国对于外汇管理要求存款人向相关机构报告存款的事实，不过接受申报的机关应该是国家外汇管理机关，不是《关于党政机关县（处）级以上领导干部收入申报的规定》中的纪检监察机关。因而如果当事人向外汇管理机关如实申报的话，也符合刑法中的国家规定。[1] 由此可见由于空白罪状的特点，在刑法中没有明确指出援引的行政规范时，不同的人会有不同的援引内容和结果，这并不利于法制的统一。对于同一类案件各地法院援引五花八门、大相径庭的行政法律规范时，就会降低法律的权威，损害法律的尊严，也严重违反了法制统一原则的要求。

---

[1]　王恩海：《论我国刑法中的违反国家规定》，《东方法学》2010 年第 1 期。

第三节　行政解释对犯罪构成的规范效应

抽象行政行为对于刑法的影响有目共睹，行政立法行为不仅在刑法中以明示或暗示的方式成为犯罪的构成要素，而且也通过行政解释对刑法的应用产生影响。但是这种援引和解释在理论上是否有依据？在我国的法律体系中是否能够起到积极的作用？严格来说，行政解释并不属于抽象行政行为范围，但是它与行政立法有密切关系，一般都是针对行政立法中的行政法律规范做出的解释，鉴于它在行政管理中的客观存在和实际作用，本章专辟一节，作为与行政立法既有共同之处又有区别的专门问题予以论述。

一、行政解释界定

关于行政解释的概念我国法律中并没有明确的规定，而且行政解释这个概念也尚未达成统一共识。有学者称为"行政法律解释"[①]，有学者称为"行政法解释"[②]，有学者称为"行政解释性文件"[③] 等。

（一）行政解释权的来源

行政解释是法理上的概念，是法律解释的一种。对于它的范畴界定

---

① 朱新力：《论行政法律解释》，《浙江大学学报》1999 年第 2 期。

② 黄竹胜：《行政法解释的主体制度初探》，《广西师范大学学报》（哲学社会科学版）2005 年第 2 期。

③ 叶必丰、刘道筠：《规范性文件的种类》，《行政法学研究》2000 年第 2 期；姜明安主编：《行政法与行政诉讼法》第 5 版，北京大学出版社、高等教育出版社 2011 年版，第 183 页。

尚无统一的定论。行政解释最初规定在 1981 年出台的《关于加强法律解释工作的决议》中，该文件中有关行政解释主要有两项："1.不属于审判检察工作中的其他法律、法令如何具体应用的问题，由国务院及其主管部门进行解释；2.凡属于地方性法规如何具体应用问题，由省、自治区、直辖市人民政府主管部门进行解释。"这其实是授权国务院及其主管部门以及省、自治区、直辖市人民政府主管部门行政解释权。以此划分了行政解释的主体。

国务院办公厅于 1993 年 3 月下发《国务院办公厅关于行政法规解释权限和程序问题的通知》。该通知对行政法规的解释作了如下统一规定："一、凡属于行政法规条文本身需要进一步明确界限或者作补充规定的问题，由国务院作出解释。这类立法性的解释，国务院法制办公室按照行政法规草案审查程序提出意见，报国务院同意后，根据不同情况，由国务院发布或者由国务院授权有关行政主管部门发布。二、凡属于行政工作中具体应用行政法规的问题，有关行政主管部门在职权范围内能够解释的，由其负责解释；有关行政主管部门解释有困难或者其他有关部门对其作出的解释有不同意见，要求国务院解释的，由国务院法制办公室承办，作出解释，其中涉及重大问题的，由国务院法制办公室提出意见，报国务院同意后作出解释，答复有关行政主管部门，同时抄送其他有关部门。三、凡属于国务院、国务院办公厅有关贯彻实施法律、行政法规的规范性文件的解释问题，由国务院法制办公室承办，作出解释，其中涉及重大问题的，由国务院法制办公室提出意见，报国务院同意后作出解释。国务院、国务院办公厅其他文件的解释，仍按现行做法，由国务院办公厅承办。"

2001 年 11 月 16 日国务院第 321 号令、332 号令分别颁布了《行政法规制定程序条例》和《规章制定程序条例》，其内容分别授权国务院及其法制机构对于行政法规的行政解释权和授权规章制定机关对规章的行政解释权。对行政法规和行政规章的制定程序作出明确规定，其中具体规定如下。

《行政法规制定程序条例》第 31 条规定："行政法规有下列情形之一的，由国务院解释：（一）行政法规的规定需要进一步明确具体含义的；（二）行政法规制定后出现新的情况，需要明确适用行政法规依据的。国务院法制机构研究拟订行政法规解释草案，报国务院同意后，由国务院公布或者由国务院授权国务院有关部门公布。行政法规的解释与行政法规具有同等效力。"《规章制定程序条例》第 33 条规定："规章解释权属于规章制定机关。规章有下列情形之一的，由制定机关解释：（一）规章的规定需要进一步明确具体含义的；（二）规章制定后出现新的情况，需要明确适用规章依据的。规章解释由规章制定机关的法制机构参照规章送审稿审查程序提出意见，报请制定机关批准后公布。规章的解释同规章具有同等效力。"从性质上看，行政法规、规章解释是行政法规、规章的延伸，属于立法范畴。因此，应当与行政法规、规章具有同等效力。

《行政法规制定程序条例》第 32 条规定："国务院各部门和省、自治区、直辖市人民政府可以向国务院提出行政法规解释要求。"第 33 条规定："对属于行政工作中具体应用行政法规的问题，省、自治区、直辖市人民政府法制机构以及国务院有关部门法制机构请求国务院法制机构解释的，国务院法制机构可以研究答复；其中涉及重大问题的，由国务院法制机构提出意见，报国务院同意后答复。"这规定了国务院及其法制机构对于行政法规的行政解释权。《规章制定程序条例》第 33 条中也规定了规章的解释权属于规章制定机关。

2014 年 5 月 18 日《最高人民法院关于审理行政案件适用法律规范问题的座谈会纪要》规定："一、关于行政案件的审判依据……根据立法法、行政法规制定程序条例和规章制定程序条例关于法律、行政法规和规章的解释的规定，全国人大常委会的法律解释，国务院或者国务院授权的部门公布的行政法规解释，人民法院作为审理行政案件的法律依据规章制定机关作出的与规章具有同等效力的规章解释，人民法院审理行政案件时参照适用……行政审判实践中，经常涉及有关部门为指导法律执行或者实施行政措施而作出的具体应用解释和制定的其他规范性文件，主要是：国务院部门以及省、市、自治区和较大的市的人民政府或其主管部门对于具体应用法律、法规或规章作出的解释；县级以上人民政府及其主管部门制定发布的具有普遍约束力的决定、命令或其他规范性文件。行政机关往往将这些具体应用解释和其他规范性文件作为具体行政行为的直接依据。这些具体应用解释和规范性文件不是正式的法律渊源，对人民法院不具有法律规范意义上的约束力。但是，人民法院经审查认为被诉具体行政行为依据的具体应用解释和其他规范性文件合法、有效并合理、适当的，在认定被诉具体行政行为合法性时应承认其效力；人民法院可以在裁判理由中对具体应用解释和其他规范性文件是否合法、有效、合理或适当进行评述。"

因此，在行政诉讼中，行政法规及其解释是人民法院审理行政案件的依据，人民法院不得拒绝适用。行政规章的效力为"参照""可以"，行政规章的解释亦同。在人民法院审理行政案件的过程中，规章解释仅作为人民法院审理的参照规定，由人民法院决定是否适用。

（二）行政解释的概念

对于行政解释的概念一般有以下几种观点：

1.行政解释是国家行政机关依法对法律法规所作的解释。[①]

2.行政解释又可以称为行政执行性解释，是指法律、法规或者规章授权的机关按照法定程序对法律、法规或者规章具体执行中的问题作出的正式解释。[②]

3.法律解释，包括立法解释、行政解释、司法解释和地方解释。其中，行政解释在形式上就表现为行政规范。[③]

4.本文所指的行政法律解释是行政主体以适用行政法为目的，对行政法律规范的含义进行探求和说明的活动。[④]

5.行政解释是指具有法定解释权的国家行政机关对制定法所作的能够产生法律拘束力的解释。[⑤]

[①] 董嗥：《司法解释论》，中国政法大学出版社 1999 年版，第 277 页。

[②] 孔祥俊：《法律解释方法与判解研究》，人民法院出版社 2004 年版，第 178—179 页。

[③] 叶必丰、周佑勇：《行政规范研究》，法律出版社 2002 年版，第 95 页。

[④] 朱新力：《论行政法律解释》，《浙江大学学报》1999 年第 2 期。

[⑤] 惠生武：《论行政解释的基本范畴及其分类》，《法律科学》1999 年第 3 期。

6.行政解释是指行政机关按照法定程序就其相关的法律法规或者自身所制定和发布的规范性文件的准确含义作出的有权解释。[①]

7.行政解释是指行政法规和行政规章的制定主体在行政法规和行政规章制定后，根据行政法规和行政规章的执行情况和执行中遇到的问题，对行政法规和行政规章有关规定的含义作出进一步说明和阐述。[②]

以上几种观点的分歧主要集中在行政解释的制定主体、行政解释的范围以及行政解释的效力。作为一种制度设置的结果，行政解释被赋予了一定范围内的普遍效力。而作为特定机关的法定权力，行政解释权并不由一切行政机关当然拥有，只有特定的行政机关方能行使。行政解释对于由国家行政机关对于不属于审判和检察工作中的其他法律的具体应用问题以及自己依法制定的法规进行的解释。通常情况下，一部法律法规施行的背后有一系列的行政解释以释明法律法规应用中的具体问题。

笔者认为行政解释是与行政立法、其他规范性文件相对应的法律解释行为。一般是指具有法定解释权的行政机关对所制定的行政法规和行政规章做出的能够产生法律拘束力的解释。它不归属于其他规范性文件[③]。

[①] 江必新、梁凤云：《行政诉讼法理论与实务》，北京大学出版社 2009 年版，第 1062 页。

[②] 刘莘主编：《行政立法原理与实务》，中国法制出版社 2014 年版，第 162 页。

[③] 参见姜明安、余凌云主编：《行政法》，科学出版社 2010 年版，第 147 页；于立深：《行政法律规则的扩张及其制度功能》，《云南大学学报》（法学版）2008 年第 5 期。于文中称："在我国，行政法律规则主要有行政法规、行政规章、行政解释和行政规定四种类型。"将法律解释纳入行政法律规则的范畴，与行政法规、行政规章等并列。

（三）行政解释的分类

行政解释按照不同的标准可以有多种分类方式，不同的分类方式对于研究行政解释对犯罪构成的规范效应具有积极作用。

（1）立法性解释与执行性解释

行政解释按照其内容的不同，可以分为立法性解释和执行性解释。立法性解释是对法律规范未作规定或者规定较为笼统的事项进行创制性的解释，大多是对法律规范的进一步说明和阐述，此种解释一般都限定其范围。执行性解释是指为了实施法律规范而做出的解释，大多数是对法律规范有关规定的含义所作的说明和阐述，此种解释一般按照法律规范的要求就具体的行政事项做出解释。这种划分意义在于区分立法与实践中不同的解释对象，立法性解释主要在于对法律规范的进一步说明，以便更好地理解立法原意和立法背景，执行性解释在于使法律规范能够更好地实施，具有可操作性。鉴于本书的研究重点，本书提及的行政解释多指立法性解释。

（2）对行政法规的解释、对法律的解释和对地方性法规的解释

行政解释按照我国法律规定和行政解释的实际情况不同，可以分为对自己制定的行政法规或行政规范性文件解释、对法律的解释和对地方性规范性文件的解释。[①] 对自己制定的行政法规或者行政规范性文件解释是国务院自行制定颁布的行政法律，有些在附则中明文规定由国务院

---

① 　参见董皞：《司法解释论》，中国政法大学出版社 2007 年版，第 211—212 页。

解释，有的没有规定由谁解释，有些涉及部门主管和专业性较强的法规则明确授权由部门解释；如果是部门制定报国务院批准颁布的法规，大多规定由制定部门解释。凡是没有明确授权部门解释的行政法规，都由国务院解释。对法律的解释是对不属于审判和检察工作中的其他法律如何具体应用的问题，由国务院及主管部门进行解释。对地方性法规的解释是对凡属于地方性法规如何具体应用的问题，由省、自治区、直辖市人民政府主管部门解释。

（3）独立解释与联合解释

行政解释按照做出的主体数量不同，可以分为行政机关的独立解释和行政机关的联合解释。行政机关就有关问题单独做出的解释是行政机关的独立解释；两个以上不同的行政机关就有关问题共同做出的解释是行政机关的联合解释。例如，公安部 1987 年 3 月发布《公安机关办理刑事案件程序规定》就是单独解释。1998 年 6 月 8 日国家旅游局、外交部、公安部、海关总署共同制定《中俄边境旅游暂行管理实施细则》；1999 年 4 月 5 日，国家文物局、财政部、公安部、海关总署、国家工商行政管理局联合发布关于印发《依法没收、追缴文物的移交办法》的通知，都是联合解释。这种分类方式是从主体的角度进行划分，对于后文研究行政解释对犯罪构成的影响具有一定意义。

（四）行政解释的性质

行政立法具有立法性质，同样，对行政立法的解释也具有一部分立法的意味。根据《行政诉讼法》的有关规定，人民法院在适用行政法规和规章时，分别采用"依据"和"参照"的适用方式。但是最高人民

法院在 2004 年 5 月 18 日印发的《关于审理行政案件适用法律规范问
题的座谈会纪要》（法〔2004〕96 号）（以下简称《会议纪要》）规定：
"……关于法律、行政法规和规章的解释的规定，全国人大常委会的
法律解释，国务院或者国务院授权的部门公布的行政法规解释作为人
民审理行政案件的法律依据，规章制定机关做出了与规章具有同等效
力的规章解释，人民法院审理行政案件时参照试用。"行政法规解释
是审理案件的依据，规章解释不是正式的法律渊源，对人民法院不具
有法律规范意义上的约束力。根据《会议纪要》的精神，人民法院审
理行政案件，如果经过审查后认为规章解释合法有效并合理适当的，
在认定被诉具体行政行为时应当承认其效力，并可以在裁判文书中引
用，这实际上承认了规章解释作为案件审查的基准。而作为审查基准
的规章解释，法院只能参照适用，但就已经参照适用的规章而言，发
挥了实质意义的规范性功能。对其他规范性文件也是一样的，法院也
可以援引，对被援引的其他规范性文件的行政解释，也有可能具有
"立法"性质。

（五）行政解释的效力

值得注意的是，由于行政解释的目标在于解释对象中所表现出的制
定者意志，解释应当尊重行政法规和行政规章的制定目的，按照其基本
精神阐明条文的含义，对不同的利益关系进行协调平衡，保证解释效果
与制定行政法规和规章以及其他规范性法律文件的目标一致，因而行政
解释不能脱离其解释对象而单独生效，其效力依附于行政法规、行政规
章或其他规范性法律文件的效力，如果被解释对象无效，则相应的行政

解释当然随之无效。[①] 行政机关对法律规范所做出的解释必须满足以下两个条件才能成为合法有效的行政解释：一是必须与其所解释的法律规范的有关具体规定之间不存在相抵触的问题；二是所解释的法律规范与其上位法之间亦不存在抵触的问题。[②]

二、行政解释对犯罪构成的规范效应

行政解释由于涉及生活中的各个领域，不可避免地会对刑法中可能涉及各领域的个罪产生影响，对具体罪名的犯罪构成要素具有影响。行政解释按照主体的数量可以分为行政机关的独立解释和行政机关的联合解释，二者具有相同的理论依据，对刑法犯罪构成都具有规范效应。

在独立解释类型中，以公安部为例经常独立发布不涉及案件审判和检察工作的解释。公安部作为刑事案件的侦查机关和国家行政管理机关，对于侦查和行政管理中的规定可以做出独立的行政解释。虽然这并不涉及案件的审判和检察工作，但是这种解释已经对于刑法的犯罪构成产生影响。例如，公安部 2000 年 3 月 17 日颁布的《公安部关于打击拐卖妇女儿童犯罪适用法律和政策有关问题的意见》第 2 条和第 3 条[③] 规

---

① 江必新、梁凤云：《行政诉讼法理论与实务》，北京大学出版社 2009 年版，第 1062 页。

② 邢长策：《行政解释的概念探究》，《法学杂志》2008 年第 3 期。

③ 《公安部关于打击拐卖妇女儿童犯罪适用法律和政策有关问题的意见》第 2 条规定：关于拐卖妇女、儿童犯罪：（一）要正确认定拐卖妇女、儿童罪。凡是拐卖妇女、儿童的，不论是哪个环节，只要是以出卖为目的，有拐骗、绑架、收买、贩卖、接送、中转妇女、儿童的行为之一的，均以拐卖妇女、儿童罪立案侦查。（二）在办理拐卖妇女、儿童案件中，不论拐卖人数多少，是否获利，只要实施拐卖妇女、儿童行为的，均应当以拐卖妇女、儿童罪立案侦查。

定了公安机关在处理拐卖妇女儿童犯罪时应当适用何种罪名进行侦查，

（三）明知是拐卖妇女、儿童的犯罪分子而事先通谋，为其拐卖行为提供资助或者其他便利条件的，应当以拐卖妇女、儿童罪的共犯立案侦查。（四）对拐卖过程中奸淫被拐卖妇女的；诱骗、强迫被拐卖的妇女卖淫或者将被拐卖的妇女卖给他人迫使其卖淫的；以出卖为目的使用暴力、胁迫、麻醉等方法绑架妇女、儿童的；以出卖为目的，偷盗婴幼儿的；造成被拐卖的妇女、儿童或者其亲属重伤、死亡或者其他严重后果的，均以拐卖妇女、儿童罪立案侦查。（五）教唆他人实施拐卖妇女、儿童犯罪的，以拐卖妇女、儿童罪的共犯立案侦查。向他人传授拐卖妇女、儿童的犯罪方法的，以传授犯罪方法罪立案侦查。明知是拐卖妇女、儿童的犯罪分子，而在其实施犯罪后为其提供隐藏处所、财物，帮助其逃匿或者作假证明包庇的，以窝藏、包庇罪立案侦查。（六）出卖亲生子女的，由公安机关依法没收非法所得，并处以罚款；以营利为目的，出卖不满十四周岁子女，情节恶劣的，以拐卖儿童罪立案侦查。（七）出卖十四周岁以上女性亲属或者其他不满十四周岁亲属的，以拐卖妇女、儿童罪立案侦查。（八）借收养名义拐卖儿童的，出卖捡拾的儿童的，均以拐卖儿童罪立案侦查。（九）以勒索财物为目的，偷盗婴幼儿的，以绑架罪立案侦查。（十）犯组织他人偷越国（边）境罪，对被组织的妇女、儿童有拐卖犯罪行为的，以组织他人偷越国（边）境和拐卖妇女、儿童罪立案侦查。（十一）非以出卖为目的，拐骗不满十四周岁的未成年人脱离家庭或者监护人的，以拐骗儿童罪立案侦查。（十二）教唆被拐卖、拐骗、收买的未成年人实施盗窃、诈骗等犯罪行为的，应当以盗窃罪、诈骗罪等犯罪的共犯立案侦查。第3条规定：关于收买被拐卖的妇女、儿童犯罪：（一）收买被拐卖的妇女、儿童的，以收买被拐卖的妇女、儿童罪立案侦查。（二）收买被拐卖的妇女、儿童，并有下列犯罪行为的，同时以收买被拐卖的妇女、儿童罪和下列罪名立案侦查：1.违背被拐卖妇女的意志，强行与其发生性关系的，以强奸罪立案侦查。2.明知收买的妇女是精神病患者（间歇性精神病患者在发病期间）或者痴呆者（程度严重的）而与其发生性关系的，以强奸罪立案侦查。3.与收买的不满十四周岁的幼女发生性关系的，不论被害人是否同意，均以奸淫幼女罪立案侦查。4.非法剥夺、限制被拐卖的妇女、儿童人身自由的，或者对其实施伤害、侮辱、猥亵等犯罪行为的，以非法拘禁罪，或者伤害罪、侮辱罪、强制猥亵妇女罪、猥亵儿童罪等犯罪立案侦查。5.明知被拐卖的妇女是现役军人的妻子而与之同居或者结婚的，以破坏军婚罪立案侦查。（三）收买被拐卖的妇女、儿童后又出卖的，以拐卖妇女、儿童罪立案侦查。（四）凡是帮助买主实施强奸、伤害、非法拘禁被拐卖的妇女、儿童等犯罪行为的，应当分别以强奸罪、伤害罪、非法拘禁罪等犯罪的共犯立案侦查。

事实上已经对具体的犯罪行为给予了初步罪名认定。况且按照涉嫌的罪名进行侦查，也必然按照该罪名的相关证据进行采集，不同罪名的证据采集重点也不同，因而公安部的这种解释对刑法的定罪产生了影响。例如，1998 年 11 月 25 日公安部发布的《关于对破坏互联网的微型计算机信息系统是否适用〈刑法〉第二百八十六条的请示的批复》（公复字〔1998〕7 号）中规定："《刑法》第二百八十六条中的'违反国家规定'是指包括《中华人民共和国计算机信息系统安全保护条例》在内的有关行政法规、部门规章的规定。"公安部做出的行政解释关于"国家规定"的范畴其实与《刑法》第 96 条内容产生冲突。但是实践领域中公安机关也将行政解释作为遵守的工作守则，将其与法律视为同等地位。由此可见，行政解释对刑法的实施以及犯罪构成会产生影响。

在联合解释中，多个行政主体就涉及各自管辖范围内的事项，联合做出行政解释对刑法具有影响。行政解释原则上只能对行政工作中涉及具体应用行政法规问题做出解释，但是由于多机关联合，使行政机关与司法机关联合，很大程度上对刑法的应用产生影响。例如 1995 年 8 月 1 日最高人民检察院、最高人民法院、公安部、国家税务总局、中国人民银行、海关总署颁布的《关于在严厉打击骗取出口退税犯罪活动中加强协作的通知》。联合发布的非正式的刑法解释文件也成为实践中非常常见的形式，行政机关连同司法机关共同参与座谈会纪要、意见等文件的联合发布，虽然这些会议纪要和意见并不是正式的法律法规或者解

（五）收买被拐卖的妇女、儿童，按照被买妇女的意愿，不阻碍其返回原居住地的，对被买儿童没有虐待行为，不阻碍对其进行解救的，可以不追究刑事责任。

释，但是对刑法的实施具有指导作用。例如，中共中央组织部、公安部、人事部联合发布的《关于〈加强国家工作人员因私事出国（境）管理的暂行规定〉的通知》对国家机关工作人员① 作出了界定，这对确定国家机关工作人员是否构成犯罪，尤其对确定犯罪主体具有重要的作用，因而联合解释亦对于刑法中的犯罪构成亦具有规范作用。

三、行政解释的规范效应之评析

联合解释可以划分为行政机关之间的联合解释和行政机关与司法机关的联合解释。在实践中，行政机关与司法机关做出的联合解释更为常见，而且行政机关作为潜在的解释者，通过司法解释对刑法的犯罪构成影响更为巨大，因而以下以行政机关的独立解释和司法机关联合行政机关的司法解释作为研究对象。

（一）行政机关独立解释之评述

由于国务院各部委、直属机构和办事机构众多，以实践中最常见的公安机关为例，对其以独立身份做出的行政解释对刑法产生规范效应的合理性进行论证。一方面，公安机关作为行政机关，行使治安行政管理职能，依照法律享有对不涉及审判和检察方面的法律进行行政解释的权力，因而不必参与到最高司法机关的刑法解释中。另一方面，由于公安机关具有行政和侦查双重职能，公安部在刑事诉讼中存在对检察机关、

① 本规定所称国家工作人员，是指国家公务员以及参照、依照公务员管理的国家工作人员。国有公司、企业中从事公务的人员和国家机关、国有公司、企业、事业单位委派到非国有企业单位、社会团体从事公务的人员，以国家工作人员论。

审判机关职权范围以外的问题进行解释的需要。有些问题很显然不属于检察机关和审判机关的职权内容，如公安机关在立案侦查阶段工作中的一些问题，按照"谁主管谁解释的原则"，这些领域就成为公安部的专属解释范围。例如，公安部 1987 年 3 月发布的《公安机关办理刑事案件程序规定》、1979 年 12 月 28 日公安部发布的《关于管制、拘役、缓刑、假释、监外执行、监视居住的具体执行办法的通知》等。虽然这类解释不多，涉及的领域仅限于立案、侦查和强制措施等，但是公安机关的解释权具有一定的正当性。这是由处理事项或者解释对象的特殊性所决定的，公安机关的这些解释不能等同于一般意义上的行政解释，实际上它具有刑事司法解释的特性。正如有的学者指出："行政解释与司法解释的区别不仅取决于解释主体，也取决于解释所涉及的内容。"[①] 也就是说，如果公安部就治安行政管理中具体应用问题作出解释，该解释是以国家行政机关的身份而做出的行政解释；如果就刑事诉讼中具体应用法律问题做出解释，则是以国家司法职能部门的身份而做出的司法解释。

然而，在审判实践中，往往不愿援引行政解释。人民法院是刑事诉讼中具有最终裁决权的审判机关，对刑法解释如何应用有权进行选择。一般来讲，审判机关似乎更愿意运用最高人民法院、最高人民检察院出台的司法解释，而对于行政机关的行政解释，在裁判文书中一般不会加以引用，最多也就仅仅是将其作为一种隐蔽的理由予以采纳。这样使得

---

① 刘之雄：《公安机关的司法解释权应当得到法学理论的认同》，《中国人民公安大学学报》2000 年第 4 期。

公安部的有些解释似乎成为多余，具有最后决定权或者最后程序的解释必然优于先前阶段的解释，即刑事司法解释优于行政机关对刑法所做的解释。由于人民法院的应用率低，作为前一阶段的公安机关最后也会因为避讳办理冤假错案的嫌疑而渐渐也不予应用，这势必会造成大量司法资源的浪费。

但是，在现行解释制度体制下，公安机关做出独立解释具有一定的合理性。主要有以下几个方面的理由：①

首先，由于行政执法领域的广泛性，行政机关在行政执法过程中对相关领域的行政法规做出的解释，属于行政职权范围。而刑法同社会生活的各个方面息息相关，调控其他社会关系的规范体系同刑法之间也容易产生千丝万缕的关系，其他部门的解释，尤其是行政解释虽然绝大部分并非直接针对刑法而做出，但由于刑法中的诸多规范要素与行政法规范相关，属于行政法规范体系所要调控的范围，甚至本身就直接来源于行政法中的附属刑法规范。因此，行政解释可能通过某种方式转化成为刑法解释的内容，或者成为司法人员在定罪量刑时应当考虑的参考因素，发挥间接的权力影响。例如，《刑法》第415条规定的办理偷越国边境人员出入境证件罪，其中涉及出境入境管理法规中的"其他出入境证件"的界定是该罪成立的关键要素之一，而对该证件范围的解释使得行政解释理所当然地成为刑法解释的潜在影响者。之所以称为行政机关为刑法的间接解释者，也正是因为行政机关是通过解释行政规范最终实

---

① 参见林维：《刑法解释中的行政解释因素研究》，《中国法学》2006年第5期。

现了对刑法的解释，而并非直接、独立地解释刑法，也不是同其他有权机关联合解释刑法规范。

其次，公安机关承担着最初的案件筛选责任和案件判决后的一部分执行责任。在案件筛选责任中，公安部门事实上是在刑事诉讼中先于检察机关和审判机关面对审判中可能出现的问题。也就是相当一部分解释涉及的问题早在侦查阶段就已经出现，而不是等到提起公诉或者审判时才发生争论。虽然大多数人认为侦查阶段的问题，尤其有关涉嫌是否犯罪的问题最终仍然可以归结为检察工作和审判工作中的具体应用问题，通过检察机关或者审判机关审理后做出判断。但是公安机关绝不能一味地等待检察机关或者审判机关做出答复或解释。因为，一方面是其专业性知识可能并非检察机关和审判机关所具备；另一方面这明显属于公安机关的职责，在侦查阶段的权力行使与检察机关和审判机关无关。例如，关于立案标准或者强制措施执行中的问题，不能把公安机关的问题推给最高人民法院和最高人民检察院处理。另外考虑到司法资源成本问题，在先前阶段做出当即判断远比经过多阶段多机关处理后再做出判断的司法成本小得多。

再次，由于刑事诉讼中审判权的被动性，在相互监督的分权体制下，人民法院也不可能直接回答公安部门的请示，否则就更容易被人误解为公安机关、检察机关、审判机关联合进行对犯罪的打击，影响审判的中立性。因而在现行解释体制下，公安部门应该进行独立解释。另外在实践中，每一解释主体对解释需求的观点也有所不同，最高司法机构未必能够同公安部门保持解释需求上的一致性，也未必能够满足公安部门的联合解释请求，也未必能做出跟公安机关专业程度相当的专业性解释。① 因此，公安部应当独立做出解释。

（二）行政机关联合解释之评述

行政机关参与司法机关做出的司法解释，以参加者的身份联合做出司法解释的情况在实践中并不少见，行政机关也是通过这种解释形式对刑法的犯罪构成产生影响，而且影响范围广、力度大。对于联合解释这种形式，我国法律上并没有明确予以认可，只有在最高人民检察院《司法解释工作暂行规定》（1996 年发布、2005 年废止）第 16 条中规定："最高人民检察院在必要时，可以商请最高人民法院等部门联合发布司法解释。"行政机关属于"等部门"，对其联合解释应予肯定，但是行政机关并非仅仅和最高人民检察院做出联合解释，也同最高人民法院做出联合解释，或者联合二者一同做出解释。在联合解释中，由于不同机关的联合，行政机关对刑法的解释自然地为司法机关所直接遵循。虽然这一效果并不能成为证明行政机关对刑法的解释当然具有约束司法机关效力的事实。因为对于不同司法机关而言，它所遵循的仍然是自身主管机关的解释结论，解释权的联合不过是各方的解释结论在权力形式上的一致或者混同，但这一影响却是显性的、直接的。同作为刑法的独立解释者不同，行政机关独立对刑法所做解释的效力的应然性虽然有待探讨，但是它毕竟属于对刑事诉讼的刑法问题所做的直接解释，因而对刑法适用必然产生一定影响。②

---

① 如公安部对枪支、毒品、计算机网络入侵等做出的专业性解释。

② 参见林维：《刑法解释中的行政解释因素研究》，《中国法学》2006 年第 5 期。

如前所述，应当肯定行政解释的合理性，但行政解释的范围仅限于"不属于审判和检察工作中的其他法律、法令如何具体应用的问题"。也就是说，只要涉及审判和检察的工作，就没有行政解释的余地。从司法独立的理念来看，理论上行政机关没有参与到审判和检察工作当中的权限，而且也没有参与其中的理论依据，这种观点似乎很有道理。但是需要明确的是，《刑法》中的很多罪名涉及生活中的税收、医疗、卫生、食品、劳动、土地、矿藏、社会保障等社会的各个领域，而国务院下属的各部委、直属机构、国家局等行政部门又缺乏对法律规定的统一认识，同时刑事诉讼程序具有阶段性和连续性的特征，某一问题可能在不同阶段都与某一行政机关有联系，因此有必要与最高人民法院、最高人民检察院联合做出解释。实际上，这种联合解释意味着解释权分散背景下司法权的相互配合以及司法权与行政权的相互协调。

在刑事诉讼中，人民法院、人民检察院、公安机关各司其职又相互牵制，但是拥有刑事诉讼启动权的公安机关和承担一定筛选职责的检察机关的解释结论不具有最终裁决意义。原则上，各个机关做出的解释仅在其内部具有约束力，但在实践中各主体又是往往自觉地尊重对方的解释要求，无形中产生了一种外部的效力。例如，人民法院在审判中享有最终裁判权，但是如果行政机关、检察机关知道最高人民法院对某一法律条文的解释意见与自己的处理结果矛盾，为避免"败诉"，最明智的做法就是自觉尊重人民法院的司法解释[①]。而人民法院也可能即使默认

---

① 林维：《刑法解释中的行政解释因素研究》，《中国法学》2006 年第 5 期。

行政机关、检察机关的解释，但是是否在判决中予以援引，是否作为判案的依据就属于法院的自由裁量权。比如关于刑法中到底有多少罪名曾经产生过争执，最高人民法院和最高人民检察院出台的司法解释不同，而双方各执己见。但是针对双方争执的焦点，在实践中双方都以刻意回避的方法面对。

按照国务院的有关规定，国务院享有行政法律、法规的解释权，同时按照宪法的有关规定，国务院作为国家最高行政机关，由国务院而非各部委同最高人民法院、最高人民检察院联合发布解释似乎更为合适。但是由于行政法规条文本身需要明确界限的问题同行政法规的具体应用问题很难区分，国务院也不愿意就某一行政法条文的范围进行明确，而更愿意在同意或者原则同意的基础上，转发其中某一部委的意见。

有些部委涉及的专业性较强，如由国务院法制办公室进行解释，其是否具备专业能力暂且不论，国务院下属众多部委和直属机构、国家局，其工作量是可想而知的。所以现实的情况迫使不同的利益主体走到一起，联合发布解释。国务院有关部委同司法机关的联合解释历来都受利益相关性因素的支配，也是希望借助司法权推行其行政管理权，此外别无他图。因此这一做法并不是、也不需要法律的明文规定，而是极为现实的一种做法。况且，法律也未明文加以禁止。因此，联合发布解释形式并没有形成一种独立的形式，仍然是分别讨论通过，并且各自使用相应文号，最后在统一的时间颁布而已。①

---

① 林维：《刑法解释中的行政解释因素研究》，《中国法学》2006 年第 5 期。

　　另外，由于最高人民检察院和最高人民法院之间是监督关系，双方行使独立的检察权和审判权。但是不可避免的是二者之间在刑事诉讼中是前后相接的关系，所以这些复杂的关系错综在一起，如果行政机关再加入其中，可能其中的关系会变得更微妙。例如，1998 年 3 月 17 日最高人民法院发布《关于审理盗窃案件具体应用法律若干问题的解释》规定，但在同年 3 月 26 日，最高人民法院、最高人民检察院、公安部又联合发布《关于盗窃罪数额认定标准问题的规定》，在盗窃数额上作了与最高人民法院 3 月 17 日司法解释相同的规定。其实这是一种重复性解释，虽然最高人民法院已经先做出了一部解释，但是由于缺少其他国家机关的配合，最高人民法院的工作是难以开展。如果用最高人民法院、最高人民检察院相对独立的理论来解释尚且可以理解的话，那么为何公安部对于最高人民法院的这一解释并没有采取自觉主动的尊重？而更奇怪的是，刚刚是最高人民法院一周之前发布的司法解释，最高人民法院就同一问题同一解释标准与其他机关又做出同样的解释，最高人民法院也可能认识到自己所做的司法解释未必能在其他机构中得到自动的执行，因而也不得不同这些机构联合，以便使该解释取得实际效力。虽然在相互制约、相互监督的背景下，最高人民法院未能建立其法律解释的权威性和最终性地位，由此产生了刑法解释体制内不同解释权力的分散及内部性造成的资源浪费。但是恰恰从另外一个侧面说明，不同的国家机关之间需要良好的配合才能保证国家司法制度的有效运行，而这其中的行政机关或许承担了重要作用，所以行政机关与司法机关的联合解释是为了顺应社会的需要而应运而生。

第四节　抽象行政行为规范效应的完善

由于行政法律规范变化频繁，而刑法追求的是相对稳定性，所以在刑法援引行政法律规范时会出现行政法律规范已经变化，而刑法已经与之脱节，却仍然按照原有的传统继续实施。从我国《刑法》分则空白罪状条文来看，"违反规定""违反……管理规定""违反规章制度"等规定，确实存在过于概括、笼统之嫌。因此，立法者有必要在为空白罪状指明必须参照的相关规范的同时，应当尽量将"违反……规定"的范围予以明确和具体。同时，《刑法》中有的条文只是指出具体犯罪构成行为要件的确定应当予以参照的相关规范，而对具体犯罪构成行为要件未作表述，因此其明确性完全依赖于被参照的相关法规。既然被参照的相关规范已经被委托填补具体犯罪构成行为要件的具体内容，那么其应在遵循明确性原则的前提下，明确具体地规定哪些内容可以成为犯罪构成行为要件的组成部分，否则就违反了犯罪构成要件明确性原则。而行政法规范的变化，也会导致明确性的动摇，某种程度上说是对刑法罪刑法定原则的违反。行政解释的不适当、越权，抑或行政机关联合司法机关做出的联合解释，使行政权向司法权蔓延，对刑法的犯罪构成产生负面影响。因而有必要采取有效的完善措施。

一、明确法律规定

立法明确才能杜绝执行模糊。不同的概念界定不同，因而在法律中所能够产生的影响亦不同。刑法作为其他法律的保障法，是社会的最后法，只有对于严重违反宪法、其他法律法规的行为，刑法才予以干预。从这个角度看，刑法具有其他法律所不具有的强制性和严厉性，因而刑法典中的每一个概念和词组都应当予以明确和限定。否则就可能造成刑罚的滥用和惩罚的扩大化。尤其法律作为人们遵守的法则，一旦违反可能就受到制裁，不能存在模糊的地带。虽然立法者在立法时，都是本部门的专家，但是不应当把关注的焦点仅放在一部部门法中，在涉及其他部门法时，应当深入探讨和研究如何实现与其他部门法的有效对接。而不能一概将理由推脱给立法技术的原因，于是造成在《刑法》中多处存在概括性的"违反有关规定"，在行政法规中多习惯性加上一句"构成犯罪的，依法追究刑事责任"的立法现状。这两句表述似乎成了"稻草人"条款，只是用来作一个兜底性规定而已，而这背后的意义是否有人深刻思考过。

二、加强法律梳理

经常梳理法律的目的在于及时消除、修改相互重叠和矛盾的部分。这既包括消除或者修改其他包含附属刑法规范的行政法规范中的条款，也包括《刑法》条款本身做出的调整。我国已经出台多部刑法修正案，其中大多数修正内容都涉及法定犯的内容。但是在《刑法》做出修正之后，如果其与行政法规之间的关系不协调，可能导致援引出现脱节。对此，应当打破行政法与刑法之间的部门壁垒，加强沟通，在涉及两个部门法关联与衔接时，能够从整体上考虑问题。对于交叉领域的问题，多做调研和研究。尤其在行政法规范已经做出变化的时候，及时通知刑法立法、司法部门，以便刑法部门做出解释、修正等相应的措施，同时针对刑法做出的修正内容，相关立法机关也能及时调整与之有关的行政法律规范。

三、规范行政行为

制定出较为合理、完善的法律还不能解决所有的问题。因为法律条文本身并不能调节社会关系，只有通过法律的适用才能使法律发挥其作用，达到预期的效果和目的。而对于抽象行政行为的适用，相当一部分是由行政机关在行政管理过程中完成的。因此，若要完善抽象行政行为的规范效应，对行政行为规制的健全不可小视。这就要求行政机关在适用行政法律规范时要以其规定为准绳，严格按照立法原意和立法精神来适用。同时，通过在实践中对行政法律规范的适用，可以发现存在的问题以及行政法律规范本身的缺陷和不足，这可以同时对行政法律规范的完善起到一定的促进作用。同时完善的抽象行政行为法律规范对刑法产生规范效应时，才能更明确、具体、积极、正向。

四、完善司法审查

只有制定良好的法律才能发挥好的规范效应。因此，若要完善抽象行政行为的规范效应，必须不断完善抽象行政行为的法律规范。立法者不是万能的，他们制定的法律规范不可能十全十美、没有缺陷。而且，随着社会的发展，新的问题层出不穷，立法难免会落后于实践问题。这就要求加强对抽象行政行为中法律规范的监督和完善。通过司法审查可以及时发现抽象行政行为中存在的现实问题，了解社会发展的动态和需要，从而为立法者修改或者重新制定行政法律规范提供素材，以完善抽象行政行为对刑法的规范效应。

第四章　具体行政行为对刑法的规范效应

　　具体行政行为是与抽象行政行为相对应的概念，二者是学理上的一种分类形式。一般来说具体行政行为的范围广泛，行政主体所做的行政行为大多数都属于具体行政行为。对于具体行政行为的范围，虽然学者都持有不同的观点，但是总体来说至少可以包括行政处罚、行政许可、行政征收、行政强制等行为。不同种类的具体行政行为对刑法犯罪构成起着不同的作用。因此，本章主要针对具体行政行为对犯罪构成和阻却犯罪成立的规范效应进行分析研究。

第一节　具体行政行为的历史演变与概念定位

　　行政行为概念是行政法理论体系中最基础和重要的核心概念之一。行政行为的概念形成于 19 世纪后期的法国、德国等大陆法系国家的行政法学。我国的行政行为概念最初是指国家行政机关实施行政管理活动的总称。① 这与日本、韩国等受到大陆法系深入影响的国家和地区相比具有很大的不同，在这些国家和地区的行政诉讼法等法律中，创设了以行政行为概念为基础的行政处分概念，行政行为只是学术上的概念。

在我国，依据 1989 年《行政诉讼法》和 1999 年 4 月制定的《中华人民共和国行政复议法》（以下简称《行政复议法》）的规定，具体行政行为是行政行为的下位概念。1989 年《行政诉讼法》第 2 条规定："公民、法人或者其他组织认为行政机关和行政机关工作人员的具体行政行为侵犯其合法权益，有权依照本法向人民法院提起诉讼。"对于具体行政行为的概念，1991 年 6 月 11 日最高人民法院发布的《关于贯彻执行〈中华人民共和国行政诉讼法〉若干问题的意见》中做出了具体的解释："具体行政行为是指国家行政机关和行政机关工作人员、法律法规授权的组织、行政机关委托的组织或者个人在行政管理活动中行使行政职权，针对特定的公民、法人或者其他组织，就特定的具体事项，作出的有关该公民、法人或者其他组织权利义务的单方行为。"对此，学界提出很多批评意见。于是最高人民法院在 2000 年 3 月施行的《关于执行〈中华人民共和国行政诉讼法〉若干问题的解释》（以下简称《若干解释》）第 1 条的规定中放弃了解释具体行政行为的做法，通过直接列举行政诉讼受案范围的方式来确定行政行为的外延。后来 2014 年《行政诉讼法》修改时，将"具体行政行为"修改为"行政行为"。1989 年

---

① 王珉灿:《行政法概要》，法律出版社 1993 年版，第 97 页。

《行政诉讼法》明确规定只有"具体行政行为"具有可诉性，"抽象行政行为"则不具有可诉性。但新《行政诉讼法》所作这一改变透露出来的立法意向无疑将影响和引导法官的受案倾向：尽量减缩排除范围，扩大受理范围，解决立案难问题。[①] 行政行为仅在形式上统领法典，诉讼制度仍主要以具体行政行为为基础构建。[②] 因而这种修改只是立法者一种立法技巧的体现，并不代表两个概念可以混同，也不代表在任何语境行政行为就等同于具体行政行为，更不代表行政行为可以完全取代具体行政行为。[③] 本书中对于具体行政行为概念作出如下定义，具体行政行为是指行政主体依法行使公权力，针对具体事项或事实所做出的对外产生法律效果的单方法律行为，以及其他相当于行使公权力的行为。

我国现行行政诉讼制度采用的具体行政行为和行政行为概念与传统的行政行为概念相比产生了重大变化。但是根据学理上对行政行为的研究和研究体系的需要，本书仍然将行政行为作为抽象行政行为与具体行政行为的上位概念使用。

[①] 参见姜明安：《论新〈行政诉讼法〉的若干制度创新》，《行政法学研究》2015年第4期；童卫东：《进步与妥协：〈行政诉讼法〉修改回顾》，《行政法学研究》2015年第4期。

[②] 王万华：《新行政诉讼法中"行政行为"辨析——兼论我国应加快制定行政程序法》，《国家检察官学院学报》2015年第4期。

[③] 李哲范：《中国行政訴訟法における「具体的行政行为」の概念（二・完）》，《法学論叢》2002年第6期。

第二节　具体行政行为规范效应的理论基础

具体行政行为可以对刑法产生规范效应，既可以影响犯罪构成要件的成立，也可以影响量刑的轻重，还可以影响缓刑的适用。由于具体行政行为的形式多样性，因而不同的具体行政行为对犯罪构成的影响形式也很多样。针对不同的规范效应形式分析背后的理论支撑，总结起来具体行政行为对犯罪构成的规范效应理论依据一般体现为如下理论：

一、法律特性理论

首先，行政行为作为犯罪构成要件要素是由行政法和刑法的不同性质所决定的。与 19 世纪末以前自由资本主义国家所奉行的机械法治主义原理不同，在现代法治国家基于福利国家和社会国家等理念，政府不得不积极地干预市场，其在社会经济生活中的管理职能不断增加。可以说，作为行政权的一种表现形式，具有较强的赋课义务的特征，比如行政命令、行政处罚等行政行为。这对于行政主体及时、有效地处理不断增加的行政管理事务，适应瞬息万变的社会发展，具有极其重要的意义。从这个意义上看，行政行为是现代国家实行行政管理的重要手段和方式之一。但是，即使是具有强制性、制裁性的行政行为，也只能对一般违法行为实施行政法的管理，而对严重的违法行为，应该由刑法来进行调整。因为只有具有强大强制力的刑法才能真正起到保护法益的功能。惩罚性是刑罚的固有属性，它是最严厉的惩罚方法。它不仅可以剥夺犯罪人的特定财产、权利，而且还可以剥夺犯罪人的自由，在有些国家甚至还可以剥夺犯罪人的生命。同时，刑法具有对其他部门法的保障性作用。这种保障特性主要表现在两个方面：一是刑法作为整个法律规范体系有效性的最后保障而存在，即其他部门法最终要依靠刑法维持其效力；二是只有当各部门法不足以制止某种危害社会的行为时，刑法才会挺身而出，才涉及刑法的适用。因而，在行为人的行为超出行政法的规范范围，延伸到刑法的制裁范围时，就应该应当发挥刑法的惩罚作用。

其次，如前所述，空白罪状理论为具体行政行为影响刑法的犯罪构成提供了理论支撑。空白罪状理论在刑法典中主要体现在行政经济法规与刑法的重叠领域。由于刑法中经济类犯罪与行政类犯罪的不同性质，空白罪状理论为适应产业发展和财经等经济秩序的变化需要，试图保证刑法的相对稳定性。根据刑法的"罪刑法定"原则，空白罪状以成文刑法为载体，而刑事规范具有相当的弹性空间，面向认知具有无限种可能。因此，问题便转化为，"有必要理解构成要件中对构成要件要素进行补充的意义"，即"构成要件的确定问题"。[1]

大陆法系国家司法过程中并不存在对法律规范的权威性解释，所有法律条文的理解、所有案件的适法性审查，均有待法官独立完成。但是，按照哲学解释学的观点，"理解并不是一种复制的过程，而总是一种创造的过程……完全可以说，只要人在理解，那么总是会产生不同理解。"[2] 既然存在对法律规范的理解，就自然产生在理解时所参照的标

---

[1] [日] 大塚仁：《犯罪论的基本问题》，冯军译，中国政法大学出版社1993年版，第57页。

[2] [德] 汉斯-格奥尔格·伽达默尔：《哲学解释学》，夏镇平、宋建平译，上海译文出版社2004年版，第17页。

准或依据问题；而作为被理解的对象即规范本身，便当然不可能作为解释自体的依据，必须引入规范之外的因素才可能对规范进行"理解"。①事实上，对任何刑法条文的理解都是在条文之外进行的。也就是说，基于刑法的稳定性，立法者从立法技术上设定概括性的条款，通过行政确认或者行政命令等具体的行政行为，事先对具体行为给予初步的认定，通过行政机关认定后的行为，将其作为犯罪的构成要件之一。当法院适用由具体行政行为补充完成的构成要件要素来确定是否构成犯罪更能体现"罪刑法定原则"，同时也符合我国《刑法》的目的。

二、犯罪阻却事由理论

犯罪阻却事由是指某一行为虽然在客观上具备刑法对某一犯罪规定的行为形式，但是由于其行为本身本质上有利于社会，从而不具有社会危害性，或者由于行为人缺乏主观罪过，从而不具有主观危险性，因此刑法明确规定该行为不构成犯罪的情形。②犯罪阻却事由一般包括责任阻却事由和违法性阻却事由。责任阻却事由是指排除符合客观构成要件的行为的有责性的事由，一般包括缺乏责任能力、缺乏违法性认识的可能性与缺乏期待可能性等。违法性阻却事由是大陆法系中的一个重要概念，来源于责任阻却理论③。它是指排除符合构成要件行为的违法性事由。④

---

① 参见冯亚东、胡东飞：《犯罪构成模型论》，《法学研究》2004 年第 1 期。
② 刘宪权主编：《刑法学》（第四版），上海人民出版社 2016 年版，第 172 页。
③ 韩忠谟：《刑法原理》，北京大学出版社 2009 年版，第 106 页。
④ 张明楷：《刑法学》第 3 版，法律出版社 2007 年版，第 172 页。

违法性阻却事由是大陆法系构成要件该当性、违法性、有责性这一递进式犯罪构成体系演绎的结果。[①] 一般情况下，该当性要件的行为就被推定为具有违法性，但是推翻这个规定而阻断违法性的事由，就是违法性阻却事由。违法性阻却行为虽然具备构成要件的该当性，但是由于不具有违法性，因而不认为是犯罪，也在理论上理解为消极的构成要素。[②] 根据大陆法系国家违法性阻却事由理论，一个行为要构成犯罪需要从正反两方面作出评价。从正面看，客观上与构成要件相符合的行为，都被认为具有构成要件符合性。原则上，符合要件的行为就具有违法性，但也存在例外，在具有特别理由和根据的情况下，也可能否认符合构成要件行为的违法性，这便是违法性阻却事由，又称排除犯罪的事由。这是从反面否认行为构成犯罪。例如，故意杀人与正当防卫致人死亡，从结果上都造成了他人的死亡，但因正当防卫有益于社会，而没有社会危害性，故阻却其刑事违法性的成立。[③]

根据违法性阻却事由是否具有刑法明文规定，可以将违法性阻却事由区分为法定的违法性阻却事由与超法规的违法性阻却事由。

法定的违法性阻却事由是指刑法所明文规定的违法性阻却事由。其中，在紧急情况下为保护自己或者第三者的法益而侵害他人法益之正当

[①]　陈兴良：《本体刑法学》（第二版），中国人民大学出版社 2011 年版，第 237 页。

[②]　参见［日］福田平、大塚仁：《日本刑法总论要义》，李乔等译，辽宁人民出版社 1986 年版，第 86 页。

[③]　需要指出的是，我国目前的《刑法》中并没有明文使用"违法性阻却事由"一词，虽然也规定了与之类似的正当防卫与紧急避险等情况，但却没有规定正当防卫行为与职务行为免责，使得诸如警察依职务击毙歹徒等合法行为没有刑法上的依据。

化事由是法定的紧急违法性阻却事由，例如我国《刑法》中规定的正当防卫行为和紧急避险行为。通常事态下受到允许的正当化事由是法定的常态违法性阻却事由，如业务上正当行为和依法令行为等。[①]

超法规的违法性阻却事由是指没有刑法明文规定的违法性阻却事由，而是从法秩序的精神引申出来的排除事由。即行为纵令该当构成要件而且并不符合刑法上明文所规定的违法性阻却事由，若符合整体法秩序，亦可否定违法性之事由。超法规的阻却事由在刑法上并无明文规定，因而阻却的事由实质违法。超法规阻却事由是建立在法秩序统一的原则之上。例如职务行为，虽然在刑法中没有明文规定，但是在行政法或者其他法律中被确认其正当性，因而刑法中应当承认其正当性。[②]我国刑法中只规定了正当防卫和紧急避险两种犯罪排除事由，没有规定其他的超法规排除事由，但是其实在事实上还存在其他的公认形式，如法令行为、正当业务行为、被害人承诺、自救行为、自损行为等。[③]

以行政许可为例，按照德国的通说，行政许可能够阻却犯罪构成要件的符合性，也可以阻却违法性。如果缺乏行政许可是构成要件要素，那么取得行政许可就阻却构成要件符合性，如果缺乏行政许可是一种专门的违法性要素，那么取得行政许可就构成违法性阻却事由。[④]

---

① 参见张明楷：《刑法学》第 3 版，法律出版社 2007 年版，第 171—174 页。

② 参见李海东：《刑法原理入门（犯罪论基础）》，法律出版社 1998 年版，第 77 页，转引自陈兴良：《本体刑法学》(第二版)，中国人民大学出版社 2011 年版，第 246 页。

③ 参见张明楷：《刑法学》第 3 版，法律出版社 2007 年版，第 174 页。

④ 参见张明楷：《行政违反加重犯初探》，《中国法学》2007 年第 6 期。

第三节 行政处罚对犯罪构成的规范效应

因为刑法和行政法同属于公法性质，而刑法具有最后保障功能，使得刑事责任的追究在一定程度上可以吸收行政责任，这使行政处罚作为构成犯罪的前提条件成为可能。

一、行政处罚对犯罪构成的规范效应形式

行政处罚是行政主体为达到对违法者予以惩戒，促使其以后不再犯，有效实施行政管理，维护公共利益和社会秩序，保护公民、法人、其他组织的合法权益的目的，依法对行政相对人违反行政法规范尚未构成犯罪的行为，给予人身、财产、名誉及其他形式法律制裁的行政行为。对于实施行政处罚的主体来说，行政处罚是制裁性的行政行为，是实施行政管理职能的重要手段之一；对于受到制裁的行政相对人来说，则是其承担行政法律责任的一个重要方式。行政处罚与刑罚具有一定的相似性，行政处罚在刑法中多处提及，具有影响犯罪成立或者量刑、缓刑等作用。行政处罚对我国刑法的规范效应主要体现在以下几个方面：

（一）行政处罚影响罪与非罪的作用

行政处罚可以影响犯罪的成立与否。例如，《刑法》第290条的聚众扰乱社会秩序罪中规定："聚众扰乱社会秩序，情节严重，致使工作、生产、营业和教学、科研、医疗无法进行，造成严重损失的，对首要分子，处三年以上七年以下有期徒刑……多次扰乱国家机关工作秩序，经行政处罚后仍不改正，造成严重后果的，处三年以下有期徒刑、拘役或

者管制……"此条中行政处罚作为构成犯罪的前提条件。如果没有经过前置的行政处罚，那么可能并不构成该罪。

（二）行政处罚影响量刑轻重

行政处罚可以作为情节轻重的标准影响量刑。曾经受过行政处罚又实施不法行为的，说明行政制裁对行为人的无效性，反映了行为人的主观恶性，将受过行政处罚作为再次行为构成犯罪时量刑的酌定从重处罚情节。[①] 如：

《刑法》第 133 条之一是关于危险驾驶罪的规定，2013 年 12 月 18 日最高人民法院、最高人民检察院、公安部《关于办理醉酒驾驶机动车刑事案件适用法律若干问题的意见》中规定："醉酒驾驶机动车，曾因酒后驾驶机动车受过行政处罚或者刑事追究的，依照刑法第 133 条之一第 1 款的规定，从重处罚。"

2000 年 5 月 12 日最高人民法院《关于审理扰乱电信市场管理秩序案件具体应用法律若干问题的解释》中第 3 条："经营数额或者造成电信资费损失数额接近非法经营行为'情节严重'、'情节特别严重'的数额起点标准，并具有下列情形之一的，可以分别认定为非法经营行为'情节严重'、'情节特别严重'：（一）两年内因非法经营国际电信业务或者涉港澳台电信业务行为受过行政处罚两次以上的……"

2017 年 6 月 27 日最高人民法院、最高人民检察院《关于办理扰乱无线电通讯管理秩序等刑事案件适用法律若干问题的解释》第 2 条："违

---

① 施锐利：《刑法规范中的行政处罚》，《四川大学学报》（哲学社会科学版）2015 年第 1 期。

反国家规定，擅自设置、使用无线电台（站），或者擅自使用无线电频率，干扰无线电通讯秩序，具有下列情形之一的，应当认定为刑法第二百八十八条第一款规定的'情节严重'：（九）曾因扰乱无线电通讯管理秩序受过刑事处罚，或者二年内曾因扰乱无线电通讯管理秩序受过行政处罚，又实施刑法第二百八十八条规定的行为的。"

2002 年 9 月 17 日最高人民法院《关于审理骗取出口退税刑事案件具体应用法律若干问题的解释》第 4 条规定：具有下列情形之一的，属于刑法第二百零四条规定的"其他严重情节"：（二）因骗取国家出口退税行为受过行政处罚，2 年内又骗取国家出口退税款数额在 30 万元以上的……第五条：具有下列情形之一的，属于刑法第二百零四条规定的"其他特别严重情节"：（二）因骗取国家出口退税行为受过行政处罚，2 年内又骗取国家出口退税款数额在 150 万元以上的……

这些都是以行政处罚作为刑法的"情节严重"的构成标准。由此可见，虽然行政处罚不同于累犯的性质，但是在实践中，却与累犯的作用基本相似，产生了累犯的效果。

（三）行政处罚影响缓刑适用

缓刑一般都是对社会危害性不大，对犯罪分子不予收监关押，放在社会上进行改造的刑罚制度。例如，2007 年 4 月 5 日最高人民法院、最高人民检察院《关于办理侵犯知识产权刑事案件具体应用法律若干问题的解释（二）》第 3 条规定："侵犯知识产权犯罪，符合刑法规定的缓刑条件的，依法适用缓刑。有下列情形之一的，一般不适用缓刑：（一）因侵犯知识产权被刑事处罚或者行政处罚后，再次侵犯知识产权构成犯罪的……"2012 年 12 月 26 日最高人民法院、最高人民检察院《关于办理行贿刑事案件具体应用法律若干问题的解释》第十条规定："实施行贿犯罪，具有下列情形之一的，一般不适用缓刑和免予刑事处罚：……（二）因行贿受过行政处罚或者刑事处罚的。"因为行为人受过行政处罚，表明其主观上已经明知违法或犯罪行为，主观恶性较大，因而不予适用缓刑。由此可见，行政处罚对于刑法中缓刑的适用也具有一定的影响。

（四）行政处罚具有证明作用

有些罪名需要行为人具有故意的主观要件才能成立犯罪。而如何证明行为人已经明知，虽然明知是主观方面的要素，但是需要以客观证据予以证明，有时候行政处罚可以发挥这个证明作用。例如，2004 年 12 月 8 日最高人民法院、最高人民检察院《关于办理侵犯知识产权刑事案件具体应用法律若干问题的解释》第 9 条规定："具有下列情形之一的，应当认定为属于刑法第二百一十四条规定的'明知'：……（二）因销售假冒注册商标的商品受到过行政处罚或者承担过民事责任、又销售同一种假冒注册商标的商品的……"。可见，只要因同一种行为受到过行政处罚，即可认定其主观上已经知晓该行为是违法行为，行政处罚即可证明行为人的主观方面。

（五）行政处罚代替刑罚作用

例如，《刑法》第 201 条逃税罪第 1 款和第 4 款规定，如果"纳税人采取欺骗、隐瞒手段进行虚假纳税申报或者不申报，逃避缴纳税款数额较大并且占应纳税额百分之十以上的，处三年以下有期徒刑或者拘役，并处罚金；数额巨大并且占应纳税额百分之三十以上的，处三年以上七年以下有期徒刑，并处罚金……有第一款行为，经税务机关依法下达追缴通知后，补缴应纳税款，缴纳滞纳金，已受行政处罚的，不予追究刑事责任"。即如果行为人能够补缴税款及滞纳金，接受过行政处罚，那么行政处罚就可以代替刑罚，不再适用刑罚。

二、行政处罚的规范效应分析

1. 在行政处罚影响罪与非罪的作用中，一般强调多次行为，如果行为未经行政处罚，那么其数额累计作为影响后行为的定罪数额或者量刑数额。而如果经过行政处罚后，其数额将不会对后行为量刑产生影响。但是从行为的评价标准来说，如果一行为达到行政处罚的处罚标准而未达到刑罚的处罚标准，那么它应该只接受行政处罚的评价。但是由于行为的多次性，使得几个原本属于行政处罚的行为升级为运用刑罚进行评价，进而影响到定罪和量刑，存在如下不合理之处：

这违背了罪刑法定原则。例如行为人实施三次违法行为，每次行为均不构成犯罪只可以处以行政处罚，但是如果将三次行为的数额累加，将会达到犯罪的起刑点。如果前两次行为经过行政处罚的处理，那么数额不会累加，后行为可能构成无罪，等于三次行为以三次行政处罚评价。而如果行为人前两次行为没有经过行政处罚，那么数额累加成立犯罪。同理，如果三次行为都构成犯罪的情况中，前两次没有被发现，但是第三次犯罪行为被发现后，原本属于三次独立的犯罪行为，可能合并为一个行为进行评价，数额累计后，可能会对情节罪状及量刑有影响。

但是三次行为累加的量刑和三次独立犯罪行为的累犯叠加量刑时间可能并不一致。这势必会造成同样的行为由于处理方式不同造成结果评价大相径庭。将行政违法行为升格为犯罪行为，将本应属于行政处罚的行为一并累计为犯罪。这是人为地将不属于犯罪的行为累计转化为犯罪处理，违反了刑法的基本原则。

这违反了刑法的保障人权功能。行政处罚后又实施行为作为犯罪来处理明显下调了刑法的干预起点，扩张了刑法的适用范围。刑法的补充性原则上要求刑法对行政违法行为的规制只能是被动的、被迫的、不得已而为之。[①] 刑法应该只能对达到犯罪构成条件的犯罪进行处置，虽然行政违法行为与刑事犯罪行为在不法形式上可能具有相似性或者同类性，但是如果不法行为没有达到法定的量刑要求，就不应该认为是犯罪。即使行为人劣迹斑斑，多次受到行政处罚，但是也不能因此就类推行为人的行为可以叠加，负有刑事责任。更不能将行政手段疏漏处罚的不法行为，最后一起交由刑法进行评价。因而行政处罚的手段尚未穷尽，行为人又实施违法行为的，行政处罚仍然存在空间。[②] 司法权过早的介入到行政权的领域，造成对行政权的侵越。

2.将行政处罚作为从重处罚情节的情况来看，显然把前面发生的与后面没有关联的行为进行了总体的笼统评价，造成"以刑代罚"。例如，在司法解释规定的"骗取出口退税款罪"和"倒卖车船票罪"中均将受

---

① 李翔：《刑法中"行政处罚"入罪要素的立法运用和限缩解释》，《上海大学学报》（社会科学版）2018 年第 1 期。
② 参见胡剑锋：《"行政处罚后又实施"入罪的反思及限缩》，《政治与法律》2014 年第 8 期。

过行政处罚作为基准刑基础上的从重处罚情节。在这种情况下，行为人受过二次行政处罚又进行构成犯罪的同一行为的，即从重处罚。司法解释的精神应该是基于严厉打击该种犯罪的目的，有"乱世用重典"的思维。① 在成立犯罪的这种情况下，行为人有三个独立的行为，即前两次受到行政处罚的行为和最后一次构成犯罪的行为，刑法应当评价和惩罚的只能是构成犯罪的行为，而与犯罪没有关联的行为不应当成为刑罚惩罚的对象。从行政处罚作为从重处罚的情况来看，显然把前面发生的与后面没有关联的行为进行总体的笼统评价，这在事实上也有否定之前行政机关已经处罚的意蕴。或许正是因为这个原因，行为人再次进行同样行为时，就对行为人从重处罚。

犯罪成立应该是着重针对犯罪行为进行评价，而不是针对所有行为的整体评价。因为在不发生后行为的情况下，前两次行政处罚无论是何种类型，均不产生所谓犯罪问题。从《刑法》及相关司法解释的规定来看，受两次行政处罚之后又一次进行同样行为的即构成犯罪。在我国法律体系中，法律规范没有规定因为行为人不履行行政处罚而将该行为交由刑法来评价的制度，但是行为已经受到行政处罚对于再次行为是否受到刑法的评价以及评价的起点却有影响。换言之，即使行为人数次实施该行为，但之前的行为如果没有受过行政处罚，行为也不构成犯罪。那么就会给人造成一种错觉，越是接受过行政处罚，那么再犯之后就越可能被判重刑；没有接受过行政处罚，反而可能没有加重的量刑情节，甚

---

① 高永明：《行政行为的刑法机能研究——入罪视角下的分析》，《法学杂志》2011 年第 11 期。

至不构成犯罪。行为人受行政处罚之后再次进行同一行为或许说明行为人人身危险性较大因而应从重处罚。对于已经接受过行政处罚的行为不再进行重复评价，行为人再次实施同种行为时，如果构成犯罪则给予刑法上的评价，如果达不到犯罪的起刑点，则只应给予行政处罚。即使行为人连续实施数次只应给予行政处罚而非刑罚的行为，也不能因其主观恶性较大而重复评价前面所有行为，直接给予一次刑罚的处罚。因为这不合乎法治国人权保障的理念，行为人不应因自己已受过行政处罚进而必须忍受已有之处罚产生的更重之刑罚。这也是我国《刑法》罪责相适应原则和宽严相济刑事政策的基本体现。

3. 在有些罪名中，对于前行为的评价有时间限制。如"一年内曾因走私被给予二次行政处罚后又走私的"或者"两年内因非法经营国际电信业务或者涉港澳台电信业务行为受过行政处罚两次以上的"。超过期间的限制则不能成为刑法的评价事实。但是还有一些对于前行为的行政处罚并没有规定时间的条文，如："……对多次走私未经处理的，按照累计走私货物、物品的偷逃应缴税额处罚"；"非法行医被卫生行政部门行政处罚两次后，再次非法行医的……"这些规定并没有指出行政处罚对刑法的影响时间。在行政法中不存在追溯时间的限制，但是刑法中有追诉期限的规定。按照刑法中的追诉时效限制理论，经过一定时间后，犯罪行为可以不予追诉，但是对于违法行为更轻的应受行政处罚行为却没有追诉时效的限制，这样并不符合刑法和行政法的基本原则。那就意味着只要行为人曾经受过行政处罚，不论多长时间，都可以作为后行为定罪量刑的影响因素。而如果一旦前行为是更为严重的犯罪行为，那么只要不被发现过了追诉期就可以不再影响后行为的定罪量刑。这违反了刑法的罪责性相适应原则。

另一方面，多次行政处罚在时间跨度和行为次数的设置上没有统一标准。① 如前所述"五年内因逃避缴纳税款受过刑事处罚或者被税务机关给予二次以上行政处罚的除外……""两年内因非法经营国际电信业务或者涉港澳台电信业务行为受过行政处罚两次以上的……""二年内曾因扰乱无线电通讯管理秩序受过行政处罚……""走私货物、物品偷逃应缴税额较大或者一年内曾因走私被给予二次行政处罚后又走私的……"等表述。对于时间从 1 年到 5 年不等，次数也分别有一次和两次之分。时间跨度较大、次数规定无法寻找规则。这就导致实践中应用起来难度加大。是否 5 年内一次行为要求的个罪就两年内一次行为要求的个罪社会危害性小？那么 5 年内两次行为要求的个罪和两年内一次行为要求的个罪如何比较，是以时间跨度作为标准还是以次数作为标准？通过分析刑法条文内容，发现不同罪名之前的时间跨度和次数差异没有明确的可比性和区分标准，难以找出明确的准则和规律。

4.在行政处罚可以发挥替代刑罚的作用中，有"以罚代刑"的嫌疑。有学者认为这一制度可以降低司法成本，有利于犯罪人改过自新，更是刑法谦抑性和宽严相济刑事政策的体现。但是从刑事立法的角度来看，具有"以刑代罚"的结果。在前述实施两次行为未受行政处罚后再次实施行为，将三次累加作为定罪量刑的依据，就已经出现以刑罚代替

① 参见李翔：《刑法中"行政处罚"入罪要素的立法运用和限缩解释》，《上海大学学报》（社会科学版）2018 年第 1 期。

行政处罚的倾向，将前两次没有实行的行政处罚一起以刑罚予以代替执行。但是《刑法》第 201 条逃税罪第三款的规定，更加明确了只要行为人补缴税款和滞纳金，接受行政处罚后，就可以免除刑事责任，是典型的以行政处罚代替刑罚。而在 2001 年 7 月 9 日国务院第 310 号令公布施行的《行政执法机关移送涉嫌犯罪案件的规定》中明确规定严禁行政机关"以罚代刑"，但是在刑法中却有明明已经构成犯罪，但是只要行为人接受了行政处罚就可以避免刑罚的规定，实在令人费解。

第四节　行政命令对犯罪构成的规范效应

我国《刑法》中的有些罪名除要求违反相应的行政法规范以外，还需要以行政命令课以相对人的作为或者不作为义务，作为犯罪的构成要素。

一、行政命令的界定

行政法上的"行政命令"，是指行政机关依照职权单方做出意思表示，从而对行政相对人发生强制拘束力的行政行为。行政命令是行政行为的一种形式，但是不是唯一形式。其中要求行政相对人为一定行为的意思表示，称为令；要求行政相对人不为一定行为的意思表示，称为禁令。① 行政命令作为行政主体的单方意思表示，无须征得行政相对人的

---

① 需要注意的是，这里的行政命令与《宪法》规定的"命令"并不完全一致。例如，命令某一触犯刑法的外国人限期离境，命令某一非法经营的企业停业整顿等重大的行政决定是行政命令，禁止某段公路通行、禁止随地吐痰等较为一般或者细小的行政决定也是行政命令。

同意即可发生法律效力。行政命令一经作出，便为行政相对人设定了义务，无论该行政命令是否合法或适当，行政相对人都必须依照行政命令为一定的行为或不为一定的行为，否则将引起行政处罚或者行政强制的后果。

行政命令根据所规定的义务，可以分为作为和不作为两种形式。前者表现为必须进行某种行为，比如责令限期整改；后者表现为行政相对人的某些行为受到限制或者禁止，比如责令停止施工、禁止携带危险品的旅客上车、禁止砍伐林木等。但是无论何种形式的行政命令都可以成为犯罪构成的前提因素。这是因为刑法中只要求行政机关发布过行政命令即可，不同的行政机关发布的命令形式也各有差别。因此无论何种行政命令形式，只要符合行政命令的发布程序，行政命令就可以作为构成犯罪的前提。

行政命令是一种独立的具体行政行为，并不等同于或者隶属于行政处罚。在我国以往的行政法学理论研究中，行政命令与行政处罚处于错位状态，有观点认为行政命令是行政处罚的辅助措施或是类型之一，没有独立地位，而行政处罚一直被视为具体行政行为的主要形态加以重视。但是行政处罚作为一种事后的、惩戒性的末端制裁机制，功能在于威慑相对人、避免以后再犯，而对已违反的法定义务本身并无效果。这点与行政命令"实现行政目的"之目标相背离。① 因此，鉴于行政处罚在本质和功能上与行政决定的区别。行政命令并不是制裁，只是要求违

---

① 曹实：《行政命令地位和功能之再认识》，《学术交流》2014 年第 12 期。

法行为人履行法定义务，停止违法行为，消除不良后果，恢复原状，因而并不同于行政处罚。

二、行政命令对犯罪构成的规范效应分析

一般而言，违反行政命令将会受到行政处罚或者行政强制执行等行政性惩罚处置，行政处罚和行政强制执行是违反行政命令的后果。但是，对于通过刑罚的制裁才能使个别具体的行政法义务获得遵守和执行的情况下，行政命令则成为犯罪构成的前提条件。例如，《刑法》第286条之一的拒不履行信息网络安全管理义务罪中：网络服务提供者不履行法律、行政法规规定的信息网络安全管理义务，经监管部门责令采取改正措施而拒不改正，有下列情形之一的，处三年以下有期徒刑、拘役或者管制，并处或者单处罚金：1.致使违法信息大量传播的；2.致使用户信息泄露，造成严重后果的；3.致使刑事案件证据灭失，情节严重的；4.有其他严重情节的……其中责令采取改正措施就是行政命令。

（一）以消防责任事故罪为例

《刑法》第139条消防责任事故罪规定："违反消防管理法规，经消防监督机构通知采取改正措施而拒绝执行，造成严重后果的，对直接责任人员，处三年以下有期徒刑或者拘役……"该条以违反行政命令并造成严重后果作为消防责任事故罪的前提条件，如果未经消防监督机构通知采取改正措施而拒绝执行，即使违反了消防管理法规并且造成严重后果的，也不能因此而追究相关责任人的刑事责任。所以行政命令是前置性条件。例如在孙海江、陈玉民等消防责任事故案（北京市海淀区人民

法院（2013）刑初字第2639号）①中，控辩双方辩论的主要焦点在于被告是否接到过消防机构和派出所的责令整改通知书，以及责令整改通知的程序是否合法。如果没有接收到责令整改通知或者行政命令程序不合法就不能成立消防责任事故罪。

（二）以拒不支付劳动报酬罪为例

《刑法》第276条之一拒不支付劳动报酬罪规定："以转移财产、逃匿等方法逃避支付劳动者的劳动报酬或者有能力支付而不支付劳动者的劳动报酬，数额较大，经政府有关部门责令支付仍不支付的，处三年以下有期徒刑或者拘役，并处或者单处罚金……"此处的拒不支付劳动报酬罪中必须以政府有关部门责令支付仍不支付为前提，即要求用人单位已经知道需要支付报酬为前提，否则无法成立该罪。

在最高人民法院指导案例28号胡克金拒不支付劳动报酬案（（2011）双流刑初字第544号）中提到："法院生效裁判认为：被告人胡克金拒不支付20余名民工的劳动报酬达12万余元，数额较大，且在政府有关部门责令其支付后逃匿，其行为构成拒不支付劳动报酬罪。"强调有关部门已经责令其支付后仍然拒付，因而构成拒不支付劳动报酬罪。有关机关一般是指人力资源和社会保障部门。如在最高检发布检察机关打击拒不支付劳动报酬犯罪典型案例"陈某某拒不支付劳动报酬案"中提到："2019年1月31日，芜湖县人力资源和社会保障局向陈某某送达《劳动保障监察责令改正决定书》，要求其在2019年2月2日

---

① 选取自中国审判案例数据库，http：//www.chncase.cn/case/case/2812703，最后访问时间2020年8月30日。

支付拖欠的工人工资。被告人陈某某在规定时间内仍未支付，芜湖县人力资源和社会保障局将该案移送芜湖县公安局予以立案……芜湖县人民法院于 2019 年 5 月 7 日判决被告人陈某某犯拒不支付劳动报酬罪，判处有期徒刑一年六个月，缓刑二年，并处罚金人民币 2 万元。"行政命令的作出机关是芜湖县人力资源和社会保障局，作出的文书是《劳动保障监察责令改正决定书》。在相关司法解释中也有明确规定必须以收到行政命令并拒不执行作为前提。2013 年 1 月 16 日最高人民法院《关于审理拒不支付劳动报酬刑事案件适用法律若干问题的解释》第四条规定："经人力资源社会保障部门或者政府其他有关部门依法以限期整改指令书、行政处理决定书等文书责令支付劳动者的劳动报酬后，在指定的期限内仍不支付的，应当认定为刑法第二百七十六条之一第一款规定的'经政府有关部门责令支付仍不支付'，但有证据证明行为人有正当理由未知悉责令支付或者未及时支付劳动报酬的除外。"

（三）以扰乱无线电通讯管理秩序罪为例

1997 年《刑法》第 288 条扰乱无线电通讯管理秩序罪中规定："违反国家规定，擅自设置、使用无线电台（站），或者擅自占用频率，经责令停止使用后拒不停止使用，干扰无线电通讯正常进行，造成严重后果的，处三年以下有期徒刑、拘役或者管制，并处或者单处罚金。单位犯前款罪的，对单位判处罚金，并对其直接负责的主管人员和其他直接责任人员，依照前款的规定处罚。"在《中华人民共和国刑法修正案（九）》中，将"经责令停止使用后拒不停止使用"一句删除，将"造成严重后果"改为"情节严重"，使该罪由结果犯转变为行为犯。这是符合时代发展规律的，因为随着通信技术和手段的快速发展，各种扰乱无线电通讯的行为发生频率加大，而由于行为手段的隐蔽性、犯罪行为的流动性以及危害结果的不明确性，造成行政机关难以发现，更难以责令停止使用。而如果没有行政命令这一前置程序的实施则难以立案追究刑事责任。对于违法的单位或个人最多只能用行政处罚，容易造成对违法犯罪行为的放纵。一般在司法实践中最多只能以《刑法》第 124 条的破坏公用电信设施罪定罪处罚。[①] 而由于无线电传播的迅速性和广泛性，如果不严格控制，可能造成难以挽回的损失。例如，游走的行为人随身携带无线电设备传播邪教、恐怖主义、危害公共安全等言论或者信号干扰，会给国家公共安全、公民的权益造成巨大损失。[②] 因而在刑法修正案中删去了行政性前置程序，降低了入罪门槛，能够有效地惩治犯罪。因而，从反向推导证明行政命令对刑法的犯罪构成具有规范作用。

　　行政命令是行政机关依据法定权限作出的行政行为，但是如果行政机关作出的行政命令有瑕疵，行为人未遵守的后果是否对犯罪有影响？行政命令的瑕疵一般存在形式瑕疵、程序瑕疵，瑕疵的程度也有轻有重。法具有公信力的特征，一经作出就应该被遵守。行政机关作出有瑕疵的行政命令，只要不是重大明显导致无效，那么对刑事犯罪的成立仍然具有约束力。但是如果瑕疵比较严重，导致行政命令被撤销，那就等于前置性行政行为不存在，犯罪的构成要件无法满足，也就无法成立犯罪。

① 　参见赵远、商浩文：《论扰乱无线电通讯管理秩序罪的立法修改》，《法学杂志》2016 年第 8 期。

② 　例如，2014 年 1 月咸阳机场的航空频率受到非法信号干扰，造成飞行员与塔台通话中断，危险程度仅次于飞机坠机，严重危害公共安全。

第五节　行政确认对犯罪构成的规范效应

一、行政确认的概念界定

行政确认是指行政主体依法对行政相对人的法律地位、法律关系或者有关法律事实进行甄别，给予确认、认定、证明（或者否定）并予以宣告的具体行政行为。[①] 行政确认行为的直接对象是与行政相对人的法律地位和权利义务紧密相关的特定法律事实或者法律关系。通过对这些对象进行法律、法规和规章所规定内容的审核、鉴别，以确定行政相对人是否具备某种法律地位，是否享有某种权利，是否应当承担某种义务。

行政确认具有准法律行为性质。行政确认一般是行政机关以公共的权威判断特定的事实或法律关系是否存在、是否真实并对外表示的行为，通过行政机关的判断赋予其效力，确定既存的事实或法律关系，使得以其为要件的法律关系安定化。另外一方面，行政确认具有前阶段性，行政机关做出行政行为之前，一般需要对相关的法律关系或者法律事实进行确认，根据确认的法律关系或法律事实，依据法律规定做出具体行政行为。例如已经领取结婚证是办理离婚的前提。经过行政确认的法律关系能够成为做出行政行为的事实根据。[②]

行政确认的形式多样，一般可以表现为：1.确定，如颁发专利证书；

---

① 姜明安主编：《行政法与行政诉讼法》第 5 版，北京大学出版社、高等教育出版社 2011 年版，第 249 页。

② 胡建淼、江利红：《行政法学》第 4 版，中国人民大学出版社 2018 年版，第 265 页。

2.认证（认定），如对产品质量的认证、对工人职员伤亡事故责任的认定；3.证明，如学位证明、身份证明；4.登记，如房屋产权登记、婚姻登记、工商登记；5.行政鉴定（鉴证），如对自然人和收监人员的精神病司法鉴定。

二、行政确认对确立犯罪的规范效应

行政确认对刑法产生两种影响：一方面，行政确认能为法院刑事审判活动提供准确、客观的处理依据，对于迅速、有效、准确地展开刑事审判，具有积极重要的意义。另一方面，行政确认对犯罪的成立和刑罚的轻重具有重要作用。

1.行政确认的证据作用。行政确认不仅是国家行政管理的一种重要手段，还能为法院审判活动提供准确、客观的处理依据。因而，随着人民法院审判工作的开展和深入发展，无论是行政审判还是刑事审判，事实审和法律审都将逐步呈现职能分离的趋势，人民法院的审判活动越来越依赖于行政机关对事实的认定。例如，2000年11月15日最高人民法院颁布的《关于审理交通肇事刑事案件具体应用法律若干问题的解释》规定交通事故责任可以分为事故全部责任、主要责任或者事故同等责任。这些责任的认定需要依赖于交通事故责任认定书。在危险驾驶罪中，2013年12月18日最高人民法院、最高人民检察院、公安部《关于办理醉酒驾驶机动车刑事案件适用法律若干问题的意见》中规定："……六、血液酒精含量检验鉴定意见是认定犯罪嫌疑人是否醉酒的依据。犯罪嫌疑人经呼气酒精含量检验达到本意见第一条规定的醉酒标

准，在抽取血样之前脱逃的，可以以呼气酒精含量检验结果作为认定其醉酒的依据"。在生产、销售假药罪中，2014年11月3日最高人民法院、最高人民检察院《关于办理危害药品安全刑事案件适用法律若干问题的解释》第16条：本解释规定的"'轻度残疾……''中度残疾……''重度残疾……'按照相关伤残等级评定标准进行评定"。因而，行政机关作出的行政确认可以作为刑法中定罪的证据。

2.行政确认对罪与非罪的规范作用。行政确认的范围广泛，因而对刑法犯罪构成的影响范围也很广。如民政行政确认、劳动行政确认、卫生行政确认和司法行政确认都可以影响刑法的定罪和量刑。例如，重婚罪的前提必须是已经与配偶结婚，领取了结婚证后又与他人再次领取结婚证、办理结婚登记。没有重复办理结婚登记的，是不能构成重婚罪的。因而，民政机关颁发的两个结婚证就是构成重婚罪的前提。又如，在遗弃罪中，能够成立犯罪的前提是行为人对于年老、年幼或者没有独立生活能力的被害人具有抚养义务，因而民政机关出具的具有抚养义务的行政确认（如《新生儿出生证明》、亲子鉴定结论、监护人证明）对于遗弃罪的成立与否具有关键作用。

三、行政确认的规范效应分析

行政确认规范效应类型中存在的最大问题是行政确认的适用性无法趋于稳定。行政确认是最常见的对犯罪成立产生影响的行政行为，其中以交通肇事罪中的交通事故责任认定书最为常见。最高人民法院于2000年11月10日发布的《关于审理交通肇事刑事案件具体应用法律若干问题的解释》第 2 条确立了行政责任认定作为交通肇事罪成立的前提条件。2003 年 10 月全国人大常委会通过的《中华人民共和国道路交通安全法》（2011 年修订）第 73 条规定："公安机关交通管理部门应当根据交通事故现场勘验、检查、调查情况和有关的检验、鉴定结论，及时制作交通事故认定书，作为处理交通事故的证据。交通事故认定书应当载明交通事故的基本事实、成因和当事人的责任，并送达当事人。"这为交通事故责任认定作为交通肇事罪成立之前提进一步确立了法律上的依据，进行行政责任认定也成为交通管理部门的责任。但交通事故行政责任认定作为交通肇事罪的成立前提，混淆了行政责任和刑事责任的界限，违反罪刑法定原则。

司法实践中也出现了一种不再将交通事故行政责任认定作为犯罪成立前提的倾向。2006 年 9 月 16 日佛山黎某酒后驾车肇事案、2008 年 12 月 14 日成都孙某酒后驾车肇事案、2009 年 6 月 30 日南京张某酒后驾车肇事案、2009 年 8 月 5 日鸡西张某酒后驾车肇事案均被认定为以危险方法危害公共安全罪；2009 年 4 月 26 日成都蒋某酒后驾车肇事案、2010 年 5 月 9 日北京陈某酒后驾车肇事案也被以危险方法危害公共安全罪被起诉。对这些案件，在醉酒驾车的情况下，司法认定行为人构成故意的是以危险方法危害公共安全罪，而不是过失的交通肇事罪。

从社会反响来看，上述判决得到了认可。从法院审理情况来看，案件争议的焦点基本集中在行为时行为人的主观心态认定上，而最终认定行为人的主观故意（间接故意）是其被判决为以危险方法危害公共安罪的关键。如果这个判决是成立的，那么就意味着此前交管部门对事故的行政责任认定并没有对判决产生任何影响，相反，判决却是对行政认定的否定和颠覆。因为一旦行为被认定为交通肇事，并按照交通法律法规对责任比例大小进行界定，就表明行为人的主观心态必然为过失，那么既然主观心态是过失，就不可能构成以危险方法危害公共安全。换言之，交通事故行政认定肯定了行为人的过失心理。在实际处理中也均是把交通肇事行为定性为过失处理的。[①] 从上述各案来看，在判决书中均有交通事故的行政责任认定书作为证据，但判决的最终结果是主观要件为故意的以危险方法危害公共安全罪。这种情况下，同一个行为同时具有在不同阶段的行政认定之过失和司法认定之故意的两种内容，行政认定和司法认定完全不同，甚至直接相悖。

另外，犯罪构成过于依赖行政确认。例如，污染环境罪中的"危险废物"，生产销售假药、劣药中的"假药""劣药""行政处罚决定书""责任事故认定书"，以及在交通肇事罪中，主要责任、完全责任、次要责任的判定几乎一边倒地依赖行政机关的行政确认书。导致行政确认直接成为刑事犯罪成立的关键根据。[②] 行政确认书是否理所应当地可以作为刑法中的证据使用？从罪刑法定原则出发，未经过司法机关确认的证据并不能作为依法有效的证据。因而，原则上来说交通事故责任认定书并不能作为证据使用。而且，又不能对交通事故责任书提起行政诉

[①] 高路、刘丹：《交通肇事不应都定为"过失"》，《新华每日电讯》2009年8月14日第4版。

[②] 于冲：《行政违法、刑事违法的二元划分与一元认定——基于空白罪状要素构成要件化的思考》，《政法论坛》2019年第5期。

讼，①使涉嫌交通肇事罪的行为人状告无门，就造成未经过司法机关认定的证据直接作为认定行为人犯罪的证据，而这种证据是否可靠仅有行政机关的一方认定，行为人不能提出异议。因而对于作为证据使用的行政确认应当允许提起行政诉讼或者行政复议，这样才能给行为人提供救济的途径。

对行为主观心态之行政确认和刑事认定产生的悖论要求刑事司法认定不能以行政确认为前提，刑事司法判决如果委之于行政确认行为，理论上的上述悖论则永远无法消除。在这个意义上，在刑事司法判决中无须考虑行政确认之主观心态，只有在使行为人行政违法之主观心态和犯罪成立没有关系，行政确认不能作为犯罪成立之前提的条件下，上述悖论才能在理论上得以解决。事实上，上述这种矛盾并不能短时期内完全解决。

在行政确认影响罪与非罪的规范类型中，主要是民政、劳动、卫生和司法等方面涉及身份、资格、资质等方面的确认，主要对于犯罪构成中的主体要件认定造成影响。因而，只要行政确认是合法取得，那么就不存在问题。但是如果作为前提性的行政确认存在瑕疵或者违法、违反法定程序作出，对于罪与非罪产生影响后，应当如何处理，

---

① 《最高人民法院、公安部关于处理道路交通事故案件有关问题的通知》第4条规定："当事人仅就公安机关作出的道路交通事故责任认定和伤残评定不服，向人民法院提起行政诉讼或民事诉讼的，人民法院不予受理。当事人对作出的行政处罚不服提起行政诉讼或就损害赔偿问题提起民事诉讼的，以及人民法院审理交通肇事刑事案件时，人民法院经审查认为公安机关所作出的责任认定、伤残评定确属不妥，则不予采信，以人民法院审理认定的事实作为定案的依据。"

行政确认行为是否可以弥补造成的后果。例如，再以重婚罪为例，如果在行为人与配偶办理结婚登记后，再与他人办理结婚登记时，由于民政部门工作人员的疏忽将不符合结婚条件的二人办理了结婚登记，颁发结婚证。而在重婚罪审理过程中，并不会审核两个结婚证的效力，因为这属于行政权的领域。判决重婚罪后发现第二份婚姻登记存在无效或者可以撤销的情节该如何解决，在实践中是难以解决的问题。

第六节　行政许可阻却犯罪的规范效应

一、行政许可的概念和类型

（一）行政许可的概念界定

行政许可是指在行政机关根据公民、法人或者其他组织的申请，经过依法审查，准予其从事特定活动的行为。行政许可是在法律一般禁止的情况下，通过颁发许可证或者执照等形式，依法赋予特定的行政相对人从事某些活动，或者某种行为的权利或者资格的行为。行政许可行为的主要表现形式是行政许可证，即由行政许可的实施机关向被许可人发放的一种证明性文件。

（二）行政许可的类型

行政许可的形式多样，有多种分类标准，比如可以分为排他性许可与非排他性许可、证照式许可与非证照式许可等。行政许可一般可以分为一般许可和特别许可。一般许可是指符合法定的条件下，只要申请人依法向主管行政机关提出申请，经有权主体审查核实符合法定条件，申请人就能够获得从事某项活动的权利或者资格，对申请人无特殊限制。如驾驶许可、营业许可。而对特别许可，除符合一般条件外，还对申请人予以特别限制。如烟草专卖许可、采矿许可、持枪许可。虽然学理上有多种分类方式，但是在刑法中行政许可的规范效应跟《行政许可法》的具体类型有密切关系。因而有必要结合实体法上的行政许可类型做以分析。在《中华人民共和国行政许可法》中，一般将行政许可分为如下几种：

1.一般许可。如前所述概念之内容，是生活中最常见的形式，一般没有特殊限制和数量限制。

2.特许。特许许可是指行政许可机关在特别情况下向申请人发放的含有特别内容的许可。这类许可的申请条件比普通许可严格，使用范围更窄。特许适用的范围主要包括：有限自然资源的开发利用、公共资源配置以及直接关系公共利益的特定行业的市场准入等需要赋予特定权利的事项。对特许事项，除法律、行政法规另有规定外，行政机关原则上应当通过招标、拍卖等公开、公平的方式作出许可决定。例如，《中华人民共和国野生动物保护法》（2018年修订）规定捕猎野生动物必须申请特许猎捕证。

3.认可。认可是行政机关对申请人是否具备特定职能的认定。例如，《中华人民共和国律师法》（2017年修订）规定："律师申请执业，应当向设区的市级或者直辖市的区人民政府司法行政部门提出申请，并提交下列国家统一法律职业资格证书……"《中华人民共和国建筑法》

规定："从事建筑活动的建筑施工企业、勘察单位、设计单位和工程监理单位，按照其拥有的注册资本、专业技术人员、技术装备和已完成的建筑工程业绩等资质条件，划分为不同的资质等级，经资质审查合格，取得相应等级的资质证书后，方可在其资质等级许可的范围内从事建筑活动。"

4.核准。核准是行政机关对某些事项是否达到特定技术标准的判断和确定。一般适用于直接关系公共安全、人身健康、生命财产安全的特定产品的检验、检疫事项。行政机关在实施检验、检测、检疫的时候，有的颁发检疫合格证件，有的也可以在检验、检测、检疫合格的设备、设施、产品、物品上加贴标签或者加盖检验、检测、检疫印章，不必颁发行政许可证件。例如，《中华人民共和国进出口商品检验法》规定，商检机构根据需要，对检验合格的进出口商品，可以加施商检标志或者封识。又如，《中华人民共和国动物防疫法》规定，动物防疫监督机构对屠宰场（点）屠宰的动物实行检疫并加盖动物防疫机构统一使用的验讫印章。

5.登记。登记是由行政机关确立个人、企业或者其他组织的特定主体资格。比如对企业或者其他组织的设立需要确定主体资格的许可登记。

二、行政许可阻却犯罪的表现形式

行政许可阻却犯罪成立一般以欠缺特定的行政许可或者违背行政法的义务为前提，因而行政许可的获得或者行政义务的履行成为排除违法行为的措施。① 行政许可对阻却犯罪在《刑法》中多表现为"未经……许可""未经……部门批准"。例如：

《刑法》第296条规定："举行集会、游行、示威，未依照法律规定申请或者申请未获许可，或者未按照主管机关许可的起止时间、地点、路线进行，又拒不服从解散命令，严重破坏社会秩序的，对集会、游行、示威的负责人和直接责任人员，处五年以下有期徒刑、拘役、管制或者剥夺政治权利。"对于是否构成非法集会、游行示威罪，只要经有关部门批准许可申请，申请人便具有排除该罪的特殊主体身份。主管机关的批准成为能否构成该罪的关键要素，有效的行政许可成为阻却犯罪成立的客观方面。这就是一般行政许可可以阻却犯罪成立。

《刑法》第154条规定："下列走私行为，根据本节规定构成犯罪的，依照本法第一百五十三条的规定定罪处罚：……（二）未经海关许可并且未补缴应缴税额，擅自将特定减税、免税进口的货物、物品，在境内销售牟利的。""未经海关许可"是以欠缺行政许可的方式作为构成走私普通货物、物品罪的前提条件。例如，《刑法》第343条规定②，构成非法采矿罪的前提是未取得采矿许可证，如果具备采矿许可证，则属于合

---

① 张冬霞：《论行政法对刑法的规范效应》，《中国人民公安大学学报》（社会科学版）2008年第2期。

② 该条规定："违反矿产资源法的规定，未取得采矿许可证擅自采矿的，擅自进入国家规划矿区、对国民经济具有重要价值的矿区和他人矿区范围采矿的，擅自开采国家规定实行保护性开采的特定矿种，经责令停止开采后拒不停止开采，造成矿产资源破坏的，处三年以下有期徒刑、拘役或者管制，并处或者单处罚金；造成矿产资源严重破坏的，处三年以上七年以下有期徒刑，并处罚金。违反矿产资源法的规定，采取破坏性的开采方法开采矿产资源，造成矿产资源严重破坏的，处五年以下有期徒刑或者拘役，并处罚金。"

法采矿，可能不会构成该罪。这是特许方式的行政许可阻却犯罪成立方式。

《刑法》第 336 条非法行医罪规定："未取得医生执业资格的人非法行医，情节严重的，处三年以下有期徒刑、拘役或者管制，并处或者单处罚金……"构成非法行医罪和非法进行节育手术罪的犯罪主体只能由未取得医师执业资格的人构成，即欠缺行政许可。应当注意的是，根据 2008 年 4 月 29 日最高人民法院《关于审理非法行医刑事案件具体应用法律若干问题的解释》第 1 条规定："具有下列情形之一的，应认定为刑法第三百三十六条第一款规定的'未取得医生执业资格的人非法行医'：（一）未取得或者以非法手段取得医师资格从事医疗活动的；（二）个人未取得《医疗机构执业许可证》开办医疗机构的；（三）被依法吊销医师执业证书期间从事医疗活动的；（四）未取得乡村医生执业证书，从事乡村医疗活动的；（五）家庭接生员实施家庭接生以外的医疗行为的。"未取得医师执业资格的人是指未取得或者以非法手段取得医师资格的人，或者曾经取得医师资格，但是因为法定事由而被吊销医师资格的人；或者取得医师资格但是没有取得开办医疗机构资格的人。所以，构成该罪的主体可以是未经过行政许可的人也可以是经过行政许可后又被撤销的人。因而，以欠缺行政许可方式作为犯罪构成要件，既可以是未取得行政许可方式，也可以是取得行政许可后因故取消而不再具备某种资格。这是以认可的行政许可方式组却犯罪成立。

三、行政许可的规范效应分析

行政许可的本质是对公民自由权利的恢复，因而行政许可的前提是"法律的一般禁止"[①]。例如，《刑法》第 296 条规定的非法集会、游行、示威罪，《刑法》第 343 条规定的非法采矿罪。如果前者经过主管机关的许可，后者取得采矿许可证，那么就不会构成犯罪。

法律、法规以行政许可作为阻却上述各类犯罪成立的条件是因为：其一，行政许可与公民的权益相关，体现对公民权益的保护关怀。例如，烟草和酒类商品的生产和销售，出租车行业运营和驾驶员资格取得等都与公民的日常生活息息相关，尤其是烟草、酒类商品的生产、销售与公民的健康密切相关，适当的行政许可限制是对公民人身权益和维护社会正常运行的保护。其二，对特定动物保护，体现出保护环境的主旨，从而实现保护人类的目的。野生动物是生物圈中重要部分，根据物种越多越稳定原理，要保护每一物种，维持生态平衡。和谐的自然界是一个完整的生物链，保护野生动物就是保护人类自己。其三，有些领域的许可关系国家社会的稳定和有序运行。例如，在示威游行或者自然资源开发利用的行为中，如果没有严格的审查程序，那么社会秩序将会乱作一团，国家行政权将会无法得到保障和有序运行。因而，行政许可是保障社会有序运行、国家稳定发展的重要手段之一。

但是如果以欺骗、胁迫、贿赂等不正当手段取得的行政许可或者带有瑕疵的行政许可是否能够阻却犯罪成立？如果以不正当手段取得

---

① 参见罗豪才、湛中乐主编：《行政法学》，北京大学出版社 2006 年版，第 183 页。

的行政许可，行为人实施了并未造成严重后果的行为是否应该作为刑法的处罚对象？例如，行为人未取得许可的情况下实施示威游行，但没有造成严重后果，这种行为是否应当受到处罚在法律中尚未作出规定。既然国家对于某一行业或者行为实施许可制度，那么就说明这一行业或者行为需要国家的管理，否则就会导致秩序混乱。例如过度地开采矿产资源，擅自发行、销售彩票的行为都将带来严重后果。笔者认为，对于瑕疵的行政许可应该根据一般许可和特许许可的不同区别对待。

在一般许可存在瑕疵的情况下，侵犯的是相应的管理秩序，而没有侵犯刑法保护的其他法益。因而只要取得了行政许可，即使是使用不正当手段，也认为没有侵犯管理秩序，可以阻却犯罪。在这种情况下，行为造成其他法益侵害结果构成犯罪的，只能按照其他犯罪论处。例如，即使是通过欺骗手段获得了集会游行许可，也不成立非法集会、游行、示威罪。如果行为人在游行过程中造成他人死亡，只能认定为故意伤害致人死亡罪或者过失致人死亡罪等。

在特别许可存在瑕疵的情况下，不仅侵犯了相应的管理秩序，而且侵犯了刑法保护的其他法益。因而应当以犯罪论处，并不阻却犯罪成立。例如，通过欺骗、胁迫手段获得种植毒品原植物许可的，由于其具有社会危害性，依然成立非法种植毒品原植物罪。

针对上述情况，行政许可能够阻却犯罪成立必须保证的前提条件就是行政许可的设定合法合理。只有保证了行政许可本身的正当性才能确信其对刑法规范效应的合理性。这就对立法提出了要求，它要求行政许可的设立须有法律依据，其运行过程不得违背法律，应当严格按照法律规定的权限、范围、条件和程序运行。另外，立法者在将特定行政许可引入刑法条文，作为某些犯罪入罪或出罪的条件时，必须考虑该行政许可的适当性，即是否适合以该行政许可作为判断标准，该许可的条件是否过高或过低，是否有利于保护相对人的合法权益等，都是要考虑的因素。这是行政许可阻却犯罪成立在立法层面上的完善要求。

鉴于刑法的严厉性，作为刑法定罪依据的行政许可也应当遵循明确性、公平性、合法性原则。然而，立法者并不是万能的，无论是行政许可本身的设定，还是刑法中对行政许可的引入都不可能十全十美、没有缺陷。法律某些方面的滞后性也决定了某些行政许可与实践问题的脱节。对此，笔者建议设立专门的监督部门，对于行政许可，尤其是可能涉及刑法中的定罪与量刑的行政许可，予以严格的复审和监督，做到事前及时审查。将存在问题的行政许可消灭于萌芽，从而及时有效地保障相对人的合法权益。

第七节 行政处理阻却犯罪的作用

一、行政处理的概念界定

关于行政处理概念，学界一直存在广义、狭义论[①]、具体行政行为

[①] 该观点认为，行政处理分为广义和狭义，广义行政处理是指一切具有行政职能的机构所采取的管理措施，包括立法机关、司法机关内部的行政事务机构做出的行政措施。狭义行政处理是行政主体采取行政措施的具体行政行为。中国社会科学院法学研究所编：《法律辞典》，法律出版社 2003 年版，第 1639 页。

同义论①、非具体行政行为论②等观点，至今尚未达成一致。关于行政处理和行政处理决定的表述也不一致。罗豪才教授认为，目前中国行政法学者所论述的"行政处理"或者"行政处理决定"，实质上是狭义的行政行为的代名词，也就是人们通常所称的具体行政行为。③也有学者将行政处理理解为行政执行，指国家行政机关依照法定程序执行或者适用法律、法规，从而直接强制地影响行政相对人权利和义务的具体行政行为。④

但是，无论行政处理、行政处理决定，还是行政执行意义上的行政处理的概念，都是由行政主体针对特定的事项所做出的影响行政相对人权利义务的行为。即行政处理是指行政主体为实现相应法律、法规、规章确定的行政管理目标和任务，对行政相对人申请或者依职权依法处理涉及特定行政相对人某种权利义务事项的具体行政行为。⑤

《刑法》规定中的"处理"与行政处理略有不同。在我国《刑法》中一般不直接表述为行政处理，而是表述为"未经处理……"。原则上来说《刑法》中处理的范围大于行政处理。⑥行政处理不同于前面所述行政处

---

① 该观点认为，行政处理是指由行政主体依法针对特定的行政相对人所做的具体的、单方的、能对行政相对人实体权利义务产生直接影响的具体行政行为。张树义：《行政法与行政诉讼法》，高等教育出版社 2003 年版，第91 页。

② 该观点认为，行政处理仅是可明确分列出来的具体行政行为以外的措施的统称，即无法归类于具体行政行为的措施或行为的统称。《中国大百科全书·法学》，中国大百科全书出版社 2006 年版，第 586 页。

③ 参见罗豪才：《行政法学》，中国政法大学出版社 1996 年版，第 190—192 页。

④ 参见熊文钊主编：《行政法通论》，中国人事出版社 1995 年版，第 215、218 页。

⑤ 朱新力主编：《行政法学》，高等教育出版社 2007 年版，第 146 页。

⑥ 2014 年 8 月 12 日最高人民法院、最高人民检察院发布的《关于办理走私刑

罚，更不是行政处罚的代名词。其范围大于行政处罚。因为行政处理不仅包括行政处罚可能还包括行政处分、行政强制等其他具体行政行为。

二、行政处理阻却犯罪的表现形式与分析

（一）表现形式

一般行政处理不明确列举在《刑法》条文中，需要综合立法原意和实际情况作出分析。例如，根据《刑法》第383条贪污罪规定："对犯贪污罪的，根据情节轻重，分别依照下列规定处罚：……情节较轻的，由其所在单位或者上级主管机关酌情给予行政处分。对多次贪污未经处理的，按照累计贪污数额处罚。"《刑法》第386条受贿罪规定及2016年4月18日最高人民法院、最高人民检察院《关于办理贪污贿赂刑事案件适用法律若干问题的解释》第15条规定："对多次受贿未经处理的，累计计算受贿数额。"贪污罪和受贿罪在未达到刑法起刑点时，可以由所在单位或者上级行政主管机关给予行政处分。如果多次贪污或者受贿未经处理，那么在累计数额达到起刑点时，就可能构成贪污罪或者受贿罪。此处的规定明确了行政处理包括行政处分，对于未达到犯罪的行为可以按照公务员法律法规的相关规定给予行政处分。

又如，《刑法》第351条非法种植毒品原植物罪中："非法种植罂粟、

事案件适用法律若干问题的解释》第18条规定："刑法第一百五十三条第三款规定的'多次走私未经处理'，包括未经行政处理和刑事处理"。以司法解释的形式对处理作了规定，其包括行政处理和刑事处理。鉴于本书行文的需要，仅研究行政处理对阻却犯罪的作用。至于刑事处理对后行为的犯罪成立影响仅是刑法中漏罪、数罪并罚问题，不属于本书研究范畴。

大麻等毒品原植物的，一律强制铲除。有下列情形之一的，处五年以下有期徒刑、拘役或者管制，并处罚金：……（二）经公安机关处理后又种植的……"此处的处理一般是指行政强制。经过行政处理后仍然种植的构成非法种植毒品原植物罪。

《刑法》第201条逃税罪中规定："……对多次实施前两款行为，未经处理的，按照累计数额计算。"《刑法》第153条走私普通货物、物品罪规定："……对多次走私未经处理的，按照累计走私货物、物品的偷逃应缴税额处罚。"《刑法》第347条走私、贩卖、运输、制造毒品罪规定："……对多次走私、贩卖、运输、制造毒品，未经处理的，毒品数量累计计算。"2010年2月2日最高人民法院、最高人民检察院《关于办理利用互联网、移动通讯终端、声讯台制作、复制、出版、贩卖、传播淫秽电子信息刑事案件具体应用法律若干问题的解释（二）》第9条规定："一年内多次实施制作、复制、出版、贩卖、传播淫秽电子信息行为未经处理，数量或者数额累计计算构成犯罪的，应当依法定罪处罚。"这里的"处理"一般可指行政处罚或刑罚。

（二）行政处理的合理性分析

值得注意的是，实践中有时以行政处理代替刑罚。2002年最高人民法院、最高人民检察院、海关总署印发的《办理走私刑事案件适用法律若干问题的意见》第20条规定单位和个人共同走私、偷逃应缴税额为5万元以上不满25万元的，应当根据其在案件中所起的作用，区分不同情况做出处理。单位起主要作用的，对单位和个人均不追究刑事责任，由海关予以行政处理；个人起主要作用的，对个人依照刑法有关规定追究刑事责任，对单位由海关予以行政处理。对于单位构成该罪时，对于单位是否起主要作用的规定，却与《刑法》走私普通货物、物品罪的规定不一致。我国《刑法》第 153 条中规定："单位犯前款罪的对单位判处罚金，对直接负责的主管人员处以三年以下有期徒刑或者拘役。"条文中并没有提到单位犯罪与个人犯罪的差别，也更没有允许对于单位可以以行政处理代替刑罚的规定。

因而这一司法解释违反了罪刑法定原则以及平等原则，对单位的行政处理没有理由可以用司法解释的方式否定其犯罪性并处以行政处罚代替刑罚。[①] 这一司法解释违反了刑法的基本原则。后来 2014 年最高人民法院、最高人民检察院印发的《关于办理走私刑事案件适用法律若干问题的解释》在调整偷逃应缴税额标准时，以新的标准取代了《办理走私刑事案件适用法律若干问题的意见》中第 20 条的税额标准，也一并取消了有关对单位只处以行政处理的规定，使司法解释与刑法中的规定一致。按照新法优于旧法的原则，对于单位犯罪和偷逃应缴税额的标准应该遵从 2014 年的司法解释。但是 2002 年的《办理走私刑事案件适用法律若干问题的意见》也至今有效，2014 年印发的《关于办理走私刑事案件适用法律若干问题的解释》中也并未对前者中条款作出直接明确的不予适用或者替代性表述，因而极易造成适用中的混乱。

---

① 高永明：《刑法中的行政规范：表达、功能及规制》，《行政法学研究》2017 年第 4 期。

第五章　行政诉讼与刑事诉讼关联问题研究

　　行政诉讼与刑事诉讼作为两种不同的诉讼方式，其目的和任务不同。行政诉讼是行政相对人与行政主体发生纠纷后，依法向人民法院提起诉讼，人民法院依照法定程序审查行政主体的行政行为的合法性并判断行政相对人的主张是否妥当，以作出裁判的一种活动，其解决的是行政行为的合法性审查问题。而刑事诉讼是国家专门机关在当事人及其他诉讼参与人的参加下，依照法定程序，追诉犯罪，解决被追诉人刑事责任的活动。二者存在着明显的区别，因此在通常情况下，二者是两种相互独立的诉讼类型，并无必然的联系。但由于行政法与刑法的性质和关系，行政违法与刑事犯罪、行政处罚与刑罚、行政责任与刑事责任存在重合和衔接等原因，行政诉讼与刑事诉讼不可避免地存在交织问题。如果处理不当，会造成行政诉讼和刑事诉讼相互矛盾的结果，不利于当事人合法权益的保护，更引起受诉法院之间的矛盾，有损法律的形象，影响我国法制统一。

自 20 世纪 90 年代中期开始，我国学者曾对行政诉讼与刑事诉讼交叉的解决问题展开讨论，虽然最近几年学者们又重新开始关注此问题，但是成果不显著，[①] 争议不断，行政诉讼与刑事诉讼之间冲突的解决没有形成一个完整的体系。因此，本章尝试对二者的交叉与冲突进行分析，寻求解决的路径。

第一节　行政诉讼与刑事诉讼关联的类型

在实践中，行政诉讼与刑事诉讼存在很多类型关联，归纳起来主要表现在以下两种关系：1. 移送关系。人民法院在审理行政案件过程中发现本案符合刑法有关的规定，涉及犯罪可能需要追究刑事责任的，应当将有关案件材料移交给公安机关或者有关司法机关处理，并应当裁定中止行政诉讼。这种情况也是下文研究的重点。2. 排斥关系。为了维护法院的权威，防止刑事诉讼和行政诉讼的裁判发生冲突，原则上刑事诉讼和行政诉讼不同时进行，当事人也不得针对同一案件同时提起行政诉讼和刑事诉讼。实际上，在行政诉讼（或者刑事诉讼）过程中或者审结后，由于案件事实可能有刑事犯罪（或者行政违法）的情节，从而又引起两种诉讼交叉，使得两种诉讼在程序以及结果上发生矛盾的情形时有发生。

---

① 只是在 20 世纪 90 年代中期，学者们集中发表了一些文章，但也是屈指可数。高家伟：《论行政诉讼与刑事诉讼的冲突》，《政治与法律》1997 年第 6 期；方世荣：《行政诉讼与刑事诉讼的冲突及处理》，《法学研究》1994 年第 5 期；申明：《行政诉讼与刑事诉讼冲突的原因与对策》，《中国律师》1995 年第 10 期。

一、行政诉讼与刑事诉讼的交叉

行政诉讼与刑事诉讼的交叉是指由于一个案件涉及不同的问题而引发两种诉讼交叉进行，但是这种交叉并不存在本质的冲突。即在行政诉讼过程中或审结后，由于在案件事实中发现有刑事犯罪问题，需要连接刑事诉讼另行加以处理解决，但其处理结果与行政诉讼并不发生冲突的情形。[①] 这种非冲突性连接的特点在于：第一，刑事犯罪问题是在行政诉讼进行过程中发现的，由此产生需要刑事诉讼加以处理解决的前提条件；第二，行政诉讼与刑事诉讼接连进行，表现为两种诉讼处理同一案件事实中发现的不同性质的问题；第三，两种诉讼无论在程序上还是在实体处理结果上都不会发生冲突，即刑事诉讼对行政诉讼的进行并不产生任何影响。根据在行政诉讼过程中产生的理由不同，可以将行政诉讼和刑事诉讼的交叉分为以下三种类型：

1.行政诉讼进行中，发现行政机关的工作人员有犯罪行为。这是由一个案件引发出两个性质不同的案件，两个案件的诉讼内容不同，诉讼结果也当然就不会冲突。例如，在行政相对人申请企业营业执照时，行政机关工作人员因对受贿金额不满意而拒绝或者拖延办理，于是行政相对人针对行政机关的不作为提起行政诉讼。在行政诉讼过程中，法院发现行政机关工作人员有受贿行为而将有关材料移送监察机关按照刑事诉讼程序处理。在这种情况下，行政相对人起诉的行政机关不作为与行政机关工作人员受贿行为属于两种性质不同的案件，虽然导致行政诉讼与

---

① 胡建淼主编：《行政诉讼法》，高等教育出版社 2003 年版，第 318—319 页。

刑事诉讼产生交叉，但是结果并不发生冲突。

2.行政诉讼进行中，行政诉讼参与人有妨碍诉讼的行为，情节严重已经构成犯罪。为了维护行政诉讼秩序，司法机关以刑事诉讼程序追究其犯罪行为。这其实属于诉讼过程中发生的妨碍诉讼急须采取刑事强制措施以保障行政诉讼正常进行的行为，在行政诉讼和民事诉讼中都会发生类似情况。妨碍行政诉讼的刑事违法行为与正在进行的行政诉讼无必然的联系，即使该刑事诉讼同行政诉讼并行进行，二者之间并不互相影响，更不发生冲突。

3.在审查行政机关不作为的案件中同时又出现涉嫌犯罪的情形。这种情形主要有以下几种：第一，在行政机关不作为案件诉讼过程中，公安机关对侵害人（主要是行政诉讼第三人）进行立案侦查从而启动刑事诉讼程序；第二，行政不作为案件诉讼过程中的原告，在诉讼过程中既要求法院追究行政主体不履行法定职责的法律责任，同时又提起刑事诉讼要求法院追究侵害人的刑事责任；第三，在行政不作为案件诉讼过程中，检察机关认为侵害人的行为已经构成犯罪，需要对侵害人按照刑事诉讼程序提起公诉以追究侵害人的刑事责任。这三种情况下，行政诉讼与刑事诉讼之间存在形式上的交叉，不会产生实质上的冲突。①

二、行政诉讼与刑事诉讼的冲突

行政诉讼和刑事诉讼的冲突，是指在行政诉讼过程中或审结后，由

---

① 黄学贤：《行政诉讼与刑事诉讼之间的关系及其处理》，《苏州大学学报》（哲学社会科学版）2005 年第 4 期。

于案件事实可能具有刑事犯罪的性质，从而引起刑事诉讼的交叉发生，并且程序和结果与行政诉讼发生冲突的情形。这种情况涉及实质性的结果问题，因此要比单纯的交叉复杂得多，需要我们格外关注。

刑事诉讼分为公诉的刑事诉讼与自诉的刑事诉讼。二者所涉及的罪名不同，范围也不相同。结合刑事诉讼有公诉和自诉的特点，笔者探讨行政诉讼与刑事诉讼的冲突，将两种情形分别讨论。

（一）行政诉讼与公诉的刑事诉讼案件冲突

1. 人民法院行政审判组织在审理行政诉讼案件审理过程中，认为原告的行为已经构成犯罪的，将有关的犯罪材料移送至有关部门按刑事诉讼程序提起公诉。而公诉机关审理后的结果却认为行政诉讼原告的行政违法行为并不构成犯罪，这就意味着行政机关的原具体行政行为在认定并处理行政诉讼原告的行为时不存在事实不清、适用法律错误等行政违法情形。于是，对于同一个案件事实在两种诉讼交叉进行处理时，在实体结果上发生冲突。例如，某企业有逃税行为，经税务机关核查后，按照该企业的违法行为，依法给予行政处罚。但是该企业认为税务机关的处罚过重且显失公正或者程序违法，依法向人民法院对行政机关提起行政诉讼。人民法院在审理本行政案件时，发现该企业的逃税金额已经达到逃税罪的起刑点，于是将此犯罪材料移送有关的公安机关，检察机关按照《中华人民共和国刑事诉讼法》（以下简称《刑事诉讼法》）规定的程序向人民法院提起公诉追究其刑事责任。行政审判组织如果裁判行政机关将违法行为确认为一般行政违法行为的定性是错误的，因而撤销行政机关对行为的行政处罚，并将行为人涉嫌犯罪行为的材料移送给有权管辖的公安机关并依法提起公诉追究刑事责任。但是如果人民法院刑事审判组织经过刑事诉讼之后又认为行为人的行为并不构成犯罪。那么行为人就没有受到任何惩罚，而且刑事诉讼的结果实际上是对行政诉讼结果的一种否定。因而行政诉讼与公诉的刑事诉讼结果相互矛盾，产生实体上的冲突。

例如，北京市第二中级人民法院受理的原告张某某（女，未成年）不服治安处罚诉北京市公安局海淀分局一案中，第三人刘刚多次在教室讲台后对原告张某某实施搂抱、隔衣摸臀部等猥亵行为，海淀分局只是作出拘留 15 天的治安处罚决定，原告张某某认为被告海淀分局应该对刘刚立案追究其刑事责任，不应该只做出治安处罚了事，于是到北京市第二中级人民法院起诉要求撤销该治安拘留决定。该院经过审理认为，刘刚的行为应该按照有关规定追究其刑事责任，于是海淀分局将该案作为刑事案件立案侦查，海淀分局立案后，将立案决定书依法递交。①

2. 公诉的刑事诉讼审理过程中，另有行政诉讼发生，二者可能发生冲突。例如 2000 年 10 月 27 日，陈某驾驶一辆两轮摩托车在转弯时与相向行驶的许某所驾驶的一辆两轮摩托车（后载徐某）相撞，造成许、徐二人死亡，陈某九级伤残的重大交通事故。交通部门在交通事故责任

---

① 参见王振清：《行政诉讼前沿实务问题研究——问题·思考·探索》，中国方正出版社 2004 年版，第 284 页。鉴于当事人张某某未成年，因而未采用案卷号和实名。该案中，人民法院行政审判组织对治安案件要进行司法审查，公安机关则立案进入刑事诉讼程序。

认定书中，认定陈某负本次交通事故的主要责任，许某负次要责任，徐某不负刑事责任。陈某不服，向当地交通部门申请重新认定，该交通部门作出维持原责任认定的决定，但是未告知陈某诉权和起诉期限。2001年2月26日，当地公安局以陈某涉嫌交通肇事罪对其立案侦查。同年3月14日，陈某以交警大队对其所作出的责任认定事实不清、证据不足、程序违法、适用法律错误为由提起行政诉讼，请求撤销责任认定，法院行政审判组织对陈某的起诉立案受理。次日，检察院以陈某违反交通管理法规，发生重大交通事故，致使2人死亡，情节特别恶劣，依法应当按照交通肇事罪追究刑事责任为由提起公诉，法院刑事审判组织也立案受理。① 这样行政诉讼与刑事公诉出现了明显的冲突。这起交通肇事罪的认定必须以交警大队的责任认定为依据，陈某能否构成犯罪交通事故责任认定书是具有决定意义的证据，因此，本案中陈某的刑事诉讼必须以他所提起的行政诉讼结果为前提。

（二）行政诉讼与自诉的刑事诉讼案件冲突

自诉案件的冲突问题形成原因与公诉的刑事诉讼并不相同。刑事自诉案件是被害人或其法定代理人自行向人民法院提起诉讼，由人民法院直接受理的轻微刑事案件。《刑事诉讼法》第170条规定了自诉案件的范围：1. 告诉才处理的案件；2. 被害人有证据证明的轻微刑事案件；3. 被害人有证据证明对被告人侵犯自己人身、财产权利的行为应当依法追究刑事责任，而公安机关或者人民检察院对被告人刑事责任不予追究的案

---

① 陈凤平、吴丽芬：《从本案看刑事诉讼与行政诉讼的冲突与选择》，《人民法院报》2001年5月28日第4版。

件。① 由于自诉案件的性质，必须由受害人自行起诉，如果受害人不主动提起刑事自诉，侵害人的犯罪行为将不能被司法机关处理。因而，在上述几类案件中，即使人民法院在审理行政案件中发现有可能应当受到刑事诉讼追究的自诉案件情形，但是也不能由人民法院将该案件的犯罪材料移送给有关机关按照刑事诉讼程序依法处理。也就是说，是否追究行为人的犯罪行为完全取决于被害人的主观意志。这与公诉的刑事诉讼案件的产生原因具有本质差别。

刑事自诉案件的显著特点就是被害人向人民法院告诉才处理，受害人在受到侵害后选择哪种国家机关请求保护，就基本决定了认定侵害人侵害行为性质的走向，受害人如果仅向行政审判机关请求处理，则侵害行为只能作为一般违法定性并只能予以行政处罚。因为行政审判机关绝不可以将属于自诉性质的案件进行立案侦查，然后再报送检察机关按照公诉案件程序处理。受害人如果向人民法院提起自诉，则侵害行为将作

---

① 《最高人民法院关于执行中华人民共和国刑事诉讼法若干问题的解释》第一条明确了上述三类案件的具体范围。（一）告诉才处理的案件包括：（1）侮辱、诽谤案，但严重危害社会秩序和国家利益的除外；（2）暴力干涉婚姻自由案；（3）虐待案；（4）侵占案。（二）人民检察院没有提起公诉，被害人有证据证明的轻微刑事案件，包括：（1）故意伤害案；（2）非法侵入住宅案；（3）侵犯通信自由案；（4）重婚案；（5）遗弃案；（6）生产、销售伪劣商品案，但严重危害社会秩序和国家利益的除外；（7）侵犯知识产权案，但严重危害社会秩序和国家利益的除外；（8）属于刑法分则第四章侵犯公民人身权利、民主权利罪和第五章侵犯财产罪规定的对被告人可能判处三年以下刑罚的案件。以上八类案件，法院受理后对于证据不足的可移送公安机关受理，认为被告人可能判处三年以上有期徒刑的应移送公安机关立案侦查。对于公安机关或者人民检察院应追究责任而不追究的，起诉时需要提供相应机关作出不予受理的书面决定。

为犯罪行为定性并追究刑事责任。在上述两种情况下，都不会发生行政诉讼与刑事诉讼的冲突问题。但是受害人既向行政机关请求处理，又向人民法院提起刑事自诉（无论是先后还是同时），则就会不可避免地导致行政诉讼与刑事诉讼冲突情况的发生。①

1. 当事人在提起行政诉讼的同时提起刑事自诉。例如，某市公安局对王某的扰乱社会治安行为处以行政处罚，但是受害人林某认为行政处罚过轻，因而向人民法院提起行政诉讼。同时，林某又对行为人王某提起刑事自诉要求追究刑事责任。如果人民法院行政审判组织和刑事审判组织对两个案件同时处理，可能最后作出两个相互矛盾的判决：行政诉讼判决维持或者至多只变更行政机关的行政处罚，即在定性上同意行政机关将行为人的违法行为作为一般违法处理；而刑事诉讼又认定行为人的该行为是犯罪行为并依法追究其刑事责任，这就等于否认了行政审判机关将该行为定性为一般违法行为及所作出的行政裁判。

2. 当事人在行政诉讼提起后又提起刑事自诉。例如，某民办社会福利机构的老人在几次受到虐待后，向民政机关举报，请求依法给予民办福利机构以行政处罚。但民政机关未作出任何处理，或者已经处理但处罚畸轻。因而被害人对行政机关的不作为行为或者畸轻的处理结果不服提起行政诉讼。但后来该老人仍然遭受虐待后果严重，于是在行政诉讼的进行中又对侵害人提起刑事自诉。或者民办社会福利机构因为受到行政处罚而不服对行政机关提起行政诉讼，行政诉讼申请受理后，被害人又向人民法院

---

① 方世荣：《行政诉讼与刑事诉讼的冲突及处理》，《法学研究》1994 年第 5 期。

提起了刑事自诉。无论是哪种情形，只要人民法院的行政审判庭和刑事审判庭对两个案件同时进行审理，就有可能作出两个相互矛盾的判决。

3.当事人在行政诉讼完结之后又提起刑事自诉。如果行为人不服行政机关的行政处罚，对行政机关依法提起行政诉讼，待行政诉讼审结后，受害人对行政诉讼的结果不满，对行为人依法提起刑事自诉。如果人民法院刑事审判组织对该刑事自诉案件再予以处理，并作出令受害人满意的追究行为人刑事责任的裁判，这样就可能导致推翻前面的行政诉讼判决，引起矛盾。

第二节　行政诉讼与刑事诉讼关联的原因

行政诉讼和刑事诉讼具有不同的性质和功能，行政诉讼的主要功能是审判行政机关的具体行政行为是否合法，并不是审判行政案件中的行政机关和行政相对人是否犯罪。而刑事诉讼的主要功能是审判行为人是否构成犯罪，如何惩治的问题。但是由于案件的不同性质以及不同诉讼类型的特点，二者就会产生交叉和冲突。造成这些交叉和冲突的原因比较复杂，笔者归纳为以下几个主要原因：

一、行为本身的复杂性

在行政活动中，许多行政法保护的社会关系也是刑法要保护的社会关系。许多严重违反行政法律规范的行为也被刑法确立为触犯刑法的行为。因此，无论从理论上还是在实践中，都不能排除同一行为既是违反行政法规范的行为，又是触犯刑法的行为的可能性。① 在行政诉讼的过程中或审结后，对于违反行政法规范的行为，又被有关机关认为触犯了刑法的规定，就会引起刑事诉讼的发生。两种诉讼对性质有争议的同一案件事实进行审理，就会发生交叉冲突。

二、法律规定的抽象性

由于我国的国情，行政法学起步较晚，尤其是行政诉讼制度是从民事诉讼中分离出来的，有些制度仍需完善。随着社会的发展，行政诉讼案件和刑事诉讼案件的种类呈现多样化，因而行政诉讼与刑事诉讼产生关联也在所难免。而我国目前的《行政诉讼法》与《刑事诉讼法》以及相关的司法解释，对于行政诉讼与刑事诉讼发生冲突时应当如何解决基本上没有涉及。有的即使涉及也只是比较抽象，并没有完整、细致的规定。

在司法解释中相关条款和概念的规定不明确。现行行政法律法规与刑法、刑事诉讼司法解释中有些条款界定不明确，导致认识和理解上的分歧，直接影响案件的定性处理。立法者在立法时，由于立法技巧以及保持法律的相对稳定性等原因，不可能穷尽一切的列举所有事项和内容。从而造成我国有些行政法律法规过于抽象和概括，甚至有的仅仅形式上列举一个兜底性描述，例如"情节严重""影响恶劣"等。仅用这些抽象性的表述区分行政相对人的违法行为是一般的行政违法还是刑事犯罪难度较大，有时候定量不准导致罪与非罪的界限模糊。在司法解释

---

① 方世荣：《论具体行政行为》，武汉大学出版社 1996 年版，第 115 页。

中，虽然司法解释的目的是为了保障法律更好地实施和适用，但是有时候解释看起来具体，实施起来却很难，尤其体现在数量方面。比如"非法经营数额""直接经济损失"，在司法实践中很难无误地完全准确予以认定。因而在实践中，法律概念在立法上的不明确导致行政诉讼组织与刑事诉讼组织理解各异，于是造成案件的冲突。

例如，《治安管理处罚法》第71条第2款规定："有下列行为之一的，处十日以上十五日以下拘留，可以并处三千元以下罚款；情节较轻的，处五日以下拘留或者五百元以下罚款：（一）非法种植罂粟不满五百株或者其他少量毒品原植物的；（二）非法买卖、运输、携带、持有少量未经灭活的罂粟等毒品原植物种子或者幼苗的；（三）非法运输、买卖、储存、使用少量罂粟壳的。"而《刑法》第347条规定："走私、贩卖、运输、制造毒品，无论数量多少，都应当追究刑事责任，予以刑事处罚。"这两个条文都是关于毒品的规定。如果按照《治安管理处罚法》的规定，如果买卖、运输、持有少量的罂粟壳或者罂粟苗可以给予行政处罚，但是如果按照《刑法》的规定，无论数量多少都要给予刑罚。罂粟壳是否属于毒品，对于买卖、运输、持有少量罂粟壳的行为到底如何处理会产生冲突。如2005年11月，朱某伙同他人购进大量罂粟壳在北京市海淀区某批发市场内销售，后于2006年1月9日被公安机关查获，并缴获已经贩卖的罂粟壳2个，经鉴定，缴获的罂粟壳净重11.07克。[①] 如果

---

① 参见庄伟、曾静：《刑法与治安管理处罚法的条款冲突及协调》，载戴玉忠、刘明祥主编：《犯罪与行政违法行为的界限及惩罚机制的协调》，北京大学出版社2008年版，第229页。

按照《刑法》的规定，朱某显然已经构成犯罪，按照《刑法》第347条第4款规定应该给予3年以下有期徒刑、拘役或者管制，并处罚金。而按照《治安管理处罚法》的规定，只能给予拘留或者并处罚款。这种冲突的条款在实践中造成了难题。

三、审判组织职权的差异性

行政审判组织是依法对行政案件进行受理、审理并作出裁判的组织。在我国，根据《行政诉讼法》《刑事诉讼法》和《人民法院组织法》的有关规定，行政审判组织是人民法院的行政审判庭，刑事审判组织是人民法院的刑事审判庭。而行政诉讼是审查行政机关公权力行为之适法性以保护人民权利；刑事诉讼是直接由法院判断应否对犯罪嫌疑人行使刑罚权。二者在制度功能上有所不同。① 人民法院行政审判组织只能对行政机关的具体行政行为是否合法作出评价，刑事司法部门的权限也只是涉及刑事案件。所以行政审判组织在对行政机关的行政行为进行司法审查时，如果涉及刑事问题，其无权作出处理和认定，只能将刑事问题移送刑事司法部门进行刑事诉讼程序。而刑事司法部门除了可以将生效的具体行政行为作为证据采用或者不予采用外，对于涉及行政行为的合法性问题，其也无权作出评价，只能由行政审判组织作出行政行为违法还是合法的认定。由此可见，由于人民法院行政审判组织与刑事审判组织的职权差异，导致不能在一个程序内解决两种性质的争讼，必须按照

---

① 参见翁岳生编：《行政法》（下册），中国法制出版社2002年版，第1328页。

案件性质归属不同的审判组织办理。虽然行政审判组织和刑事审判组织都是人民法院的组成部门，从整体来看二者无论谁作出裁判，都是代表一个法院的整体形象，但是由于不同职权的差异，二者作出矛盾判决都是对法院整体形象的否定。

四、公安机关身份的双重性

公安机关兼有治安行政机关和刑事侦查机关的双重身份，同时享有行政执法权和刑事侦查权的双重职权，可以在两种身份之间转换。有时行为人并不知道公安机关以何种身份行使何种职权。根据最高人民法院适用《中华人民共和国行政诉讼法》的解释（以下简称《行政诉讼法》解释）第1条第2款第2项规定："公安、国家安全等机关依照刑事诉讼法的明确授权实施的行为"，不属于人民法院行政诉讼的受案范围。因而公安机关行使刑事侦查权的行为并不属于行政诉讼的救济范围。但由于刑事侦查措施与行政执法强制措施在外部表现形式上具有相似性，二者都可以限制人身自由权和财产权，都具有强制性。因此在实践中有时很难辨清二者。

实践中，当行为人对公安机关实施的行为提起行政诉讼时，公安机关往往会以其在实施刑事侦查行为、行使刑事侦查权为借口规避被诉。例如，公安机关在治安行政管理和侦查过程中，均可以采取查封和扣押两种强制措施。被废除的收容审查，更是兼有行政强制措施和刑事诉讼强制措施两种性质。一旦公民、法人或者其他组织提起行政诉讼，起诉公安机关采取的拘留、查封、扣押、没收财产等处罚不符合程序或畸重时，公安机关往往立刻将案件转为刑事案件立案侦查，并且通知人民法院行政审判组织不予受理、驳回起诉。理由就是本案已经立案侦查，公安机关所采取的行为是刑事诉讼行为，不在行政诉讼的受案范围之内，人民法院行政审判组织没有权利干涉公安机关的侦查工作。因而导致其可能有规避行政诉讼的可能性。①

第三节　行政诉讼与刑事诉讼冲突的解决

目前，我国尚缺乏有效解决行政诉讼与刑事诉讼交叉与冲突处理的法律规定，总结现有的相关规定主要有以下几个方面：

1.《行政诉讼法》的规定

《行政诉讼法》第 59 条规定："诉讼参与人或者其他人有下列行为之一的，人民法院可以根据情节轻重，予以训诫、责令具结悔过或者处一千元以下的罚款、十五日以下的拘留；构成犯罪的，依法追究刑事责任……"《行政诉讼法》第 66 条规定："人民法院在审理行政案件中，认为行政机关的主管人员、直接责任人员违反政纪的，应当将有关材料移送监察机关、该行政机关或者其上一级行政机关；认为有犯罪行为的，应当将有关材料移送公安、检察机关。"

2. 司法解释的规定

《行政诉讼法》解释第 87 条第 6 项规定："案件的审判须以相关民

---

① 参见高家伟：《论行政诉讼与刑事诉讼的冲突》，《政治与法律》1997 年第 6 期。

事、刑事或其他行政案件的审理结果为依据，而相关案件尚未审结的，中止诉讼。"《行政诉讼法》解释第 82 条规定："当事人之间恶意串通，企图通过诉讼等方式侵害国家利益、社会公共利益或者他人合法权益的，人民法院应当裁定驳回起诉或者判决驳回其请求，并根据情节轻重予以罚款、拘留；构成犯罪的，依法追究刑事责任。"

总体上讲，上述这些规定并没有为解决行政诉讼与刑事诉讼交叉与冲突提供具体可操作的细则。这里有一点值得注意的是，在最高人民法院于 1991 年施行的《关于贯彻执行〈中华人民共和国行政诉讼法〉若干问题的意见（试行)》（现已失效）中，曾对行政诉讼与刑事诉讼发生冲突时的处理规则作出较为明确的规定。该司法解释第 63 条规定："人民法院审理行政案件过程中，发现被处罚人的行为构成犯罪，应当追究刑事责任的，如果对刑事责任的追究不影响本案审理的，应继续审理，并应及时将有关犯罪材料移送有关机关；如果对刑事责任的追究影响本案审理的，应中止诉讼，将有关犯罪材料移送有关机关处理，在有关机关作出最终处理后，再恢复诉讼。"但是，该条规定在 2000 年最高人民法院关于执行《中华人民共和国行政诉讼法》若干问题的解释（以下简称《若干解释》）（现已失效）中并没有保留。虽然《若干解释》第 51 条第 6 项规定与现行《行政诉讼法》解释第 87 条第 6 项表述相同，与原 1991 年司法解释的规定在实质上是一致的，但就文字表述以及操作规则上看，还是原司法解释的规定更为明确可取，操作性更强。正因为现行法律规则没有对行政诉讼与刑事诉讼交织与冲突时如何处理作出明确的规定，理论界和实践中产生了不同的观点和操作方法。①

《若干解释》第 59 条第 4 项规定："法院判决撤销违法的被诉的具体行政行为,将会给国家利益、公共利益或者他人利益造成损失的,在判决撤销的同时发现违法犯罪行为的,建议有权机关依法处理。"这一规定在 2015 年《行政诉讼法》修改时相应的司法解释中也没有予以保留。因而现在对于撤销判决中涉及违法犯罪行为的处理在司法解释中没有规定。

一、行政诉讼与刑事诉讼冲突的处理现状

(一)司法机关的做法

现行法律及司法解释未对行政诉讼与刑事诉讼交叉和冲突的解决作出明确的规定,导致司法实践中遇到此类问题时,人民法院审理此类案件无法可依。司法实践中,各地法院做法不一,归纳起来主要有以下几种处理方法:

一是,如果对刑事责任的追究不影响行政诉讼审理的,行政诉讼继续进行,并将有关犯罪材料移送相关机关进行处理。

二是,遵循"以刑止行、先刑后行"的原则来处理。法院常以"审理行政案件中发现刑事案件"为由,适用"刑事优先"原则,中止行政诉讼,将案件移交公安机关侦查。于是在处理行政诉讼与刑事诉讼的交叉与冲突的案件时法官倾向于中止行政诉讼,采取刑事优先的原则。

---

① 参见黄学贤:《行政诉讼与刑事诉讼之间的关系及其处理》,《苏州大学学报》(哲学社会科学版)2005 年第 4 期。

三是，如果行政诉讼与刑事诉讼二者之中一方是另一方的审判前提，按照"谁为前提谁优先"的原则进行处理。具体做法是裁定中止正在进行的诉讼，待另一诉讼作出判决之后再恢复审理，并根据其诉讼结果作出判决。

（二）有待改善之处

"以刑止行、先刑后行"的做法使行政诉讼当事人的权益保护只有在刑事犯罪行为先得到追究时才能实现，利于及时有效追究犯罪人的刑事责任，也便于案件准确综合审理。[①] 但是这种不加区别的一律"先刑后行"的做法存在着很大的弊端。

首先，不利于行政诉讼原告诉权的保护。严重限制了行政诉讼原告实现诉请的效率性和完结性，有悖于行政诉讼的立法初衷。[②]

其次，不利于行政诉讼制度的发展和保障。"以刑止行、先刑后行"从逻辑阻滞了行政救济渠道和行政诉讼制度目的的实现，并且给行政主体在特定非法制渠道下的政策或手段化解行政纠纷以可乘之机。

再次，不利于司法资源的优化配置和案件的综合处理。对本应以行政诉讼为前提的案件，却"以刑止行、先刑后行"，不仅浪费了大量的司法资源，而且不利于维护司法的严肃性。[③]

最后，在刑事诉讼案件中，人民法院要将案件材料移送侦查机关处

---

① 参见张善 、印波：《论行刑交叉案件的处理》，《长沙铁道学院学报》（社会科学版）2006 年第 3 期。

② 参见陈有西：《我国行政法院设置及相关问题探讨》，《中国法学》1995 年第 1 期。

③ 参见张善 、印波：《论行刑交叉案件的处理》，《长沙铁道学院学报》（社会科学版）2006 年第 3 期。

理，而实行行政处罚的还是公安机关。公安机关兼具治安行政机关和刑事诉讼机关的双重身份，在职权范围内公安机关是将案件当作一般的行政违法行为还是通过立案侦查来追究其刑事责任，在执法上处于两难的境地。

二、行政诉讼与刑事诉讼冲突的解决途径

如前所述，行政诉讼与刑事诉讼关联问题包括二者交叉、冲突和衔接问题，产生关联的原因是多方面的。有些是由于立法原因导致法律法规过于抽象不具体造成的；有些是由于行政机关本身具有行政职能和刑事职能双重身份造成的；有些是由于行政法律关系和刑事法律关系之间的差异以及法院内部审判组织职权的差异造成的。但是不管是何种原因造成的，一旦行政诉讼和刑事诉讼产生冲突或衔接不畅，就应该建立一定的原则来加以解决。

（一）我国现有处理方式

我国学界针对行政诉讼与刑事诉讼交叉与冲突的不同类型，提出了"刑事优先于行政""谁为前提谁优先""行政与刑事并行"和"行政附带刑事"四种处理方式。

1."刑事优先于行政"方式

该观点认为，无论何种情况，都应遵循刑事诉讼优先于行政诉讼的原则。因为"第一，从调整实体法律关系来分析，刑事法律关系实质上是解决国家与犯罪人的关系，其主体地位在法律上是不对等的，内容是国家司法机关代表国家惩罚犯罪，追究犯罪人的刑事责任问题。其相对于行政法律关系是处理行政主体与相对人行政争议上的权利义务关系来

说，更为重要。第二，从保护的社会利益价值分析，刑事诉讼保护的社会利益既有国家利益，也有集体和人民群众合法利益，是各方面利益的综合体。而行政诉讼是维护当事人的合法权益以及社会管理秩序等社会利益，两种不同的诉讼在处理上发生冲突时，应当以保护利益更高的刑事诉讼为先。第三，从审理结果分析，刑事诉讼的审理结果涉及行为人的生命权和人身自由权、财产权等重要权利，行政诉讼的审理结果则是行政机关履行法律职责或者行政赔偿，二者审理结果的严厉性不同，对主体影响程度也不同"[1]。

2."谁为前提谁优先"方式

该观点认为，应借鉴德国的做法，遵循"谁为前提谁优先"的原则。如果某种诉讼应以另一种诉讼的结果为依据，就应该中止该诉讼，等待另一种诉讼的裁判结果，并以此为依据恢复原诉讼后进行裁判，或根据结果终结该诉讼。具体分为以下两种情况：

（1）刑事优先

在行政诉讼以刑事诉讼为前提的情况下，刑事诉讼优先于行政诉讼。因为"法院刑事审判组织最具权威性，行政审判组织对行政行为合法性的审查必须在刑事审判组织对行为人是否构成犯罪的定性作出之后进行"[2]。例如，侵害人对受害人实施侵害，公安机关对侵害人作出治安管理处罚，侵害人认为该处罚显失公正，提起行政诉讼。此后，受害人

---

[1] 参见姚仁安：《刑事、民事、行政三大诉讼相关问题研究》，《行政法研究》1994年第2期。

[2] 黄学贤：《行政诉讼与刑事诉讼之间的关系及其处理》，《苏州大学学报》（哲学社会科学版）2005年第4期。

认为侵害人的行为已经构成犯罪又向法院提起刑事自诉。此时，由于刑事责任重于行政责任，侵害人如果承担了刑事责任，则一般情况下不必再承担行政责任，且侵害人是否承担刑事责任应由人民法院刑事审判庭决定，超出了行政审判庭的审理范围。因此，该问题就成为行政诉讼的审判前提问题。刑事优先的情形包括以下两种：一种是人民法院在行政审判进行中，如果发现行政相对人有犯罪行为，直接将有关材料移送有关机关，按照刑事诉讼程序处理；另一种是在行政机关对行政相对人作出具体行政行为以后，相对人不服提起行政诉讼。在诉讼过程中，行政相对人或者第三人提起刑事自诉或公安机关认为相对人的行为属于刑事犯罪应启动刑事诉讼程序追究其刑事责任。

（2）行政优先

行政诉讼是刑事诉讼的前提，刑事诉讼中的被告人是否构成犯罪、构成何罪以及如何量刑等，都要以行政审判的结果为前提。也就是说，在刑事诉讼过程中，发现诉讼无法继续进行，需要行政诉讼作出判决后，根据行政审判组织的判决，才能继续刑事诉讼。在这种情况下，人民法院对刑事诉讼中的被告人是否定罪、定此罪还是彼罪或者量刑轻重取决于行政行为是否合法。① 具体有如下三种情形：

第一种情形是，行政诉讼的结果决定行为人是否构成犯罪。例如行为人在刑事诉讼进行过程中，对税务机关的行政处罚提起行政诉讼，请求撤销税务机关对其的行政处罚，一旦税务机关的行政处罚被撤销，那

---

① 参见黄学贤：《行政诉讼与刑事诉讼之间的关系及其处理》，《苏州大学学报》（哲学社会科学版）2005 年第 4 期。

么行为就有可能不构成犯罪，只能由行政机关再次作出行政处罚。例如，《刑法》第 201 条第 4 款规定，构成"逃税罪"的行为"经税务机关依法下达追缴通知后，补缴应纳税款，缴纳滞纳金，已经受到行政处罚的，不予追究刑事责任；但是，五年内因逃避缴纳税款受过刑事处罚或者被税务机关给予二次以上行政处罚的除外"。也就是说，如果行为人 5 年内因偷税被税务机关予以两次行政处罚又偷税的，就会被判处相应的刑罚。但是如果行为人 5 年内虽然受到两次行政处罚，但是如果行政相对人能够证明其中的一次行政处罚存在程序违法提起行政诉讼，经人民法院审理后予以撤销行政处罚，那就只构成 5 年内给予一次行政处罚，不符合追究条件。那么再次偷税时，只要及时补缴应纳税款和滞纳金，受到行政处罚后，就不会被追究刑事责任。①

第二种情形是，行政诉讼的结果决定行为人涉嫌何种罪名。在有些职务犯罪的审理中，刑事审判机关暂时无法认定"贪污罪"还是"职务侵占罪"，能否构成这两个罪名的关键就在于被告人所在的企业是否属于国有企业。而认定企业公私的性质取决于工商行政管理机关对该企业性质的登记。如果在刑事诉讼过程中，被告人以工商行政管理机关对该企业的行政登记有误为由，提起行政诉讼，请求撤销该登记时，行政审判的结果就决定了被告人所在企业的性质到底属于国有企业还是私有企

---

① 理论界也有以《刑法》第 201 条第 4 款的规定为依据，主张单纯的"行政优于刑事"的观点，但从《刑法》第 201 条第 4 款规定来看，行为人是否曾受到行政处罚是是否追究其刑事责任的前提，因此，该观点不成立。关于单纯的"行政优于刑事"观点，参见田宏杰：《行政优于刑事：行刑衔接的机制构建》，《人民司法》2010 年第 1 期。

业。因此，在对被告人所在企业性质的行政诉讼还没有最后确定之前，则无法继续进行刑事诉讼。

第三种情形是，行政诉讼的结果决定行为人是否承担刑事责任。行政诉讼结果还可能决定被告人是否承担刑事责任。《刑法》第17条第1款规定："已满16周岁的人犯罪，应当负刑事责任。"当刑事审判机关追究被告人刑事责任的时候，该被告人以公安机关的户籍登记错误，将其年龄登记偏大，实际作案时未满16周岁为由，提起行政诉讼请求撤销该登记时，就可能出现刑事诉讼与行政诉讼的冲突问题。[1] 这种情况下，只能先进行行政诉讼，确认被告人的年龄之后，才能再决定被告人是否应当承担刑事责任。

3."行政与刑事并行"方式

行政与刑事并行方式是指当事人在提起行政诉讼（刑事诉讼）的同时又提起刑事诉讼（行政诉讼），人民法院同时审理两种诉讼的方式。它一般包括两种情况：一种是行政诉讼与刑事诉讼只交织不冲突的情形；另一种是二者冲突的情形。关于第一种情形，当刑事诉讼对行为人犯罪行为予以认定并追究刑事责任并不影响行政诉讼对行政机关具体行政行为合法性的裁判时，两种诉讼完全可以同时进行。[2] 也就是说，由于这类案件的两个诉讼在处理结果上没有联系，相互之间并不产生影

---

[1] 参见四川省高级人民法院行政庭：《关于行政案件与民事、刑事案件交叉问题的调研报告》，载《最高人民法院行政审判庭、行政执法与行政审判》，法律出版社2004年版，第126页。

[2] 参见黄学贤：《行政诉讼与刑事诉讼之间的关系及其处理》，《苏州大学学报》（哲学社会科学版）2005年第4期。

响。所以行政诉讼和刑事诉讼完全可以各自独立进行，行政诉讼没有必要以刑事诉讼的结果为前提，刑事诉讼也没有必要以行政诉讼的结果为前提。例如，南充市顺庆区金台镇某一"精神病患者"于 2005 年 7 月 6 日凌晨一点左右将其爷爷乱刀砍死，在场的群众报警，110 指挥中心立即指令某派出所出警处理，而某派出所派出的警察上午 9 时才赶到案发现场。在警察到来之前，"精神病患者"又持刀追砍村民，致使村民受到轻微伤害。[①] 在这起案件中，如果被砍伤的村民以行政机关的不作为为由提起行政诉讼，人民法院在行政诉讼中，发现公安派出所的负责人涉嫌犯罪，因而将其犯罪材料移送通过刑事诉讼程序处理，同时继续审理行政机关不履行职责的不作为具体行政行为。此时，无论刑事诉讼对该犯罪行为的认定和处理结果如何，均不影响法院对行政机关不履行法定职责的审理。关于第二种情形，从提起行政诉讼与刑事诉讼的形式来看，属于并行模式，但在具体问题上，学者倾向于采用"谁为前提谁优先"的原则。

4."行政附带刑事"方式

行政附带刑事方式只存在于同时提起行政诉讼与刑事自诉的情况，是"行政与刑事并行"方式中的特殊情况所作出的独立方式。对于如何处理行政诉讼与提起刑事自诉的刑事诉讼冲突，实践中提出了行政诉讼附带刑事自诉的概念，即将两案合并审理，在审理解决行政案件的同时

---

① 参见张义成、陈勇：《接警不出致两人被杀——派出所长被判入狱》，https：//www.chinacourt.org/article/detail/2005/11/id/186733.shtml，2020 年 9 月 2 日最后访问。

一并解决刑事自诉案件的问题。①

处理行政诉讼与刑事诉讼交叉与冲突的四种模式各有千秋，但是仔细分析每一种模式，不难发现其中的问题所在。

"刑事优先于行政"方式深受"官本位"思想的影响。一味强调"刑事优先"，不论何种情况行政诉讼都要给刑事诉讼让路。本书认为，这种观点并不合理，不能采纳。主要理由在于：第一，刑事诉讼与行政诉讼处理的法律关系同等重要，不能因为刑事诉讼关系到国家和犯罪人的关系而高于其他。第二，不论是刑事诉讼还是行政诉讼，都是对社会利益的保护，不能以"官本位"思想片面强调国家利益、社会利益一概的高于个人利益、社会管理秩序。第三，虽然刑事诉讼对被告人的影响更大，但是有时确定被告人是否构成犯罪的过程要依赖于行政诉讼中的某些证据，因而一味强调刑事优先并不能解决所有问题。

"行政与刑事并行"方式中的行政诉讼与刑事诉讼只交织不冲突问题的并行处理，并不对行政诉讼与刑事诉讼产生实际影响，也不能解决行政诉讼与刑事诉讼的冲突的问题，因此不必赘述。

"行政附带刑事"方式也是不恰当的。因为，第一，行政附带刑事自诉是以行政诉讼为主，以刑事自诉为附，从理论上讲，只有行政诉讼成立其所附带的刑事诉讼才能成立，但刑事自诉的结果却可能是行政诉讼审判的前提条件，如果侵害人的侵害行为构成犯罪并被追究刑事责任，则行政机关实施行政处罚在定性上就是错误的。由此看来，这与其

---

① 参见方世荣：《行政诉讼与刑事诉讼的冲突及处理》，《法学研究》1994年第5期。

说是行政附带刑事自诉，倒不如说是刑事自诉附带行政诉讼。第二，由人民法院行政审判庭在审理行政案件时附带确定犯罪行为并处以刑罚，根本不符合人民法院内部审判组织的权限分工。第三，它不能解决受害人在其主张自相矛盾这一根本性问题，如果受害人自己不对侵害人提出刑事自诉，又要求行政机关去对侵害人按犯罪行为予以追究，就自诉案件的法律规定而言，这完全又是不可能的。反过来，在受害人自己事先不愿对侵害人提出刑事自诉的情况下，行政机关对侵害人按一般行政违法行为予以行政处罚并无定性的错误。在受害人先同意甚至是请求行政机关来管辖处理侵害人的侵害行为，而不是自己去对侵害人提出刑事自诉时，已表明受害人不愿对侵害人的侵害行为作为犯罪行为看待。①

　　问题是如何理解第二种"谁为前提谁优先"方式和第三种方式中的行政与刑事冲突时的行政诉讼与刑事诉讼并行的处理方式。

　　首先，就"谁为前提谁优先"方式而言，学界似乎将并行的情况放在"谁为前提谁优先"的模式中予以探讨，但是刑事诉讼以行政诉讼为前提和行政诉讼以刑事诉讼为前提的"前提"是不同的。前者属于先决问题，而后者属于审判前提问题，二者的区别在于前者必须以先决问题作为审判的依据，后者则并非以审判结果为依据。例如，前面叙述的职务犯罪认定，就必须以行政诉讼中的登记是否合法准确为依据。有些违法行为虽然不构成犯罪，并非可以免除行政处理。因此，"谁为前提谁优先"原则值得商榷，至少该方式的提法不够准确。其次，就行政诉讼

---

① 　参见方世荣：《行政诉讼与刑事诉讼的冲突及处理》，《法学研究》1994 年第 5 期。

与刑事诉讼冲突的并行方式而言，有些情况下，行政相对人既提出行政诉讼又提出刑事诉讼，是法律赋予的诉讼权利，不能盲目地拒绝受理。但如果法院的不同审判组织对同一事项作出相互矛盾的判决，又有损于法制的统一和法律的尊严。因此对此问题需要慎重对待。

（二）国外的处理方式

1. 法国模式。法国采用的是先将其区分为先决问题和审判前提问题然后再进行处理。区分的标准就是问题的难易程度。在已经进行的诉讼过程中出现需要由另一诉讼程序解决的问题时，如果问题本身很简单，完全可以由已经进行的诉讼附带解决，就成为先决问题，由受诉法院附带解决，而不必移送给有管辖权的法院审判。如果问题本身很复杂，已经超出了受诉法院的审判范围，称为审判前提问题，由受诉法院移送给有管辖权的法院进行审判。

2. 德国模式。对于行政诉讼与刑事诉讼交叉案件的处理方式，有的国家和地区采用"谁为前提谁优先"的原则，即如果行政诉讼的结果是刑事诉讼的前提，则中止刑事诉讼，等行政诉讼结束后再进行刑事诉讼，反之亦然。德国《行政法院法》第49条规定："对受诉争执的判决的一部分或者全部取决于另一法律关系是否存在，而该法律关系为另一具有诉讼系属的案件标的，或者须有另一行政机关做确认的，法院可将诉讼中止，直至另一诉讼的审结或者行政机关作出所有决定。符合诉讼集中原则时，法院也可以根据申请，将审理中止，以便对程序或者形式瑕疵作出补正。"

综上所述，法国模式的特点在于划分先决问题和审判前提问题，根据不同情况不同处理，而德国在总体上采用"谁为前提谁优先"的原则。

（三）本书的方式选择

基于上述分析，笔者认为，行政诉讼与刑事诉讼交叉和冲突问题异常复杂，必须立足于审判实践，针对不同的情形设置不同的处理机制，而不能采取"一刀切"原则。具体而言，对行政诉讼与刑事诉讼交叉与冲突问题的解决，应采用以下几种处理方式：

第一，对于刑事诉讼以行政诉讼的处理结果为先决条件的，优先审理行政诉讼案件。例如，甲乙两人原是夫妻，因感情不和而离婚。此后，乙与另一单身男人同居。甲以离婚程序违法到婚姻登记机关要求撤销离婚决定，遭到婚姻登记机关的拒绝后，又向法院提起行政诉讼，请求法院撤销婚姻登记机关的离婚登记行为。同时甲又向法院提起刑事自诉，请求法院判决乙犯有重婚罪。在这一案例中，行政诉讼中的离婚登记行为是否有效是审理刑事案件的先决条件。因此，应优先审理行政诉讼案件。

第二，除行政诉讼为刑事诉讼先决条件的案件之外，行政诉讼与刑事诉讼相冲突的案件，应优先审理刑事案件。如前所述，这是因为有些行政案件的审理以刑事案件的审理为审判前提，刑事案件未做定论之前行政案件无法审理。而且刑事案件社会危害性大，后果严重，而且刑事责任是最为严厉的一种责任形式，因而先行处理刑事案件有利于更有效地保护被害人的合法权益。同时刑事责任也可能吸收行政责任，先行处理刑事案件也有利于两种责任的吸收处理。因此，从惩治犯罪和保障社会稳定的大局出发，应优先审理刑事案件。

第三，行政诉讼与自诉的刑事诉讼交叉的案件中，产生冲突的主要原因在于当事人同时提出不同的诉讼，主动权在当事人手中，这是其他机关无法控制的。因此，在行政诉讼与自诉的刑事诉讼案件冲突时，可以在兼顾当事人诉权和诉讼经济的基础上考虑运用当事人选择原则来解决冲突。具体包括如下：首先，受害人在请求行政机关处理侵害行为之前，行政机关对属于可提起刑事自诉案件范围的，应告知受害人可以提起刑事自诉。如受害人不愿自诉仍坚持由行政机关处理，表明其已放弃自诉权利，行政机关便可依法对侵害人予以行政处理，受害人对行政处理结果不服仍可提起行政诉讼，但不得再提起刑事自诉，如受害人在请求行政处理后又提起刑事自诉，法院不应受理。其次，在行政诉讼过程中，受害人又提起刑事诉讼的，应采用刑事诉讼优先原则。最后，如果行政诉讼的审理已经结束，受害人不服人民法院关于行政诉讼的判决，认为应当追究侵害人的刑事责任，受害人有权利提起刑事自诉。人民法院应当予以受理，刑事自诉应当正常进行。如果刑事诉讼的审理结果表明行政诉讼判决错误，则应当照审判监督程序予以纠正。

（四）减少行政诉讼与刑事诉讼冲突的路径

行政诉讼与刑事诉讼交叉与冲突问题，既涉及国家法制统一和法律体系的问题，又涉及能否充分保障公民诉讼权利问题。

1.正确处理处理行政诉讼与刑事诉讼的关系

为了有效和准确地对违法行为予以相应的制裁，并更好地体现诉讼正义原则，必须正确处理行政诉讼与刑事诉讼的地位和关系。具体而言，应注意以下几个问题：

第一，"刑事优先"并非意味着刑事诉讼地位更重要，行政诉讼与刑事诉讼之间，无论先进行哪种诉讼，二者的地位都是平等的，都是三大诉讼程序之一，只不过是由于刑事诉讼的特定性质和特殊情况决定刑事优先，以免在两种诉讼之间发生冲突和矛盾。

第二，在刑事优先情形中，行政审判组织认为行政诉讼原告的行为构成犯罪并将犯罪材料移送给刑事侦查机关的行为，只是起一种向有确定权的机关提供查明犯罪线索的作用。[1] 但是，是否构成犯罪还需要检察机关和人民法院刑事审判组织通过刑事诉讼才能确定，如果行政审判组织一意孤行地做出该行为是否构成犯罪，应当如何量刑的判决，不具有法律效力和权威性，它需要服从刑事诉讼对是否构成犯罪作出的最终认定。[2]

第三，应注意刑事诉讼审结后能否提起与其相关的行政诉讼。《行政诉讼法》解释第 69 条第 1 款第 9 项规定："下列情形之一，已经立案的，应当裁定驳回起诉……诉讼标的已为生效裁判或者调解书所羁束的……"关于此规定的理解，主流观点认为，生效判决包括所有的法院判决，因此从理论上讲，法院的一个审判庭作出的生效裁判对本院其他审判庭具有约束力。所以，相对人对生效裁判认定的具体行政行为不服提起行政诉讼，法院不应当受理，否则就可能出现法院对同一具体行政

---

① 胡建淼主编：《行政诉讼法》，法律出版社 2004 年版，第 306 页。

② 参见江必新主编：《中国行政诉讼制度的完善：行政诉讼法修改问题实务研究》，法律出版社 2005 年版，第 218—219 页。

行为作出不同的裁判。对于不同法院所作的判决则应当作不同的处理。诉讼标的为上级法院生效裁判所羁束的，对于当事人的起诉，法院不应当受理。但是诉讼标的为下级法院生效裁判羁束的，上级法院则应当有权受理。至于诉讼标的为其他上下级关系的法院生效裁判所羁束的，法院也可以受理。①

另外，至于行政诉讼审结后，能否再启动刑事诉讼程序问题不能一概而论。② 在行政诉讼审结后，如果国家公诉机关认为原行政诉讼中当事人的行为已经触犯刑法而构成犯罪需要提起刑事公诉，通过刑事诉讼程序查明有关当事人的行为确实构成犯罪需要追究刑事责任。这时必须由法院通过审判监督程序来解决行政诉讼中的错误裁判，以保持行政诉讼与刑事诉讼的协调。在行政诉讼审结后如果当事人提起刑事自诉的，则要区别不同的情况分别对待。如果在行政机关对违法行为人被处理之前，明确告知受害人可以提起刑事自诉，而受害人仍然选择行政机关处理的，则对受害人提起的刑事自诉案件就不再受理。如果在行政机关对违法行为人被处理之前，未明确告知受害人可以提起刑事自诉，则在行政诉讼审结后，若受害人对行政诉讼的结果不满而提起刑事自诉的，则应当受理。受理后如果查明侵害人的行为确实构成犯罪而需要追究刑事责任的，则由法院通过审判监督程序来解决行政诉讼中的问题。

2. 正确行使司法裁量权

① 参见甘文：《行政诉讼法司法解释之评论——理由、观点与问题》，中国法制出版社 2000 年版，第 127—129 页。

② 参见黄学贤：《行政诉讼与刑事诉讼之间的关系及其处理》，《苏州大学学报》（哲学社会科学版）2005 年第 4 期。

　　处理行政诉讼与刑事诉讼交叉与冲突问题，应正确行使司法裁量权。其实行政诉讼和刑事诉讼的交叉和冲突，很大程度上是由于法院内部不同审判组织的法官对案件的认识不同所造成的。两个审判组织的法官都运用司法裁量权对案件进行分析，却可能得出不同的结论。"司法裁量权意味着法官在具体的个案审判过程中拥有衡平与选择的权力，进而在抽象、稳定的成文法与具体、变化的法律事实之间建构起弥合二者的法律机制。"①

　　由于成文法存在的固有缺陷、司法活动认定的案件事实和案件的客观事实之间的差距以及法律推理过程的存在等原因，法官总是要在司法审判过程中运用司法裁量权对案件的性质、客观情节、案件事实与法律规范之间的关系以及案件处理结果等问题进行裁量，并得出最终的结论。因此，不可避免地存在司法裁量权，但是却必须进行控制，否则会导致法官审判权力的滥用。"现代法治实践证明，当裁量过宽或过度时，公正也可能被专断和不平等所侵害，从而构成对个案正义的一种潜在的威胁，甚至直接的危害。"②就行政诉讼与刑事诉讼的交叉和冲突而言，加强对法官司法裁量权的控制尤为重要。因为两种诉讼的性质和处理结果完全不同，对于同一个案件，究竟是认定为行政案件还是刑事案件，这对当事人的权利义务影响非常大。所以，"我们的任务是去寻找有效

---

① 张旭勇：《论司法裁量权的成因》，《浙江省政法管理干部学院学报》2000年第4期。

② 周佑勇：《行政裁量治理研究：一种功能主义的立场》，法律出版社2008年版，第54页。

的控制机制，让'法律终止的地方'，真正是'个案正义的开始'。"[①]

因此，有效地规制司法裁量权，就必须建立科学合理的司法裁量基准。所谓司法裁量基准，是指司法机关在法律规定的裁量空间内，依据立法者意图以及比例原则等的要求并结合司法审判经验的总结，按照裁量涉及的各种不同事实情节，将法律规范预先规定的裁量范围加以细化，并设以相对固定的具体判断标准，[②] 它实际上"是对有关裁量权行使范围等方面的法律规范加以具体化的解释，是沟通'抽象的法规与具体的事实之间的必要媒介'"[③]。

具体处理行政诉讼与刑事诉讼的交叉和冲突的司法裁量基准而言，笔者认为，应当区分处理行政诉讼与刑事公诉交叉与冲突和行政诉讼与刑事自诉交叉与冲突的两类裁量基准。

在第一类裁量基准中，行政诉讼与刑事公诉案件之间的交叉与冲突，主要包括行政违法行为的责任追究问题和行政相对人的违法行为责任追究问题。关于行政不法行为的责任追究，行政诉讼和刑事公诉的交叉和冲突处理应当遵循的规则是如果追究的是执法机关的责任，那么应当由行政诉讼来处理，如果追究的是行政执法人员的责任，则应当由刑事诉讼来处理。因为行政诉讼的被告只能是行政主体，而不包括公务员群体，但是刑法中的职务犯罪主体则是国家机关、国有公司、企业事业

① 余凌云：《行政法讲义》，清华大学出版社 2011 年版，第 159 页。
② 参见周佑勇：《行政裁量治理研究：一种功能主义的立场》，法律出版社 2008 年版，第 57 页。
③ 周佑勇：《行政裁量治理研究：一种功能主义的立场》，法律出版社 2008 年版，第 58 页。

单位、人民团体工作人员。关于行政相对人的违法行为责任追究，则应当对现行法律规定进行裁量格次的划定，根据裁量情节划定不同的裁量格次，然后交由不同审判组织的法官遵照执行。所谓裁量情节，是指那些对裁量最终处理决定有直接影响和作用的各种主客观事实情况。根据裁量情节是否有明确的法律规定，裁量情节划分为法定情节和酌定情节。前者是指法律、法规明确规定，法官在作出司法裁量时必须考虑的情节，例如，相对人是否是未成年人，是否主动投案，是否主动消除违法后果等。后者是指客观上可能对裁判后果产生影响，但是未在正式法律中得到明文规定的，可由法官酌情裁量的情节。这些裁量情节应当作为裁量基准制定的基本依据。

在第二类裁量基准中，行政诉讼和刑事自诉之间的交叉与冲突是由当事人的起诉行为引起的，但是这并不影响裁量基准的制定。由于刑事自诉案件不涉及职务犯罪的问题，所以这一类司法裁量基准的制定主要还是要依据裁量情节来制定。因为，司法裁量基准制定的核心是将法定的裁量幅度划分为若干裁量格次，并预设每一格次的裁量标准，其目的就是为了限缩司法机关的裁量余地，增强法条的可操作性。

结　语

　　行政法与刑法的关系是司法实务中的疑难问题，也是法学理论研究热点问题之一，具有实践和理论双重研究价值。对于此问题亟需法学界的深入研究。

　　本书的创新之处体现在以下几个方面：

　　第一，丰富了行政法学与刑法学的跨学科研究，有利于边缘学科研究的兴起和发展。本书从基本理论、实体关联问题研究和程序关联问题研究等方面对行政法学与刑法学的关联问题做了初步的探讨，提出了一些处理行政与刑事法律关联问题的方法和模式。这些方法和模式既涉及行政法领域，又涉及刑法领域，丰富了行政法与刑法边缘交叉问题的研究。

　　第二，促进了我国法治建设的良性运作。亚里士多德在阐述法治概念时，将法治归结为两个要素：一是良法，二是良法得到有效实施。具体到中国而言，我国的法治建设在这两个方面亟待改进。首先，我国目前的立法虽然在数量上已经比较可观，但是法律与法律之间在规定上存在冲突，极大地削弱了法律的权威性。其次，我国目前的法律适用机制仍然较为粗糙，不同的部门法在适用上相互矛盾，法律实施面临一定的困难。本书以行政与刑事法律关联问题的处理为探讨契机，能够为我国在法治建设中存在的问题提供有益的解决途径。

第三，本书既有理论阐述，又有实证分析，在具体的内容方面实现了一定的创新：一是将行政法学的基本理论和刑法学的基本理论融合贯通，相互借鉴。例如将行政行为理论和空白罪状理论进行结合，将行政裁量的基本理论和司法裁量权相结合，丰富了我国的司法裁量权理论特别是关于不同审判组织之间针对同一案件事实如何处理的司法裁量权理论；二是首次提出行政行为对犯罪行为的影响理论，归纳出行政法律规范对刑法具有区分罪与非罪、此罪与彼罪、量刑、代替处罚、司法证明等 5 种影响，并针对我国目前在这方面存在的问题提出了处理抽象行政行为和具体行政行为对犯罪行为影响的思路，这对于今后的刑事立法和刑法修订具有一定的积极意义；三是提出了处理行政诉讼和刑事诉讼交叉与冲突的处理模式，即"具体问题具体处理"的方式。

本书虽然对上述问题做了深入、细致的探讨，但是由于笔者水平和资料缺乏的原因，仍有一些问题尚待深入研究。

第一，在研究范围上，除本书探讨的行政违法行为（行政相对人的违法行为）外，还有行政主体的行政违法行为。关于行政主体的行政违法行为与刑法关联问题，有待于观察今后的理论与实践经验的积累，条件成熟后再进行深入的研究。

第二，在抽象行政行为对犯罪构成的规范效应中，主要探究抽象行政行为对于刑法犯罪构成的影响。但是关于抽象行政行为对量刑、证据的证明等刑事领域影响的研究尚很缺乏，不够深入。即使是行政行为对刑法犯罪构成的影响，在一些具体的领域，例如对于行政解释对犯罪行为的影响类型等仍待更深入的研究。本书尚缺乏对"其他规范性文件"合法性辨别以及其对犯罪构成的规范效应等问题的研究，需要今后展开系统的研究。

第三，关于行政解释中的独立解释和联合解释对犯罪构成的规范效应中，笔者主要是考虑到我国现阶段正处于法治发展时期和各地发展水平不平衡以及行政解释实际发挥的作用等情况，肯定了其对犯罪构成的规范效应。但从实质法治原则的角度来讲，前述的"其他规范性文件"和行政解释的合理性问题，均存在违背法律保留原则的嫌疑。或许解决这一问题需要先进的法治背景。

第四，在具体行政行为对犯罪构成的规范效应中，仅以几种代表性的具体行政行为作为研究重点，对其行政行为的效应问题进行了粗浅的研究。实际上，对其中的每个具体行政行为都可以进行更为深入和细致的研究。尤其是行政命令的程序违法或者不成立，是否会影响犯罪构成的成立。若违法或不当地实施行政命令，将导致对行政相对方合法权益的侵害。行政命令如有瑕疵例如越权行政命令，程序违法的行政命令、自由裁量失衡的行政命令，是否会对犯罪构成产生影响有待日后研究。

第五，在程序关联问题中，不应仅囿于探讨行政诉讼与刑事诉讼的关联，而应当将行政复议、行政监督与刑事诉讼的关系都纳入程序关联问题的范畴中进行讨论。在具体的措施方面，不论是立法程序完善、司法程序完善还是行政执法程序完善的措施都略显粗糙，在可操作性方面仍需要进一步努力。

　　行政法与刑法的良好衔接不可能是一蹴而就的，而必须通过一系列可行的措施逐步走向完善。

参考文献

一、学术著作

1. 毕雁英:《宪政权力架构中的行政立法程序》,法律出版社 2010 年版。

2. 蔡道通:《刑事法治的基本立场》,北京大学出版社 2008 年版。

3. 陈新民:《中国行政法学原理》,中国政法大学出版社 2002 年版。

4. 陈兴良:《本体刑法学》,商务印书馆 2001 年版。

5. 陈兴良:《规范刑法学》,中国人民大学出版社 2008 年版。

6. 陈兴良:《刑法的价值构造》,中国人民大学出版社 1998 年版。

7. 陈兴良:《刑法的启蒙》,法律出版社 1998 年版。

8. 陈兴良:《刑法哲学》,中国政法大学出版社 1997 年版。

9. 陈兴良:《刑事法治论》,中国人民大学出版社 2007 年版。

10. 陈兴良主编:《刑事司法研究》,中国方正出版社 1996 年版。

11. 陈正云:《刑法的精神》,中国方正出版社 1999 年版。

12. 陈忠林:《意大利刑法纲要》,中国人民大学出版社 1999 年版。

13. 储槐植:《美国刑法》第 3 版,北京大学出版社 2005 年版。

14. 储槐植:《刑事一体化与关系刑法论》,北京大学出版社 1997 年版。

15. 崔卓兰主编:《行政程序法要论》,吉林人民出版社 1996 年版。

16. 崔卓兰主编:《行政法学》,吉林大学出版社 1998 年版。

17. 戴玉忠、刘明祥主编：《犯罪与行政违法行为的界限及惩罚机制的协调》，北京大学出版社 2008 年版。

18. 董皞：《司法解释论》，中国政法大学出版社 2007 年版。

19. 方世荣：《论行政相对人》，中国政法大学出版社 2000 年版。

20. 方世荣：《论具体行政行为》，武汉大学出版社 1996 年版。

21. 方世荣主编：《行政法原理与实务》，中国政法大学出版社 2002 年版。

22. 冯军：《行政处罚法新论》，中国检察出版社 2003 年版。

23. 冯亚东：《刑法的哲学与伦理学——犯罪概念研究》，中国政法大学版社 1999 年版。

24. 甘文：《行政诉讼司法解释之评论——理由、观点与问题》，中国法制出版社 2000 年版。

25. 甘雨沛、何鹏：《外国刑法学》（上），北京大学出版社 1985 年版。

26. 高铭暄、马克昌主编：《刑法学》（上），中国法制出版社 1999 年版。

27. 高铭暄、马克昌主编：《刑法学》，高等教育出版社 2000 年版。

28. 高铭暄、赵秉志：《新中国刑法学研究历程》，中国方正出版社 1999 年版。

29. 高铭暄主编：《新中国刑法学研究综述（1949—1985）》，河南人民出版社 1986 年版。

30. 高铭暄主编：《刑法学原理》（第 1 卷），中国人民大学出版社 2005 年版。

31. 龚祥瑞：《比较宪法与行政法》，法律出版社 2003 年版。

32. 关保英：《行政法的价值定位——效率、程序及其和谐》，中国政法大学出版社 1999 年版。

33. 郭道晖：《当代中国立法》，中国民主法制出版社 1998 年版。

34. 韩忠谟：《刑法原理》，中国政法大学出版社 2002 年版。

35. 何秉松：《犯罪构成系统论》，中国法制出版社 1995 年版。

36. 胡建淼主编：《行政法学》，法律出版社 1998 年版。

37. 胡建淼主编：《行政法学》，复旦大学出版社 2003 年版。

38. 胡建淼主编：《行政诉讼法学》，法律出版社 2004 年版。

39. 胡建淼主编：《行政诉讼法学》，高等教育出版社 2003 年版。

40. 胡锦光：《行政处罚研究》，法律出版社 1998 年版。

41. 黄河：《行政刑法比较研究》，中国方正出版社 2001 年版。

42. 黄明儒：《行政犯比较研究——以行政犯的立法与性质为视点》，法律出版 2004 年版。

43. 黄学贤、陈仪：《行政诉讼若干问题研究》，厦门大学出版社 2008 年版。

44. 季卫东：《法治秩序的建构》，中国政法大学出版社 1999 年版。

45. 江必新、梁凤云：《行政诉讼法理论与实务》，北京大学出版社 2009 年版。

46. 江必新主编：《中国行政诉讼制度的完善：行政诉讼法修改问题实务研究》，法律出版社 2005 年版。

47. 姜明安主编：《行政程序研究》，北京大学出版社 2006 年版。

48. 姜明安主编：《行政法与行政诉讼法》第 4 版，北京大学出版社、高等教育出版社 2011 年版。

49. 姜伟：《犯罪形态通论》，法律出版社 1994 年版。

50. 金国坤：《行政程序法论》，中国检察出版社 2002 年版。

51. 金学峰：《无效行政行为研究》，法律出版社 2005 年版。

52. 柯耀程：《变动中的刑法思想》，中国政法大学出版社 2003 年版。

53. 劳东燕：《刑法基础的理论展开》，北京大学出版社 2008 年版。

54. 黎宏：《日本刑法精义》，中国检察出版社 2004 年版。

55. 李海东：《刑法原理入门》，法律出版社 1998 年版。

56. 李洁：《论罪刑法定的实现》，清华大学出版社 2006 年版。

57. 李洁：《罪与刑立法规定模式》，北京大学出版社 2008 年版。

58. 李伟民：《法律词源》，中国工人出版社 1994 年版。

59. 李希昆、陆志明主编：《行政法与行政诉讼法学》，重庆大学出版社 2007 年版。

60. 李晓明：《行政刑法新论》（第二版），法律出版社 2019 年版。

61. 李晓明：《行政刑法学》，群众出版社 2005 年版。

62. 李晓明：《行政刑法学导论》，法律出版社 2003 年版。

63. 梁根林：《刑事法网：扩张与限缩》，法律出版社 2005 年版。

64. 林纪东：《行政法》，台北三民书局 1980 年版。

65. 林山田：《论刑事不法与行政不法》，载林山田：《刑事法论丛（二）》，台大法律系 1997 年 3 月初版。

66. 刘仁文等译：《美国模范刑法典及其注评》，法律出版社 2005 年版。

67. 刘鑫帧：《论裁量处分与不确定法律概念》，台湾五南出版公司 2005 年版。

68. 刘艳红、周佑勇：《行政刑法的一般理论》，北京大学出版社 2008 年版。

69. 刘艳红：《开放的犯罪构成要件理论研究》，中国政法大学出版社 2002 年版。

70. 罗豪才、湛中乐主编：《行政法学》，北京大学出版社 2006 年版。

71. 罗豪才主编：《行政法学》，中国政法大学出版社 1996 年版。

72. 马怀德主编：《行政诉讼原理》（第 2 版），法律出版社 2009 年版。

73. 马克昌：《比较刑法原理》，武汉大学出版社 2002 年版。

74. 马克昌：《犯罪通论》，武汉大学出版社 1999 年版。

75. 马克昌：《刑罚通论》，武汉大学出版社 1999 年版。

76. 马克昌主编：《近代西方刑法学说史略》，中国检察出版社 1996 年版。

77. 马克昌主编：《刑法学全书》，上海科学技术文献出版社 1993 年版。

78. 沈宗灵：《现代西方法理学》，北京大学出版社 1992 年版。

79. 宋功德：《聚焦行政处理——行政法上的"熟悉的陌生人"》，北京大学出版社 2007 年版。

80. 孙丽岩：《授益行政行为研究——探寻行政法通道内的公共资源配置》，法律出版社 2007 年版。

81. 田宏杰：《违法性认识研究》，中国政法大学出版社 1998 年版。

82. 童德华：《规范刑法原理》，中国人民公安大学出版社 2005 年版。

83. 童德华：《外国刑法原论》，北京大学出版社 2005 年版。

84. 王安异：《刑法中的行为无价值与结果无价值研究》，中国人民公安大学出版社 2005 年版。

85. 王成栋：《政府责任论》，中国政法大学出版社 1998 年版。

86. 王名扬：《法国行政法》，中国政法大学出版社 1989 年版。

87. 王名扬：《美国行政法》，中国法制出版社 1995 年版。

88. 王名扬：《英国行政法》，中国政法大学出版社 1987 年版。

89. 王明星：《刑法谦抑精神研究》，中国人民公安大学出版社 2005 年版。

90. 王振清主编：《行政诉讼法前沿问题——研究·问题·思考·探索》，中国方正出版社 2004 年版。

91. 王志远：《犯罪成立理论原理——前序性研究》，中国方正出版社 2005 年版。

92. 翁岳生编：《行政法》（下册），中国法制出版社 2002 年版。

93. 吴庚：《行政法之理论与实用》，台北三民书局 1998 年版。

94. 吴雷、赵娟、杨解君：《行政违法行为判解》，武汉大学出版社 2007 年版。

95. 肖中华：《犯罪构成及其关系论》，中国人民大学出版社 2000 年版。

96. 熊文钊主编：《行政法通论》，中国人事出版社 1995 年版。

97. 许崇德、皮纯协主编：《新中国行政法学研究综述》，法律出版社 1991 年版。

98. 杨春洗、杨敦先主编：《中国刑法论》，北京大学出版社 1998 年版。

99. 杨海坤、黄学贤主编：《行政诉讼：基本原理与制度完善》（修订版），中国人事出版社 2008 年版。

100. 杨海坤、章志远：《中国行政法基本理论研究》，北京大学出版社 2004 年版。

101. 杨海坤、章志远主编：《行政诉讼法专题研究》，中国法制出版社 2006 年版。

102. 杨建顺：《日本行政法通论》，中国法制出版社 1998 年版。

103. 杨解君：《行政责任问题研究》，北京大学出版社 2005 年版。

104. 杨临萍：《行政许可法与司法审查》，人民法院出版社 2004 年版。

105. 叶必丰、周佑勇：《行政规范研究》，法律出版社 2002 年版。

106. 叶必丰：《行政行为效力研究》，中国人民大学出版社 2002 年版。

107. 叶俊荣：《面对行政程序法》，台北元照出版有限公司 2002 年版。

108. 应松年主编：《行政法学总论》，中国工人出版社 1985 年版。

109. 于志刚主编：《案例刑法学总论》，中国法制出版社 2010 年版。

110. 余凌云：《行政法讲义》，清华大学出版社 2011 年版。

111. 余凌云：《行政自由裁量论》，中国公安大学出版社 2005 年版。

112. 张家洋：《行政法》，台北三民书局 1991 年版。

113. 张明楷：《法益初论》，中国政法大学出版社 2003 年版。

114. 张明楷：《外国刑法纲要》，清华大学出版社 1999 年版。

115. 张明楷：《刑法的基本立场》，中国法制出版社 2002 年版。

116. 张明楷：《刑法格言的展开》，法律出版社 1999 年版。

117. 张明楷：《刑法学》（第 3 版），法律出版社 2007 年版。

118. 张明楷译：《日本刑法典》，法律出版社 2006 年版。

119. 张树义主编：《行政程序法教程》，中国政法大学出版社 2005 年版。

120. 张树义主编：《行政法学》，北京大学出版社 2005 年版。

121. 章剑生主编：《行政诉讼法学》，高等教育出版社 2006 年版。

122. 章志远：《行政诉讼法前沿问题研究》，山东人民出版社 2008 年版。

123. 赵秉志：《刑法基础理论探索》，法律出版社 2000 年版。

124. 赵秉志主编：《犯罪总论问题探索》，法律出版社 2003 年版。

125. 赵秉志主编：《刑法评论》（第 1 卷），法律出版社 2002 年版。

126. 赵秉志主编：《刑法争议问题研究》，河南人民出版社 1996 年版。

127. 中国社会科学院语言研究所词典编辑室编：《现代汉语词典》，商务印书馆 2004 年版。

128. 周光权：《刑法学的向度》，中国政法大学出版社 2004 年版。

129. 周佑勇、刘艳红：《行政刑法的一般理论》（第二版），北京大学出版社 2020 年版。

130. 周佑勇、刘艳红：《行政刑法的一般理论》，北京大学出版社 2008 年版。

131. 周佑勇：《行政裁量治理研究：一种功能主义的立场》，法律出版社 2008 年版。

132. 朱新力：《法治社会与行政裁量的基准研究》，法律出版社 2008 年版。

133. 朱新力主编：《行政法学》，高等教育出版社 2007 年版。

二、译著与外文

1.H.Welzel，Das deutsche Strafrecht.Eine systematische Darstellung，Walter de Gruyter&Co,1969,S.23.

2.[德] 格吕恩特·雅科布斯：《行为责任刑法——机能性描述》，冯军译，中国政法大学出版社 1997 年版。

3.[德] 汉斯-格奥尔格·伽达默尔：《哲学解释学》，夏镇平、宋建平译，上海译文出版社 2004 年版。

4.[德] 汉斯·海因里希·耶塞克、托马斯·魏根特：《德国刑法教科书》，徐久生译，中国法制出版社 2001 年版。

5.[德] 黑格尔：《逻辑学》（上卷），杨一之译，商务印书馆 1976 年版。

6.[德] 劳克斯·罗克辛：《德国刑法学总论》第 1 卷，王世洲译，法律出版社 2005 年版。

7.[法] 狄骥：《宪法论》，钱克新译，商务印书馆 1962 年版。

8.[法] 卡斯东·斯特法尼等：《法国刑法总论精义》，罗结珍译，中国政法大学出版社 1998 年版。

9.[法] 卢梭：《社会契约论》，何兆武译，商务印务馆 2003 年版。

10.[法] 孟德斯鸠：《论法的精神》(上册)，张雁深译，商务印书馆 1987 年版。

11.[美] E.博登海默：《法理学：法律哲学与法律方法》，邓正来译，中国政法大学出版社 1999 年版。

12.[美] 伯尔曼：《法律与宗教》，梁治平译，中国政法大学出版社 2003 年版。

13.[美] 道格拉斯·N.胡萨克：《刑法哲学》，谢望原译，中国人民公安大学出版社 1994 年版。

14.[美] 理查德·A.波斯纳：《法理学问题》，苏力译，中国政法大学出版社 1994 年版。

15.[美] 欧内斯特·盖尔霍恩、罗纳德·利文：《行政法和行政程序法》，黄列译，中国社会科学出版社 1996 年版。

16.[美] 约翰·亨利·梅里曼：《大陆法系》，顾培东、禄正平译，知识出版社

1984 年版。

17.[美] 约翰·罗尔斯:《正义论》,何怀宏等译,中国社会科学出版社 1988
年版。

18.[日] 曾根威彦:《刑法学基础》,黎宏译,法律出版社 2005 年版。

19.[日] 大谷实:《刑法总论》,黎宏译,法律出版社 2003 年版。

20.[日] 大塚仁:《犯罪论的基本问题》,冯军译,中国政法大学出版社 1993
年版。

21.[日] 福田平:《行政刑法》,有斐阁 1959 年版。

22.[日] 宫本英修:《刑法大纲》,成文堂 1984 年版。

23.[日] 泷川幸辰:《犯罪论序说》,有斐阁 1955 年版。

24.[日] 西原春夫:《刑法的根基与哲学》,顾肖荣等译,法律出版社 2004
年版。

25.[日] 盐野宏:《行政法》,杨建顺译,法律出版社 1999 年版。

26.[日] 佐伯千仞:《犯罪与刑罚》(上),有斐阁 1968 年版。

27.[日] 福田平、大塚仁编:《日本刑法总论讲义》,李乔等译,辽宁人民出版
社 1986 年版。

28.[意] 切萨雷·贝卡利亚:《论犯罪与刑罚》,黄风译,中国方正出版社
2004 年版。

29.[英] H.L.A.哈特:《法律的概念》,许家馨、李冠宜译,法律出版社 2006
年版。

30.[英] 哈耶克:《自由秩序原理》(上),邓正来译,上海三联书店 1997
年版。

31.[英] 卡罗尔·哈洛、理查德·罗林斯:《法律与行政》(上卷),杨伟东等
译,商务印书馆 2004 年版。

32.[英] 休谟:《人性论》(下),吴文运译,商务印书馆 1980 年版。

33.[英] 约翰·密尔:《论自由》,程崇华译,商务印书馆 1982 年版。

三、专著析出文章

1.陈建旭：《犯罪与行政违法行为之规范理论与界限》，载戴玉忠，刘明祥主编：《犯罪与行政违法行为的界限及惩罚机制的协调》，北京大学出版社 2008 年版。

2.董邦俊、李俊：《简论行政犯罪的惩罚机制及其协调》，载戴玉忠、刘明祥主编：《犯罪与行政违法行为的界限及惩罚机制的协调》，北京大学出版社 2008 年版。

3.李翔、张新亚：《刑事犯、行政犯的区分于刑事立法模式的整合》，载戴玉忠、刘明祥主编：《犯罪与行政违法行为的界限及惩罚机制的协调》，北京大学出版社 2008 年版。

4.刘涛：《刑事不法与行政不法》，载韩玉胜主编：《刑法学博士生论文精粹（2007 届）》，中国检察出版社 2008 年版。

5.刘为波：《诠说的底线——对以社会危害性为核心话语的我国犯罪观的批判性考察》，载陈兴良：《刑事法评论》（第 6 卷），北京大学出版社 1999 年版。

6.刘中发：《行政不法与刑事不法的调控辩解探析》，载戴玉忠、刘明祥主编：《犯罪与行政违法行为的界限及惩罚机制的协调》，北京大学出版社 2008 年版。

7.伦朝平：《论刑法与治安管理处罚法的协调——以对治安拘留场所监督和劳动教养制度改造为视角》，载戴玉忠、刘明祥主编：《和谐社会语境下刑法机制的协调》，北京大学出版社 2008 年版。

8.许成磊：《刍议刑事不法与行政不法的界限——以〈治安管理处罚法〉为视角》，载戴玉忠、刘明祥主编：《犯罪与行政违法行为的界限及惩罚机制的协调》，北京大学出版社 2008 年版。

9.袁飞：《行政法与刑法的衔接问题研究——以毒品犯罪法律适用的行刑衔接问题为视角》，《上海法学研究》集刊（2020 年第 2 卷），上海市法学会 2020 年版。

10.张爱晓：《犯罪与行政违法行为界定的理论基础》，载戴玉忠、刘明祥主编：《犯罪与行政违法行为的界限及惩罚机制的协调》，北京大学出版社 2008 年版。

11.张书琴：《行政执法与刑事执法衔接机制的研究》，载戴玉忠、刘明祥：《犯罪与行政违法行为的界限及惩罚机制的协调》，北京大学出版社 2008 年版。

12. 周永坤：《司法制度改革论纲》，载南京师范大学法制现代化研究中心编：《法制现代化研究》，南京师范大学出版社 2000 年版。

13. 庄伟、曾静：《刑法与治安管理处罚法的条款冲突及协调》，载戴玉忠、刘明祥主编：《犯罪与行政违法行为的界限及惩罚机制的协调》，北京大学出版社 2008 年版。

四、期刊文章

1. 邴长策：《行政解释的概念探究》，《法学杂志》2008 年第 3 期。

2. 蔡道通：《当代刑法的两大基本理念及其意义》，《南京师大学报》（社会科学版）2003 年第 4 期。

3. 蔡婷婷：《行政违法与刑事违法竞合关系下之归罪路径研究》，《法律适用》2018 年第 5 期。

4. 曹实：《行政命令地位和功能之再认识》，《学术交流》2014 年第 12 期。

5. 曾粤兴、张勇：《论我国环境刑法与环境行政法之间的协调与衔接》，《河南财经政法大学学报》2013 年第 6 期。

6. 曾粤兴：《尊重与保障：刑法如何介入行政法领域——从打击"地沟油"犯罪切入》，《北方法学》2013 年第 6 期。

7. 陈超然、樊彦敏：《行政法规在刑事司法中的适用》，《华东政法大学学报》2013 年第 3 期。

8. 陈瑞华：《行政法与刑法交叉地带的律师刑事业务》，《中国律师》2018 年第 10 期。

9. 陈景辉：《合规范性：规范基础上的合法观念——兼论违法、不法与合法的关系》，《政法论坛》2006 年第 2 期。

10. 陈瑞华、杨茂宏：《论两种特殊证据的刑事证据资格》，《人民检察》2014 年第 13 期。

11. 陈瑞华：《行政不法事实与犯罪事实的层次性理论——兼论行政不法行为向犯罪转化的事实认定问题》，《中外法学》2019 年第 1 期。

12.陈伟、赵赤：《多次犯中的行政处罚与刑罚交叉适用问题研究》，《西南政法大学学报》2017年第4期。

13.陈兴良、刘树德：《犯罪概念的形式和实质化辨正》，《法律科学》1999年第6期。

14.陈兴良：《入罪与出罪：罪刑法定司法化的双重考察》，《法学》2002年第12期。

15.陈兴良：《四要件犯罪构成的结构性缺失及其颠覆——从正当行为切入的学术史考察》，《现代法学》2009年第11期。

16.陈兴良：《违法性理论：一个反思性检讨》，《中国法学》2003年第1期。

17.陈兴良：《刑法谦抑的价值蕴含》，《现代法学》1996年第3期。

18.陈兴良：《刑法司法公正论》，《中国人民大学学报》1997年第1期。

19.陈兴良：《作为犯罪构成要件的罪量要素》，《环球法律评论》2003年秋季号。

20.陈有西：《我国行政法院设置及相关问题探讨》，《中国法学》1995年第1期。

21.储槐植、汪永乐：《再论我国刑法中的定量因素》，《法学研究》2000年第2期。

22.储槐植、张永红：《善待社会危害性观念——从我国刑法第13条但书说起》，《法学研究》2002年第3期。

23.储槐植：《论我国犯罪学理论框架及研究目标》，《社会公共安全研究》1994年第1期。

24.储槐植：《刑法研究的思路》，《中外法学》1991年第1期。

25.崔卓兰、孙波：《地方立法质量提高的分析和探讨》，《行政法学研究》2006年第3期。

26.崔卓兰：《依法行政与行政程序法》，《中国法学》1994年第4期。

27.董邦俊：《环境法与环境刑法衔接问题思考》，《法学论坛》2014年第2期。

28.董坤：《行、刑衔接中的证据问题研究——以〈刑事诉讼法〉第52条第2款为分析文本》，《北方法学》2013年第4期。

29.杜辉：《论人民法院的超法规出罪权》，《湖北社会科学》2010年第3期。

30.杜磊：《行政证据与刑事证据衔接规范研究——基于刑事诉讼法第52条第

2 款的分析》，《证据科学》2012 年第 6 期。

31. 樊文：《罪刑法定与社会危害性的冲突——兼析新刑法第 13 条关于犯罪的概念》，《法律科学》1998 年第 1 期。

32. 方鹏：《德日期待可能性理论比较研究——超法规责任阻却事由为视角》，《法律评论》2008 年春季卷。

33. 方世荣：《行政诉讼与刑事诉讼的冲突及处理》，《法学研究》1994 年第 5 期。

34. 冯俊伟：《行政执法证据进入刑事诉讼的类型分析——基于比较法的视角》，《比较法研究》2014 年第 2 期。

35. 冯亚东、胡东飞：《犯罪构成模型论》，《法学研究》2004 年第 1 期。

36. 高家伟：《论行政诉讼与刑事诉讼的冲突》，《政治与法律》1997 年第 6 期。

37. 高铭暄、孙晓：《论行政犯罪与行政违法行为的界分》，《江海学刊》2008 年第 5 期。

38. 高通：《行政执法与刑事司法衔接中的证据转化——对〈刑事诉讼法〉（2012 年）第 52 条第 2 款的分析》，《证据科学》2012 年第 6 期。

39. 高永明：《刑法中的行政规范：表达、功能及规制》，《行政法学研究》2017 年第 4 期。

40. 耿刚、范昌龙、王毅：《行政执法与刑事司法衔接问题研究——以程序衔接机制为视角》，《行政与法》2010 年第 4 期。

41. 郭泰和：《行政证据与刑事证据的程序衔接问题研究——〈刑事诉讼法〉（2012 年）第 52 条第 2 款的思考》，《证据科学》2012 年第 6 期。

42. 郝爱军、殷宪龙：《行政机关收集证据在刑事诉讼中运用的疑难问题解析》，《中国刑事法杂志》2013 年第 9 期。

43. 胡江：《侵犯公民个人信息罪中"违反国家有关规定"的限缩解释——兼对侵犯个人信息刑事案件法律适用司法解释第 2 条之质疑》，《政治与法律》2017 年第 11 期。

44. 黄福涛：《论行政犯法律责任之实现》，《公民与法》2011 年第 1 期。

45. 黄洪波：《论行政刑法双重属性之否定》，《法学杂志》2004 年第 5 期。

46. 黄世斌：《行政执法与刑事司法衔接中的证据转化问题初探——基于修正

后的〈刑事诉讼法〉第 52 条第 2 款的思考》，《中国刑事法杂志》2012 年第 5 期。

47. 黄学贤：《行政诉讼与刑事诉讼之间的关系及其处理》，《苏州大学学报》（哲学社会科学版）2005 年第 4 期。

48. 戢浩飞：《行政执法与刑事司法衔接的理性审视》，《北方法学》2015 年第 5 期。

49. 冀素芳、刘璟昱：《刑法与治安管理处罚法的法条冲突与衔接》，《天津法学》2013 年第 4 期。

50. 简爱：《我国行政犯定罪模式之反思》，《政治与法律》2018 年第 11 期。

51. 姜明安：《行政裁量的软法规制》，《法学论坛》2009 年第 4 期。

52. 姜涛：《行政犯与二元化犯罪模式》，《中国刑事法杂志》2010 年第 12 期。

53. 姜涛：《行政执法与刑事执法的衔接机制研究》，《内蒙古社会科学》（汉文版）2008 年第 6 期。

54. 姜远斌、杨曙光：《刑法与行政法衔接问题探析》，《人民检察》2014 年第 3 期。

55. 蒋铃：《刑法中"违反国家规定"的理解和适用》，《中国刑事法杂志》2012 年第 7 期。

56. 蒋云飞：《论环境行政执法与刑事司法衔接中检察监督之完善——以最高检挂牌督办 4 起腾格里沙漠污染环境案为例》，《环境保护》2016 年第 7 期。

57. 蒋云飞：《论生态文明视域下的环境"两法"衔接机制》，《西南政法大学学报》2018 年第 1 期。

58. 赖早兴、董丽君：《行政法与刑法的界限：从模糊到清晰》，《湘潭大学学报》（哲学社会科学版）2018 年第 5 期。

59. 赖早兴：《"受过行政处罚"在刑法中作用的体现、考量与限制》，《湘潭大学学报》（哲学社会科学版）2016 年第 2 期。

60. 李春雷：《食药安全"两法衔接"若干重点问题探究》，《山东警察学院学报》2015 年第 1 期。

61. 李高宁：《禁止重复评价在刑行交叉案件中的适用——以非法行医罪司法解释为视角》，《江西警察学院学报》2013 年第 4 期。

62. 李江发：《"两法衔接"中法律监督权运行的应然分析》，《人民检察》2015年第24期。

63. 李洁：《中日刑事违法行为类型与其他违法行为类型关系之比较研究》，《环球法律评论》2003年第3期。

64. 李居全：《犯罪概念比较研究》，《法学评论》1998年第2期。

65. 李居全：《也论我国刑法中犯罪概念的定量因素——与储槐植教授和汪永乐博士商榷》，《法律科学》2001年第1期。

66. 李立丰：《"风险社会"语境下妨害公务罪的存在根据与合理解读——以我国〈人民警察法〉第35条与〈刑法〉第277条之衔接为切入点》，《刑事法评论》2014年第1期。

67. 李立众、柯赛龙：《为现行犯罪概念辩护》，《法律科学》1999年第2期。

68. 李翔：《刑法中"行政处罚"入罪要素的立法运用和限缩解释》，《上海大学学报》（社会科学版）2018年第1期。

69. 李晓明：《"行政拘留"的扩张与行政刑法的转向》，《法学评论》2017年第3期。

70. 李晓明：《"两法衔接"与我国行政刑法的新建构》，《现代法治研究》2016年第1期。

71. 李晓明：《行政刑法属性的论争及其定位》，《北方法学》2008年第4期。

72. 李晓明：《论行政刑法教义学的前提和基础》，《法治现代化研究》2017年第4期。

73. 李晓明：《论刑法与行政刑法的并立》，《法学杂志》2017年第2期。

74. 李晶：《论刑法领域行政制裁的存在逻辑》，《郑州大学学报》（哲学社会科学版）2019年第4期。

75. 李哲范：《中国行政诉讼法における「具体的行政行为」の概念（二・完）》，《法学論叢》2002年第6期。

76. 练育强：《"两法"衔接视野下的刑事优先原则反思》，《探索与争鸣》2015年第11期。

77. 练育强：《"两法"衔接视野下检察权性质的定位》，《探索与争鸣》2014年第 2 期。

78. 练育强：《行刑衔接视野下的一事不再罚原则反思》，《政治与法律》2017 年第 3 期。

79. 练育强：《行刑衔接中的行政执法边界研究》，《中国法学》2016 年第 2 期。

80. 练育强：《行政处罚与刑事制裁衔接研究之检视》，《政治与法律》2013 年第 12 期。

81. 练育强：《行政执法与刑事司法衔接困境与出路》，《政治与法律》2015 年第 11 期。

82. 练育强：《行政执法与刑事司法衔接制度沿革分析》，《政法论坛》2017 年第 5 期。

83. 练育强：《行政执法与刑事司法衔接制度重构之理论基础》，《学术月刊》2015 年第 11 期。

84. 练育强：《行政执法与刑事司法衔接中证据转化研究》，《探索与争鸣》2017 年第 4 期。

85. 练育强：《人民检察院在"两法"衔接中职责之反思》，《政法论坛》2014 年第 6 期。

86. 廖兴存：《论刑法与出入境行政法的协调与衔接》，《西部法学评论》2015 年第 2 期。

87. 林岚、刘守芬：《不可或缺还是多此一举？——犯罪构成视野中"刑事违法性"判断机能之探讨》，《山东警察学院学报》2007 年第 9 期。

88. 林维：《刑法解释中的行政解释因素研究》，《中国法学》2006 年第 5 期。

89. 刘东根：《道路交通事故责任与交通肇事罪的构成》，《中国人民公安大学学报》2005 年第 2 期。

90. 刘福谦：《行政执法与刑事司法衔接工作的几个问题》，《国家检察官学院学报》2012 年第 1 期。

91. 刘沛谞：《出罪与入罪：宽严相济视阈下罪刑圈的标准设定》，《中国刑事法杂志》2008 年第 1 期。

92. 刘莘：《行政刑罚——行政法与刑法的衔接》，《中南政法学院学报》1995

年第 6 期。

93. 刘士心：《论可罚的违法性》，《中国刑事法杂志》2009 年第 3 期。

94. 刘守芬、牛广济：《犯罪与行政违法行为的理论界限新探》，《昆明理工大学学报》（社会科学版）2008 年第 9 期。

95. 刘涛：《行政处罚程序违法及其对策研究》，《湖北经济学院学报》2005 年第 8 期。

96. 刘艳红：《"法益性的欠缺"与法定犯的出罪——以行政要素的双重限缩解释为路径》，《比较法研究》2019 年第 1 期。

97. 刘艳红：《开放的犯罪构成要件理论之提倡》，《环球法律评论》2003 年秋季号。

98. 刘艳红：《论大陆法系违法性判断理论的缺陷及弥补》，《法商研究》2001 年第 4 期。

99. 刘艳红：《社会危害性理论之辨正》，《中国法学》2002 年第 2 期。

100. 刘艳红：《刑法的目的与犯罪论的实质化——"中国特色"罪刑法定原则的出罪机制》，《环球法律评论》2008 年第 1 期。

101. 刘永强：《刑法的机能与作用之辨析》，《甘肃社会科学》2005 年第 2 期。

102. 刘远、赵玮：《行政执法与刑事执法衔接机制立法完善研究》，《政法论丛》2006 年第 5 期。

103. 刘之雄：《公安机关的司法解释权应当得到法学理论的认可》，《中国人民公安大学学报》2000 年第 4 期。

104. 刘之雄：《数额犯若干问题新探》，《法商研究》2005 年第 6 期。

105. 柳永：《大数据背景下电子数据行刑衔接机制研究》，《行政法学研究》2018 年第 5 期。

106. 罗华：《行政违法行为犯罪化的完善——兼评我国刑法几次修正案的有关规定》，《河北法学》2018 年第 2 期。

107. 罗翔：《刑事不法中的行政不法——对刑法中"非法"一词的追问》，《行政法学研究》2019 年第 6 期。

108. 马珊珊、李欣：《健全行政执法与刑事司法衔接机制研究》，《山东警察学院学报》2018 年第 1 期。

109. 齐文远、邓红梅：《论刑法与交通行政法的协调与衔接——以〈道路交通安全法〉〈公路法〉为视角》，《学术论坛》2014 年第 3 期。

110. 秦前红、赵伟：《论行政执法与刑事司法衔接的若干法律问题》，《河南财经政法大学学报》2014 年第 5 期。

111. 秦悦涵：《刑行交叉视域下国家环境监管工作人员渎职责任探讨》，《山东审判》2017 年第 3 期。

112. 邵栋豪：《"多次盗窃"的立法检讨与司法适用》，《上海政法学院学报》(法治论丛) 2016 年第 1 期。

113. 邵维国：《行政犯前置法认识错误问题研究》，《法商研究》2020 年第 1 期。

114. 施锐利：《刑法规范中的行政处罚》，《四川大学学报》(哲学社会科学版) 2015 年第 1 期。

115. 时延安：《权力作用范围的交叉，还是规范评价的重叠?》，《东方法学》2008 年第 4 期。

116. 时延安：《刑法规范的结构、属性及其在解释论上的意义》，《中国法学》2011 年第 2 期。

117. 舒洪水：《论我国食品安全犯罪行刑衔接制度之建构》，《华东政法大学学报》2016 年第 3 期。

118. 宋寒松、陈小炜：《行政刑法理论在中国的发展及转向》，《社会科学战线》2017 年第 10 期。

119. 宋华琳：《论行政规则对司法的规范效应——以技术标准为中心的初步观察》，《中国法学》2006 年第 6 期。

120. 宋维彬：《行政证据与刑事证据衔接机制研究——以新〈刑事诉讼法〉第 52 条第 2 款为分析重点》，《时代法学》2014 年第 3 期。

121. 宋维彬：《行政证据与刑事证据衔接机制研究——以新〈刑事诉讼法〉第 52 条第 2 款为分析重点》，《法律适用》2014 年第 9 期。

122. 苏彩霞：《提倡刑法学研究的"开放性思维"》，《法学杂志》2003 年第 4 期。

123. 苏海健：《论我国行政刑法的性质》，《法学杂志》2007 年第 6 期。

124. 苏永生：《浅析正当防卫的刑法机能》，《青海民族学院学报》（社会科学版）2001 年第 4 期。

125. 孙本雄：《多次犯立法中行政法与刑法交叉问题研究》，《江西社会科学》2019 年第 2 期。

126. 孙国祥：《行政犯违法性判断的从属性和独立性研究》，《法学家》2017 年第 1 期。

127. 孙康：《行政证据与刑事证据的衔接与转化》，《学习论坛》2012 年第 3 期。

128. 孙日华：《行政解释的实然与应然》，《东方法学》2010 年第 1 期。

129. 谭和平、刘建发、肖卫：《论刑事法律规范中"量"与"质"的关系》，《华中农业大学学报》（社会科学版）2005 年第 3 期。

130. 唐文娟：《反思与推进：我国行政执法与刑事司法衔接机制刍议》，《江西师范大学学报》（哲学社会科学版）2016 年第 4 期。

131. 陶绪峰：《行政处罚与刑罚的竞合》，《江苏公安专科学校学报》1997 年第 2 期。

132. 田宏杰：《行刑诉讼交叉案件的裁处机制——以行政权与刑罚权的双重法律关系为视角》，《法学评论》2020 年第 1 期。

133. 田宏杰：《行政犯的法律属性及其责任——兼及定罪机制的重构》，《法学家》2013 年第 3 期。

134. 田宏杰：《行政犯罪的归责程序及其证据转化——兼及行刑衔接的程序设计》，《北京大学学报》（哲学社会科学版）2014 年第 2 期。

135. 田宏杰：《行政优于刑事：行刑衔接的机制构建》，《人民司法》2010 年第 1 期。

136. 田宏杰：《立法演进与污染环境罪的罪过——以行政犯本质为核心》，《法学家》2020 年第 1 期。

137. 田宏杰：《知识转型与教义坚守：行政刑法几个基本问题研究》，《政法论坛》2018 年第 6 期。

138. 王崇青：《行政认定不应作为行政犯认定的前置程序》，《中国刑事法杂志》2011 年第 6 期。

139. 王恩海：《论我国刑法中的违反国家规定》，《东方法学》2010 年第 1 期。

140. 王世杰：《论行政行为对刑事审判的拘束》，《政治与法律》2018 年第 6 期。

141. 王世洲：《中德划分罪与非罪方法的比较研究》，《南京大学法律评论》1999 年秋季号。

142. 王世洲：《中国刑法理论中犯罪概念的双重结构和功能》，《法学研究》1998 年第 5 期。

143. 王树茂：《刑法谦抑性之我见》，《犯罪研究》2003 年第 4 期。

144. 王文华：《浅析行政犯罪的几个问题》，《南都学坛》2008 年第 5 期。

145. 王新：《行政违法与行政犯罪区分视角下的内幕交易罪——兼评内幕交易罪司法解释》，《政治与法律》2012 年第 8 期。

146. 王昭振：《规范构成要件与开放构成要件关系之辩证》，《大连海事大学学报》（社会科学版）2009 年第 2 期。

147. 王志祥：《数额犯基本问题研究》，《中国刑事法杂志》2007 年第 2 期。

148. 魏昌东：《行刑鸿沟：实然、根据与坚守——兼及我国行政犯理论争议问题及其解决路径》，《中国刑事法杂志》2018 年第 5 期。

149. 魏浩锋：《行刑衔接语境下"一事二罚"之正当性探究——以周某某诉证监会行政处罚案为例》，《法律适用（司法案例）》2018 年第 10 期。

150. 闻志强、杨亚：《互联网金融的行政监管与刑法规制——以非法集资类违法犯罪行为为视角》，《刑法论丛》2017 年第 2 期。

151. 闻志强：《"两法衔接"之功能与价值分析——基于法治中国建设全局视野下的考察》，《西南交通大学学报》（社会科学版）2016 年第 1 期。

152. 闻志强：《论"两法衔接"中行政处罚与刑事处罚的实体衔接——以规制非法集资行为为分析样本》，《政法学刊》2016 年第 1 期。

153. 吴彬彬：《行刑衔接程序中证据转移问题研究——以刑事侦查为中心的分析》，《湖南师范大学社会科学学报》2017 年第 1 期。

154. 吴锦标：《浅议行政处罚制度的构建》，《法学论坛》2005 年第 4 期。

155. 吴林生：《罪刑法定视野下实质解释论之指导》，《中国刑事法杂志》2009 年第 7 期。

156. 吴振宇：《行政处罚与刑罚交错适用之困境与出路——从"永帮公司诉枣庄国税局税务行政处罚案"展开》，《当代法学》2013 年第 5 期。

157. 夏勇：《犯罪本质特征新论》，《法学研究》2001 年第 6 期。

158. 夏勇：《试论"出罪"》，《法商研究》2007 年第 6 期。

159. 肖文：《法官自由裁量权略论》，《中山大学学报》（社会科学版） 1997 年第 5 期。

160. 肖中华、王海桥：《空白刑法的规范诠释：在规范弹性与构成要件明确性之间》，《法学杂志》2009 年第 8 期。

161. 肖中华：《空白刑法规范的特性及其解释》，《法学家》2010 年第 3 期。

162. 熊波：《行政犯的类型与违法性判断的区分》，《政治与法律》2020 年第 5 期。

163. 熊永明：《犯罪圈的界定及其关系处理》，《河南省政法管理干部学院学报》2007 年第 5 期。

164. 徐文文：《行政犯之司法解释与行政法规和行政解释关系论要》，《法治研究》2014 年第 11 期。

165. 徐燕平：《行政执法与刑事司法相衔接工作机制研究》，《犯罪研究》2005 年第 2 期。

166. 许玉秀：《第十四届国际刑事法学大会纪要——行政刑法与刑法在法学上及实务上之区别讨论会评述》，《刑事法杂志》（台湾）1990 年第 2 期。

167. 薛瑞麟：《俄罗斯刑法中的犯罪概念》，《法制与社会发展》2000 年第 2 期。

168. 杨朝军：《符号的本质》（上），《广西民族学院学报》（哲学社会科学版）2004 年第 2 期。

169. 杨建顺：《关于行政行为理论与问题的研究》，《行政法学研究》1995 年第 3 期。

170. 杨建顺：《行政裁量的运作及其监督》，《法学研究》2004 年第 1 期。

171. 杨建顺：《论行政裁量与司法审查——兼及行政自我拘束原则的理论依据》，《法商研究》2003 年第 1 期。

172. 杨解君：《抽象行政行为与具体行政行为划分质疑》，《中央政法管理干部学院学报》1995 年第 1 期。

173.杨明：《程序法"出罪"功能研究》，《中国刑事法杂志》2010 年第 1 期。

174.杨兴培：《论犯罪构成与犯罪阻却事由的关系》，《政法论坛》2002 年第 3 期。

175.姚仁安：《刑事、民事、行政诉讼的区别及应注意的问题》，《人民司法》1994 年第 7 期。

176.叶必丰、刘道筠：《规范性文件的种类》，《行政法学研究》2000 年第 2 期。

177.于冲、郁舜：《知识产权案件"行刑衔接"机制的构建思路——以〈中国知识产权保护状况白皮书〉的统计数据为分析样本》，《知识产权》2016 年第 1 期。

178.于冲：《行政违法、刑事违法的二元划分与一元认定——基于空白罪状要素构成要件化的思考》，《政法论坛》2019 年第 5 期。

179.于立深：《行政立法不作为研究》，《法治与社会发展》2011 年第 2 期。

180.于立深：《违反行政程序司法审查中的争点》，《中国法学》2010 年第 5 期。

181.余军：《行政法上的"违法"与"不法"概念——我国行政法研究中若干错误观点之澄清》，《行政法学研究》2011 年第 1 期。

182.余凌云：《对行政机关滥用职权的司法审查——从若干判案看法院的偏好与问题》，《中国法学》2008 年第 1 期。

183.余凌云：《对行政自由裁量概念的再思考》，《法制与社会发展》2002 年第 5 期。

184.余凌云：《行政诉讼法是行政法发展的一个分水岭吗？——透视行政法的支架性结构》，《清华法学》2009 年第 1 期。

185.余凌云：《论行政裁量目的不适当审查》，《法制与社会发展》2003 年第 5 期。

186.余凌云：《游走在规范与僵化之间——对金华行政裁量基准时间的思考》，《清华法学》2008 年第 3 期。

187.元明、张建忠：《注重机制建设 推动"两法衔接"规范开展——基于对上海、福建两地实践调查研究的思考》，《人民检察》2013 年第 23 期。

188.元明：《行政执法与刑事司法相衔接的理论与实践》，《人民检察》2011 年第 12 期。

189. 袁曙宏：《论建立统一的公法学》，《中国法学》2003 年第 5 期。

190. 袁曙宏：《统一公法学的基本理论架构》，《法学论坛》2007 年第 4 期。

191. 詹红星：《"违反国家规定"的宪法解释与司法应用》，《湘潭大学学报》（哲学社会学科版）2016 年第 5 期。

192. 张道许：《知识产权保护中"两法衔接"机制研究》，《行政法学研究》2012 年第 2 期。

193. 张冬霞、马民鹏：《加强行政法与刑法交叉领域研究的必要性》，《行政法学研究》2008 年第 2 期。

194. 张冬霞：《论行政法对刑法的规范效应》，《中国人民公安大学学报》（社会科学版）2008 年第 2 期。

195. 张晗：《行政执法与刑事司法衔接之证据转化制度研究——以〈刑事诉讼法〉第 52 条第 2 款为切入点》，《法学杂志》2015 年第 4 期。

196. 张铧允：《行政刑事责任之内涵界定》，《云南行政学院学报》2017 年第 3 期。

197. 张凌、王拓：《被害人过错的刑事法机能》，《犯罪学论丛》2009 年第 7 期。

198. 张明楷：《行政违反加重犯初探》，《中国法学》2007 年第 6 期。

199. 张明楷：《行政刑法辨析》，《中国社会科学》1995 年第 3 期。

200. 张明楷：《论刑法的谦抑性》，《中南政法大学学报》1995 年第 4 期。

201. 张明楷：《刑法在法律体系中的地位》，《法学研究》1994 年第 6 期。

202. 张明楷：《刑法在法律体系中的地位——兼论刑法的补充性与法律体系的概念》，《法学研究》1994 年第 6 期。

203. 张明楷：《阻却犯罪事由与犯罪构成体系》，《法学家》2010 年第 1 期。

204. 张善燚、印波：《论行刑交叉案件的处理》，《长沙铁道学院学报》（社会科学版）2006 年第 3 期。

205. 张绍谦：《试论行政犯中行政法规与刑事法规的关系——从著作权犯罪的"复制发行"说起》，《政治与法律》2011 年第 8 期。

206. 张淑芳：《论行政立法的价值选择》，《中国法学》2003 年第 4 期。

207. 张涛、魏昌东:《回顾与展望:刑法中的"违反国家规定"研究》,《法治社会》2018 年第 6 期。

208. 张文、杜宇:《刑法视域中"类型化"方法的初步考察》,《中外法学》2002 年第 4 期。

209. 张旭勇:《论司法裁量权的成因》,《浙江省政法干部管理学院学报》2000 年第 4 期。

210. 张远煌:《犯罪理念之确立——犯罪概念的刑法学与犯罪学比较》,《中国法学》1999 年第 3 期。

211. 张泽涛:《论刑事诉讼非法证据排除规则的虚置——行政证据与刑事证据衔接的程序风险透视》,《政法论坛》2019 年第 5 期。

212. 章剑生:《违反行政法义务的责任:在行政处罚与刑罚之间——基于〈行政处罚法〉第 7 条第 2 款之规定而展开的分析》,《行政法学研究》2011 年第 2 期。

213. 钊作俊、刘蓓蕾:《犯罪化与非犯罪化论纲》,《中国刑事法杂志》2005 年第 5 期。

214. 赵秉志、陈志军:《社会危害性与刑事违法性的矛盾及其解决》,《法学研究》2003 年第 6 期。

215. 赵秉志、田宏杰:《刑事司法正义论》,《刑事法杂志》2000 年第 6 期。

216. 赵秉志、肖中华:《我国与大陆法系犯罪构成理论的宏观比较》,《浙江社会科学》1999 年第 3 期。

217. 赵秉志、赵辉:《现实刑事责任阻却事由探讨》,《河南师范大学学报》(哲学社会科学版) 2003 年第 5 期。

218. 赵秉志、郑延谱:《中国行政刑法的立法缺憾与改进》,《河北法学》2006 年第 8 期。

219. 赵运锋:《行政违法行为犯罪化的检视与应对》,《政法论丛》2018 年第 2 期。

220. 周洪波:《偷税行政法控制与刑法控制的衔接》,《国家检察官学院学报》2005 年第 10 期。

221. 周华斌、周婷婷:《论我国行政立法程序之完善》,《湖北警官学院学报》

2007 年第 3 期。

222.周佑勇、尹建国:《论个人社会资本对行政裁量正义的影响》,《华东政法大学学报》2007 年第 3 期。

223.周佑勇、邓小兵:《行政裁量概念的比较观察》,《环球法律评论》2006 年第 4 期。

224.周佑勇、李俊:《论行政裁量中的和解——以德国法和美国法为观察》,《行政法学研究》2007 年第 1 期。

225.周佑勇、刘艳红:《行政刑法性质的科学定位(上)(下)——从行政法与刑法的双重视野考察》,《法学评论》2002 年第 2 期、第 4 期。

226.周佑勇、刘艳红:《行政执法与刑事司法相衔接的程序机制研究》,《东南大学学报》(哲学社会科学版)2008 年第 1 期。

227.周佑勇、刘艳红:《论行政处罚与刑罚处罚的适用衔接》,《法律科学》1997 年第 2 期。

228.周佑勇:《裁量基准的正当性问题研究》,《中国法学》2007 年第 6 期。

229.周佑勇:《行政裁量的均衡原则》,《法学研究》2004 年第 4 期。

230.周佑勇:《行政裁量的治理》,《法学研究》2007 年第 2 期。

231.庄绪龙:《论经济犯罪的"条件性出罪机制"——以犯罪的重新分类为视角》,《政治与法律》2011 年第 1 期。

后　记

一

当键盘敲击下最后一个字符，时间的针脚指向了 2021 年的冬夜。从 2012 年博士论文写就，距今已八年有余，这八年多的时间有如白云苍狗，国际国内形势日新月异，业界的观点和学说发生了新的变化，最为悲痛的是，我的老师李哲范先生，却再没有机会看拙作付梓便溘然长逝！这一切深刻的、猝然的变化，鞭策着我必须不断完善自己的观点，与时俱进，勇立潮头，这既是对读者的负责，更是对恩师的回馈。如果把拙作比作一幅泼墨已久的写意山水，在八年的历史跨度里，在新时代这个宏大的舞台上徐徐展开，皴、擦、点、染无不浸透着先生的智慧和心血。八年来，我始终是矛盾的存在，既想找寻一气呵成、一挥而就的畅快，又恐于没有精准的文字来记述先生对我的教诲。每每执管，欲记述先生二三事，泪珠和笔墨齐下，不能竟书而欲搁笔。生逢盛世，慨当无憾！天妒英才，何其悲哉！悼念恩师，怆然泪下！

（一）初见之秋

先生原是中国人民大学的法学硕士，后获京都大学第 105 号文科博士学位。记得一次我到先生家里，师母小心翼翼地拿出先生的博士学位证书，证书珍放在一个直径两寸、长约半米的长筒中，里面是手写的一份博士学位证书。据先生说，他是京都大学有史以来第二位获得文科博士学位的外国人，可见该学位分量之重。

2008 年 9 月，先生刚回国任教不久，便给我们授课。记得那是九月的一个上午，秋意暖然，阳光明媚而不刺眼，穿过教室的玻璃窗，洒在身上令人慵懒。先生在办公室的会议桌前给几位博士授课，大家围坐在一起好像在开研讨会。先生的普通话有些生硬，说话不时会卡顿，中间偶尔还会夹杂着几句日语。那天先生讲的是有关行政行为的理论，他介绍了一些日本的前沿动态，由于我不懂日语，又没有提前做功课，所以感觉先生讲的内容晦涩难懂。也许是忙于杂事，也许是秋阳向暖，在先生第一次课上，我竟然睡着了。等我醒来时，同学已走大半，我抬起头问道："课间休息了吗？"先生坐在我旁边悠悠地说："对，看你都睡着了，同学们估计是累了，大家休息下。"这就是我留给先生的第一印象，现在想来，懊悔不已。

下课后，同学们约先生一起共进午餐，就在一个很小的韩式餐馆，环境一般，但人气很旺，因为我们没有提前预定，便只好挤在一个狭小的包间里。午餐时间喧嚣吵闹，根本没有办法畅快交流与沟通。只记得先生小酌了几杯，面色微红，然后就不停地感谢大家的盛情邀请。先生说，攻读博士学位是件很辛苦的事情，他在日本8年时间才把博士学位攻读下来，这需要持之以恒的态度和迎难而上的决心。他一再表示，如果有什么需要帮忙的地方可以随时找他，他愿意全力帮忙，当时我认为这仅仅是一句客套话。

餐后，我们挥手和先生送别。只见先生穿着笔挺的衬衫打着精致的领带，手中拿着皮质公文包站在原地——弯腰和大家告别——儒雅而又谦和。

（二）良师益友

博士二年级的时候，我被选派到日本参加一个短期学术交流活动。我知道先生的儿子在日本工作，先生也有很多朋友在日本。于是我在出发前礼貌性询问先生是否有东西需要带去日本，或者是否有书籍需要我帮忙带回来。先生摇摇头，就告诉我好好体验一下异域风情，了解一下日本的文化，有机会也能到日本去留学，开阔一下眼界，长长见识，学以致用。回国后出于礼节，我给先生送了两盒日本点心。初次去先生家不太熟悉位置，先生跑到路口来迎我，见到我后，先生便急忙给师母打电话说："你快回来，我学生来了。"师母在那边解释着什么，先生有些急了，一个劲儿地说："我的学生来了！学生来了！你快点回来！"那重视的程度好像我是老师，他是学生，要师母马上回来迎接。那是我第一次去先生家，也是第一次见到师母，师母特别热情，感觉自己像是久归的游子。先生特别真诚地说，你给我买的这份点心你也没舍得吃吧？

后 记

于是让师母打开给我尝尝，我赶紧推脱说吃过了。其实我真的没舍得吃，先生竟然连这个都看透了，一盒中有好几个口味的点心，先生非让我把每个口味都尝一尝。十多年之后，我想起当时的场景依旧觉得自己幸福得像个孩子。

先生对待学生和对待自己的孩子一样，先生的孩子在日本，他经常说我的学生就是我的孩子。有一次先生忽然跟师母说，我昨晚梦见我的两个学生谈男女朋友时闹别扭了，明天你打个电话问问，师母欣然允诺。先生是 40 多岁从日本归国的，在日本生活十多年，回国后在国内的朋友不多，所以他经常说，我已此生过半，我这个年纪也不需要阿谀奉迎，也不需要拉拢关系，唯愿专心做学问，只想一意带学生，学生们都学有所成，我也就知足了。先生的气节和风骨，令人敬佩！

（三）暗室逢灯

先生不是博士生导师，只是列入导师组成员，作为教研室的老师参与授课。于是博士期间除了那次授课以外，懒惰的我也没有经常旁听先生的其他课程。匆匆如白驹过隙，答辩不期而至。应届生读博总是急于毕业早点工作，发表完资格论文后就以为大功告成，从而对学位论文心生懈怠。记得对于学位论文，有很多老师提出来的问题我都没有考虑过，论文需要大幅修改。这我才惊慌失措，意识到问题的严重性。我拿着论文去请每位老师提修改意见，听完意见后的我有点欲哭无泪，不知所措。觉得论文好像从头到尾需要动大手术甚至换题，否则根本无法毕业。当我请教先生如何修改时，先生说，论文是一个人的门面，上传到网络之后是自己成果的展示，里面的每一个标点符号都会被挂在网上而无法修改。因而论文一定要做得细心再细心。从现在开始认真修改，至少要竭尽全力做到最好。于是，先生就开始夜以继日地帮我改论文，从正文到脚注，从结构到内容，从标点到符号，每一项都不放过，前后至少改了百余稿。先生完全把我的博士论文当做作了他自己的论文来对待，其实我知道每位老师都很忙，除了教学还有科研任务，即使是自己的导师也一般都是从宏观角度提出修改意见，一般不会自己动手给学生改地如此细致，何况我并不是先生的博士生，他仅仅是我的一位授课老师而已。有一天先生跟我说，今天晚上我改完了发给你。我等到了凌晨两点也没有等到先生的消息，支撑不住便自睡了。不料凌晨4点半的时候，忽然听到电脑收到邮件的提示音，我睡眼惺忪地爬起来一看，先生的论文修改稿发过来了，我猛一机灵再无睡意，顿觉羞愧难当。

经过几个月不分昼夜的修改，我的论文终于有了点模样，最终顺利通过了答辩。最高兴的就是先生了，开心得像个孩子一样，满意的笑容挂在脸上好久好久。答辩通过后，我特意穿上博士学位服，约上先生到校园里拍照留念，先生叫上师弟师妹带了最珍爱的日本原装数码相机给我拍照。据说这个照相机是先生之前让他儿子特意从日本购买后带回国内的，珍爱得很。

先生的为人和治学的态度深深地影响着我，生活中，先生视我们如己出；教学上，先生对我们倾囊相授。得此恩师，夫复何求。

（四）把酒言欢

先生家住在一楼，刚好写字桌就在窗边，从窗外路过就能看到电脑屏幕。每次去先生家我都会踮起脚往窗里张望一下，看看先生在干什么。基本上每次去先生家都能看到他坐在电脑前工作，满屋子的书将先生挤在其中。先生一般在工作之余，喜欢玩"斗地主"作为消遣。对于这件事先生从来没跟我们学生说过，或许怕我们贪玩游戏吧。这个秘密是我在窗外"侦查"到的。有时候怕打扰先生游戏，我就在窗外看先生玩完一局之后，轻轻地敲敲窗户，先生回头看到是我站在窗外，就会立马起身去给我开门。有时候或许刚刚一局战果不错，就会脸上挂着胜利的笑容站在门口等我进门，有时候可能连输几局，开了门我连人都没看到，先生就赶紧跑回电脑旁去"抢地主"了。

修改论文期间，我去过先生家多次，如果是师母开门，她就会扭头向屋里喊一声，李楠来了！知会先生一下。有时候先生在书房里工作，我们几个学生就在客厅里聊天，无拘无束。有时候师母也陪我们一起八卦各种明星和新闻趣事，时而好奇，时而哀叹，时而捧腹……有时候我们也帮先生家打扫一下卫生，先生家俨然成为我们的活动据点。先生为了方便我们过来，索性把家里的钥匙给师妹一把，有的时候有什么事就让我直接联系师妹可以直接去家里。

2012 年的元旦，我为了修改论文，没有回家。先生跟周隆基师弟和我说，你们两个元旦来我家过节吧。我们平时也经常在先生家蹭吃蹭喝，觉得这次元旦只不过就是去先生家多蹭顿饭而已。元旦那天的下午先生就开车到寝室楼下接周师弟和我。原来先生觉得过节就要有过节的仪式感，担心招待不周，特意在饭店精心点了几个菜，又怕送餐时间掌握不好，饭菜会凉了，所以特意开车专程去取。回到家里师母又亲手准备了一桌可口的饭菜，先生打开自己的酒柜，仔细斟酌后挑选了一瓶好酒。师母不停地叮嘱说，酒要少喝，饮酒过量对身体不好。先生是朝鲜族人，喜欢用小地桌吃饭，但是家里吃饭用的小凳子只有 3 个，我和师弟正在互相推让最后一个小凳子的时候，师母却神奇地拎出一提卷纸放到地上坦然而坐，师弟和我坚决让师母坐小凳，先生却张口说，你们两个是客人，快点坐下吧。

那是我读博期间最难忘的元旦，在先生家把酒言欢，抛却了一切烦恼。

（五）斜阳画角

2012 年 10 月 5 日早，从师妹处惊闻先生去世的噩耗，顿时头脑一片空白。我不敢也不相信这个消息是真的，不知道自己如何跌撞赶到延吉的，傍晚时分摸到了先生的家，师母见我来了，习惯性地转身，然后扯着沙哑的嗓子向屋里喊一声，李楠来了！我直奔屋内，觉得先生依旧应该在屋里，然后慢慢抬头缓缓地说句，你来了。结果，我只看到了一张先生的黑白照片，略带微笑，依旧那般慈祥，但我依旧四处寻找着，寻找着……面对先生的照片，我仍然不敢相信事实，又仔细地环顾了四周几次，仍然不见先生，只有小桌上的这张照片。扑通一声，我陪同师母跪在桌前，抖着手给先生倒上一小盅酒。师母轻轻地对我说，你陪老师说说话吧，他现在一个人太孤单了，你们老师一辈子要强，为了他热爱的学术事业，上次就累得心脏病突发，哪知道这次抢救不及时，于是就……你给先生念一念他的书稿吧，他应该喜欢听，听师母说完这些话，我泪如雨下。葬礼的前夜，我们在先生家和衣而睡，忽然看见先生从门外走来，身上穿着一件宽松灰色的家居服，右手夹着烟凑在嘴边，用大拇指拖着下巴，左肘支在腰间，左手托着右肘，站到床边微笑不语，我狂喜，老师这不是来了吗？老师还活着，老师还活着，师妹，快去喊师母过来，快去！刚要站起来，发现睁开眼四周一片漆黑。事过多年，这个场景还那么真实，我还清楚记得先生的表情、神态和他的一举一动，每一个细节我都记得清清楚楚，即使过了这么多年，我仍然历历在目，这个场景深深地刻在了我的脑海中。有人说那是逝者还留恋凡间，在他西行之前他的灵魂会再回来看看。虽然我是一个唯物主义者，但是我宁愿相信这种说法是真的，先生真的回来看过我们，他知道我们很想念他，真的很想念。

　　葬礼上，许多人为先生送行，大家无一不为先生的英年早逝而遗憾。师母再也控制不住自己的情绪，几十年的情感在一瞬间喷涌而出，在场的所有人都泣不成声。处理完先生的后事，师母带我们回长春整理先生的遗物。我打开先生的电脑急切地寻找先生为我留存的毕业纪念，也是我跟先生最后的合影。可是电脑里每个文件夹都打开找过都没有找到，急得都要哭了，真懊悔当时拍完照片怎么没有及时向先生拷贝，总以为来日方长，哪知道有些事总会出乎意料。于是赶紧把师妹叫过来问她，她一边跟着我着急一边拿出手机说，师姐别着急，打个电话问问老师不就得了吗。说完这句话我俩抬起头抱头痛哭。最后竟然在电脑桌面的最显眼处找到了，我许是急得眼花竟然没有看见，老师一定是怕忘记拷贝给我，放在最显眼处一直等我来取呢。

（六）恍如隔世

2012年9月末，我因一些琐事回吉林大学，时间虽匆忙，但还是转到先生家门口望一眼。先生家拉着窗帘，我张望了好久也不见有人，就随手给先生打了个电话，电话没有接通，忽然想起来先生去珠海校区授课了，要十一左右才回来呢，可能正在上课不方便接电话。哪知道这个电话竟然成了我打给先生的最后一个电话。

直到现在我的手机里还留存着先生的电话号码，我也会时常拿出手机看一看，那一串熟悉的数字，仿佛先生还在，只是太忙没有时间来接我的电话……我多么想回到2008年9月的那个上午，先生还在讲课，那个我还在酣睡，先生就那么一直讲下去，让我就那么一直睡下去……

在修改书稿的这段时间，我数次泪流不止，每当打开书稿，眼前就浮现出先生修改过的笔记，满是先生的批注，总之，到处都是先生的影子。当我打开论文看到后记里那句"但愿先生身体安康，师母不再为先生的身体担惊受怕"时，竟一语成谶。

我多么想拥有过目不忘的本领，拥有生花的妙笔，这样就可以把我跟先生的点点滴滴刻在脑海里，写在书本上。先生没有声名显赫的学术地位和学术影响力，虽然他的去世也悄无声息，知晓的人并不多，仅在老家简单处理了事，没有大型追悼会，没有追思会，没有学术大家去世后的纪念仪式。他的离去就如同一粒尘土坠入大地，一滴露珠融入大海，但终归汇成不朽，对我而言先生都是我心中最好的先生，是我学术道路上最重要的引路人。

月隐星稀烛有泪，茶凉酒淡笔无言。不知道从什么时候起，我开始喜欢仰望天空，就那么漫无目的地看着，每一次都是直到泪水划过耳际才停下来，揉揉眼睛，望望远方，坚定向前……

二

本书是在我博士论文基础上的延续性研究，在即将完稿之际，心中却没有丝毫的轻松之感，取而代之的是心情愈加沉重。这本书几经周折才完成，由于工作和家庭原因，拖了很长时间，而且在我开始研究这一论题时研究学者不多，相关学术资料较少，写作时常陷入困境。但终于在各位老师、同事、朋友和同学的帮助下完成了拙著。在这里，衷心感谢所有帮助过我的人，谢谢大家对我的帮助、支持与关爱。

感恩导师、老师教我体悟求学之道。回想起在吉林大学上学期间，每一位老师在我的学习和生活上都给予了很多帮助。宪法与行政法教研室的李韧夫老师、崔卓兰老师、任喜荣老师、于立深老师、彭贵才老师、李哲范老师、李海平老师、鲁鹏宇老师以及法学院的姚建宗老师、姚莹老师都给予了很多关爱与指导。有幸拜李韧夫教授为师，从老师身上学到了许多做人、做事的道理。恩师为人谦和，彬彬有礼，被誉为法学院"最绅士"的老师。向恩师求学，领略到的是大师的风范、严谨的治学态度、可亲的言谈举止，似乎在恩师的世界中只有微笑和礼貌。感谢崔卓兰老师多次点拨论文的写作思路，亲切地帮助我解决写作中遇到的困难，毕业后因工作曾见到过几次崔老师，崔老师都对我热情关切，尤其得知我们夫妻两地分居尚未解决时积极帮我联系工作单位，甚至在我已经找到新工作后还不忘帮我推荐单位，学生不胜感激。

感念师兄师姐、师弟师妹帮我抵御求学之苦。在我求学期间，很多师兄师姐都给我无私的帮助。感谢刑法学专业高永明师兄以及西北政法大学的喻贵英教授和肖楠老师。当年我的博士论文能够顺利完成，完全得益于高师兄的鼎力相助。西北政法大学的两位老师与我同住一个寝室，虽然两位老师年龄较长，但是我们之间没有任何代沟，反而相见恨晚，毕业后几次到西安出差，两位老师对我热情款待，虽然来去匆匆，但浓浓的室友情、亲情让我感到温暖，愿我们的友谊常在！感谢我的师弟师妹，让我体会到了求学之乐，每每回忆起与师弟师妹在一起的时光，便仿佛回到了无忧无虑的大学时代，让博士生活的枯燥和死板都烟消云散。尤其感谢周隆基师弟、姜雪师妹、王烨师妹在论文写作上给我的帮助。

感怀领导、同事以及我可爱的学生们使我走好研教之路。我衷心感谢原单位哈尔滨商业大学的老领导石晶玉教授，还有与我朝夕相处的同事们，李雪、钱思彤、司丹、高勇、张伟东、金长征。有了你们的帮助，我才有精力在完成教学任务的同时，潜下心来研究学术。特别感谢姜述弢教授，经常与我切磋学术，在工作上对我也十分照顾，每当孩子生病、家里有事他总是毫不犹豫地替我代课。感谢我指导过的硕士研究生，李耀清、刘新乐、祝文旭、杨佳、毕尧、赵博翰……恕不一一列举，他们懂事又刻苦好学，为我分担了很多事务性工作，很惭愧没有在学术上再多送你们一程。

感叨父母、爱人助我踏平求学之旅。父母在我求学期间无条件地给予支持与关爱，使我没有任何后顾之忧，他们对于我的任性和娇蛮都是无尽包容。在我成家育子之后，父母依旧默默为我们的小家无私奉献，由于爱人的工作特殊性，父母从孩子一出生就担负起照顾外孙女的重任，为了不让我工作分心，从来都是任劳任怨，看孩子再苦再累从未抱怨过，无论何时都是一句话：去专心工作吧，孩子交给我。同时也感谢我的爱人刘子敬，在吉林大学再度同窗并走进同一师门或许真是三生有缘，也感谢这份缘分让我们结为夫妻，蓦然回首，或许我就是为等你而来。虽然工作原因他在家里的时间不多，家里的负担都落在我身上，但是工作再忙再累，他一进门就陪孩子、做家务只为让我休息一会儿，作为一名军嫂我深以为傲。

最后感谢我的宝宝刘馨逸小朋友，每一次都在关键时刻专业"坑妈"，不断地磨炼妈妈的意志。当我提前结束产假返回课堂时，这个两个半月的宝宝突发肺炎入院，而大一新生的第一节课又无法请假，只能狠心扔下宁可哭也不吃奶粉的孩子先去上课。每次我出门去上班，这个宝宝肯定要一直哭到我下班回来，没办法只好带着她去上班，我到教室上课，父母在车里抱着宝宝等我。每年一到教师节，这孩子必生病，忙得我连给老师们发个祝福消息的时间都没有。每次我想快快哄睡她做点自己的工作时，她一定不会早睡，一直磨蹭我到睡意上来睡得比她还快。每次当我半夜3点夜深人静爬起来想改改书稿时，她总是莫名醒来喊：妈妈，妈妈你去哪了，我害怕。我只得作罢乖乖陪睡。不过即使这么淘气磨人的宝宝，依然是我生命中的守候。每每在我压力太大工作太忙的时候，她总是跑过来捧着我的脸说，妈妈你怎么这么漂亮呢？你比爱莎公主还漂亮。我几次因为琐事太多想放弃这本书的写作，但是宝宝总是说："妈妈，等我长大了我就会写字了，到时候我帮你写论文吧。"好在我没有放弃，这本书终于要出版了，希望将来她翻看这本书的时候能原谅妈妈对她这几年的陪伴不周。

感谢人民出版社的赵圣涛编辑，他不但多次细心与我沟通书稿情况，而且还耐心忍受我的"拖延症"，不厌其烦地多次催稿才助力我顺利完成本书。

最后，再次感谢我生命中所有的老师、亲人、朋友和同学！

李　楠

2021 年 12 月冬夜于北京

责任编辑：赵圣涛

封面设计：王欢欢

责任校对：吕　飞

图书在版编目（CIP）数据

行政与刑事法律关联问题研究 / 李楠著 . —— 北京：人民出版社，2021.12

ISBN 978 - 7 - 01 - 022834 - 1

I. ①行…　II. ①李…　III. ①行政法 - 研究 - 中国 ②刑法 - 研究 - 中国
③刑事诉讼法 - 研究 - 中国 IV. ① D922.104 ② D924.04 ③ D925.204

中国版本图书馆 CIP 数据核字（2020）第 249521 号

行政与刑事法律关联问题研究

XINGZHENG YU XINGSHI FALÜ GUANLIAN WENTI YANJIU

李 楠　著

人民出版社 出版发行

（100706　北京市东城区隆福寺街 99 号）

中煤（北京）印务有限公司印刷　新华书店经销

2021 年 12 月第 1 版　2021 年 12 月北京第 1 次印刷

开本：710 毫米 × 1000 毫米 1/16　印张：16.5

字数：177 千字

ISBN 978 - 7 - 01 - 022834 - 1　定价：79.00 元

邮购地址 100706　北京市东城区隆福寺街 99 号

人民东方图书销售中心　电话（010）65250042　65289539